MW01712937

La vraie vie en Dieu

Tome 1 — cahiers 1 - 16

La vraie vie en Dieu

Mon Ange Daniel (222 p.): Ces messages sont un moyen de méditation. Lire la Bible fait progresser ton âme. Sens-toi aimée. Yahvé est amour. Sens Son Amour. Yahvé t'aime (Daniel, le 18 juin 1986).

Tome 1 (350 p.): "Venez à Moi, vous, pauvres âmes, venez Me rencontrer et apprenez à connaître votre Père aimant [...] Il vous guérira si vous êtes malades, Il vous consolera si vous êtes affligés" (Jésus, le 1.2.87).

Tome 2 (248 p.): "Ta Sœur [la Russie] est morte, mais le Seigneur [...] va la ressusciter. [...] Cette nation va devenir une et la plus dévouée servante de Dieu. [...] La Russie sera le symbole de la Gloire de Dieu, de la miséricorde et de l'Amour de Dieu" (Notre Sainte Mère, le 1.2.88).

Tome 3 (398 p.): "Si seulement vous saviez comme Je suis prêt à pardonner les crimes de votre ère, pour un seul regard aimable porté sur Moi. [...] J'effacerais de Ma vue toutes vos iniquités et vos péchés" (Jésus, le 29.8.89).

Tome 4 (214 p.): "Je vous invite à prier pour l'Unité. Pour vous unir, vous devez aimer. Pour vous unir, vous devez être humbles et obéissants. Aujourd'hui, les pays ne produisent ni bonheur ni vertu parce que votre génération a déserté le Seigneur" (Vierge Marie, le 8.1.91).

Suppléments 1 à 4 disponibles.

Supplément 5 (92 p.): Création! Comme J'ai désiré vous rassembler tous comme une poule rassemble ses poussins sous ses ailes! Mais tant d'entre vous continuent à le refuser! Plus tard, vous ne pourrez pas dire que Je n'ai pas tout essayé pour vous rassembler tous dans Mon Sacré-Cœur, pour vous dire qu'un amour plus grand que le Mien vous n'en trouverez pas... (Jésus, le 9.3.1993).

Supplément 6 (80 p.): Je suis venue vous rappeler à tous qu'un vrai apôtre de Dieu est celui qui fait la volonté de Dieu: Aimer, c'est faire la volonté de Dieu (La Vierge Marie, le 6.12.1993).

Supplément 7 (74 p.): Dans la Tendresse de Son Amour, Mon Père a recouvert ton chemin de saphirs. Roi, pourtant si maternel; Juge, pourtant si tendre et aimant; l'Alpha et l'Oméga, pourtant si doux (Jésus, 10 août 1994).

Supplément 8 (96 p.): J'ai juré de n'abandonner aucun pauvre ni aucun affamé car Mes Bénédictions sont riches, Mon Amour satisfaisant et le Souffle de Mon Esprit médicinal (Jésus, 9.10.1994).

Supplément 9 (176 p.): Je vous enverrai Mon Saint Esprit en pleine force sur toute l'humanité et, comme signe avant-coureur, Je montrerai des prodiges dans le ciel comme jamais auparavant (Jésus, 10 décembre 1995).

Supplément 10 (160 p.): Alors que certains d'entre vous n'ont aucune mémoire de votre Dieu, à ce jour, Moi, dans Ma Fidélité et la grandeur de Mon Amour, Je viens à vous vous offrir Mon Cœur (Jésus, 26 janvier 1997).

Supplément 11 (128 p.): Je suis la Révélation du Fils et le FIls est la Révélation du Père et, dans Notre Sagesse parfaite, Nous avons accordé à cette génération et aux générations futures des faveurs variées comme jamais auparavant dans l'histoire. (Jésus, le 22 juin 1998).

Supplément 12 (176 p.): «Ma Grâce, Je vous la révèle, et le salut vous a été donné par Mon Fils Jésus Christ. Afin de vous rendre libres, Il S'est sacrifié pour vous. Afin que vous partagiez une Vie Divine, Il a institué la Sainte Eucharistie pour vous sanctifier et vous faire prendre part à Son Corps et à Son Sang. Ce n'est pas du simple pain et du vin auxquels vous prenez part, mais vous prenez part à Dieu Lui-Même. Si seulement vous réfléchissiez à ce Mystère et le compreniez pleinement! Le Dieu inaccessible vous est accessible... Si vous Me permettez de couler en vous, Je vous ferai comprendre toutes ces choses qui vous sont invisibles, afin d'amener votre âme à un plein repentir.» (Jésus, 30 juin 1999)

Vassula

La vraie vie en Dieu

Vassula — Entretiens avec Jésus

Tome 1 — cahiers 1 - 16

Editions du Parvis
CH-1648 Hauteville

S.S. le Pape Paul VI a confirmé, en date du 14 octobre 1966, le décret émanant de la Sacrée Congrégation de la Doctrine de la Foi, sub no 58/16 (A.A.S.) et permettant la publication des écrits relatifs aux apparitions surnaturelles, même si elle ne porte pas le «nihil obstat» de l'Autorité Ecclésiastique.

Titre original anglais:
True Life in God
Vassula: Conversations with Jesus

Les messages de «La vraie vie en Dieu» sont également disponibles en allemand, italien, espagnol, portugais et en d'autres langues encore.

Informations sur Internet: http://www.vassula.org

© Avril 1998
© 2e édition: mars 2001

Editions du Parvis
CH-1648 Hauteville / Suisse

Tous droits de reproduction, de traduction et
d'adaptation réservés
Envois postaux dans tous les pays
Imprimé en Suisse
ISBN 2-88022-099-8

Comment pourrais-Je vous voir perdus sans venir à votre secours ? Je compte chacun de vous. Le Bon Berger donne Sa Vie pour Ses brebis. Je suis un abîme de Pardon. Je ne vous abandonnerai jamais.

Jésus, le 23 janvier 1987

Chaque battement de Mon Cœur est un appel pour une âme. J'ai soupiré pour que Mes bien-aimés M'entendent et M'approchent.

Jésus, le 5 avril 1987

J'ai besoin de pureté, d'amour, de fidélité, d'humilité, de sainteté. Cherchez en Moi tout ce que Je désire et Je vous le donnerai. Cherchez Mes intérêts et non les vôtres. Glorifiez-Moi, honorez-Moi. Les paroles ne suffisent pas. Des actes d'amour et de coopération vivifieront Mon Corps. Frères ! Aimez-vous les uns les autres !

Jésus, le 1er juin 1987

Pour vous unir, vous devez tous plier. Vous devez tous être désireux de plier, en vous assouplissant.

Jésus, le 2 juin 1987

AVANT-PROPOS

Dans les jardins de Dieu, la flore merveilleusement variée ne cesse d'offrir des surprises qui peuvent susciter une sorte d'incrédulité. L'histoire de la mystique chrétienne est pourtant remplie de cas inattendus qui finissent par devenir des références après avoir été écartés au nom d'une tradition antérieure plus humaine que divine. Il semble même que l'on puisse parler d'une sorte d'accroissement dans la plénitude des dons spirituels, non pas en raison de la réponse de la créature, mais conformément à un plan mystérieux que les Pères de l'Eglise appelaient «l'économie du salut».

Ce qui retient l'attention chez Vassula, ce n'est pas la réponse de la créature, mais la question du Créateur. Dans les écrits qui sont présentés ici, nous ne trouvons pas l'histoire d'une dîme, mais l'histoire d'une initiative amoureuse venue de Dieu. Il y a un enseignement, on découvre un message, mais davantage encore une déclaration et une attente, osera-t-on dire une supplication de Dieu adressée à sa créature.

L'appel n'est pas nouveau, il retentit à travers les âges et trouve son écho dans les âmes attentives; le ton et la manière, en revanche, sont inédits.

Voici une femme qui, pendant près de trente ans, ne se soucie guère de Dieu et se trouve soudainement interpellée, en pleine prospérité mondaine, par un ange qui prépare trois mois durant l'intervention directe du Christ à travers la rédaction de cahiers, accompagnée de visions et de présences surnaturelles presque permanentes.

Bien d'autres exemples viennent à l'esprit. Citons Françoise romaine au XVe siècle, Anne-Marie Tagi au XIXe, Maria Conception de Armida, Gabrielle Bossis et Marie Sevray au XXe. Dans tous ces cas, des femmes, mariées le plus souvent, vivent, sans extase, dans une intimité spirituelle manifeste avec le Christ, la Vierge Marie, les anges. Elles n'ont pas toutes des visions, mais chacune est appelée à écrire des messages inspirés qui font d'elles des témoins privilégiés, disons des prophètes choisis de la vie intérieure au milieu des occupations les plus habituelles.

Chez Vassula, l'irruption de Dieu dans les détails de la vie quotidienne se mêle, comme chez Françoise romaine, à des instructions sur le destin de notre monde et à des visions étonnantes sur le ciel, le purgatoire et l'enfer. Nous assistons de manière presque clinique aux manifestations successives et comme à l'improviste de la divinité et de l'humanité d'un Interlocuteur qui livre son Nom et son message en respectant la liberté de celle qu'Il a choisie. Vassula n'est pas dispensée de croire en voyant et en éprouvant cette présence si proche et si intense.

Nous assistons à des scènes de la vie quotidienne rendues merveilleuses par une Présence incompréhensible et concrète. Vassula est acceptée telle qu'elle est dans son comportement de mère de famille d'allure sportive et, à l'intérieur de ce cadre ordinaire, un message prophétique est lancé au monde.

Chaque âme est invitée à l'intimité et le monde à la conversion en vue de la réalisation du Royaume.

Le Christ nous a donné dans l'Evangile un critère de discernement: il faut juger l'arbre à ses fruits. D'ores et déjà, la lecture des messages a provoqué des conversions par dizaines touchant précisément ceux et celles qui semblaient les moins préparés à accueillir le message du Christ par les voies habituelles. Des croyants puisent aussi une ferveur nouvelle dans cet appel à la conversion.

Ce message n'est intelligible que dans une attitude de foi conduisant à croire que l'Amour est plus inventif que nous l'imaginions. Une argumentation plus élaborée ne convaincrait pas les sceptiques et risquerait d'encombrer la lecture du texte lui-même. Qu'on nous permette ici un témoignage personnel. Lire des textes mystiques est une chose, rencontrer celle qui les écrit en est une autre, et il nous a été donné d'expérimenter que la Grâce ne détruit pas la nature lorsqu'elle propose une mission qui dépasse ses possibilités de manière aussi évidente. Vassula reste une femme de notre temps avec laquelle chacun peut converser pour apprendre que les prédilections de Dieu s'adressent à tous et que nous sommes aimés bien plus que nous pouvons le penser. St Paul avait une expression pour désigner cette réalité: la folie de Dieu ou plus littéralement la folie de la croix.

Patrick de Laubier

PRESENTATION

Née en Egypte, de parents grecs, le 18 janvier 1942, la carrière internationale de son mari a promené sa vie de pays en pays: 16 ans en Afrique (Sierra Leone, Ethiopie, Soudan, Mozambique, Lesotho), puis quelques années en Asie, au Bangladesh. Vassula a aujourd'hui deux enfants.

Orthodoxe, elle a vécu dans son enfance un rêve qu'elle tient aujourd'hui pour prophétique: la Vierge l'a préparée à un mariage avec le Christ. Mais elle l'avait quelque peu oublié. C'était une femme comblée dans les hautes sphères de ce monde: peintre inspirée, comblée de relations mondaines et de succès, championne de tennis, mannequin dans la capitale du Bangladesh, toutes choses qui sont pour elle dépassées aujourd'hui: depuis qu'au Bangladesh, en novembre 1985, son ange gardien l'a préparée à sa mission par des messages, pour lesquels sa main était mue irrésistiblement.

Puis ce fut le Christ, qui continua à guider cette main et dont elle apprit à entendre la Voix. Elle ne vit plus que pour Lui, elle prie durant six heures chaque jour, au cours desquelles a lieu le colloque où elle reçoit ces messages.

Sa silhouette blonde respire un équilibre harmonieux, issu d'une paix profonde, sa parfaite mesure, sa discrétion, sa modestie, s'accompagnent d'une grande assurance intérieure.

Vassula n'avait pas de formation religieuse. Les messages qu'elle écrit la dépassent, ils sont pour elle une grâce passive qu'elle assume avec une énergie cachée.

Durant trente ans (1955-1985), bien que de famille orthodoxe, elle n'avait pas mis les pieds à l'église sinon pour obligations mondaines de mariage ou d'enterrement. Les révélations privées furent pour elle une conversion totale. Elle n'aspire plus qu'à rejoindre Jésus dans la vie éternelle qu'est déjà sa vie.

Elle est consciente de ses limites, des limites qui sont celles des révélations privées, marquées par la personnalité de chaque voyant: la marque de l'instrument. Elle n'a point de magistère, ni d'autorité officielle mais seulement celle de la lumière inhérente à ses messages, destinés à certains plus qu'à d'autres, en toute liberté et soumis à leur discernement. Elle accepte la critique et s'en réfère à Celui qui la guide: le Christ, et aux conseils de son directeur spirituel.

Abbé René Laurentin

ANNEXE 1

Interprétation graphologique de
l'écriture de Vassula par J A. Munier
Graphologue conseil SGF.GGOF
Expert en écritures près de la Cour d'Appel de Paris

J'ai soumis les messages de Vassula à J.A. Munier, graphologue patenté de la plus haute réputation. Je ne lui avais rien indiqué sinon le prénom de cette femme qu'il ignorait et son âge: 47 ans.

Il a fait précéder l'analyse qui va suivre de ce titre: Interprétation graphologique, sans renseignement préalable (et sans tenir compte du texte, faute de pratiquer la langue anglaise).

Interprétation des grands caractères dictés de la main de Jésus

— *(Force tellurique formidable)*
— *Enthousiasme enclos avec une composante hédonique, c'est à-dire semblant générateur d'une sorte de bien-être.*
— *Est imprégnée d'une force qui la dépasse.*
— *Investie par des forces invisibles auxquelles elle réagit avec une sorte de simplicité primitive, alors qu'il y a aussi, dans d'autres secteurs, un élément raffiné chez elle.*
— *Convaincue par la puissance de l'invisible qu'elle perçoit avec intensité.*
— *Est un intermédiaire comme un centre de transmission et d'amplification. A une foi mystique.*

— *Ressent une sorte d'enthousiasme tranquille, comme une plénitude.*
— *Est très dédoublée, alimentée par une force invisible comme indestructible.*
— *Un peu étrange, aux yeux du sens commun, en tout cas.*
— *Très appliquée: élève docile.*
— *Est comme dans un état second, indifférente au monde extérieur.*
— *Peut percevoir des mondes invisibles fort bien, comme un médium.*
— *Très grande force concentrée. Introversion riche.*
— *Ne s'appartient pas. Une certaine raideur. Un grand contrôle de soi-même, probable dans son maintien. A «de la tenue».*

Interprétation subsidiaire des fragments graphiques intercalaires en écriture plus petite

— *Personnalité qui vit dans son univers.*
— *N'est pas folle.*
— *Est assez intelligente pour le moins.*
— *Suit sa logique propre.*
— *Capable d'une certaine intégration.*
— *A des ménagements de délicatesse, de la gentillesse, de la douceur.*
— *Suit un but. Est appliquée vers ce but.*
— *Ressent une inspiration de niveau élevé.*
— *Sa vie est éclairée par un idéal.*
— *Rien d'autre ne compte pour elle véritablement.*

Nouvelle analyse de M. J.A. Munier sur un autographe de Vassula (écriture courante) avec signature. 3 mars 1990.

— *Simplicité* directe. Une sorte de gravité simple, sans emphase. Sincérité grande. Aucune comédie.

— *Tempérament* posé. Personnalité paraissant dominer assez bien les états physiques. Equilibre nerveux semblant excellent. Intelligence de bon niveau, claire, sobre, ayant le sens des valeurs essentielles, ayant un jugement mesuré, capable de finesse intelligente, de minutie attentive, exempte de confusion, capable d'accrochage critique sérieux, soucieux d'objectiver, de ne pas se leurrer, d'être lucide, de non-illusion, de curiosité intellectuelle positive et même supérieure à la moyenne.

— *Personnalité sociale* ne faisant pas d'éclat, ayant un dépouillement simple, se présentant comme un interlocuteur substantiel, derrière une apparence «comme tout le monde», sérieuse sans tension, ayant une sorte de sévérité calme, une absence de mièvrerie, de la sensibilité qui est fine. Parfois, une petite note possible de malice par moments ? ou de fantaisie aimable pour se détendre.

— *Niveau moral* excellent. Conviction ferme dans ses croyances. Volonté calme, suivie, de dominer ses faiblesses. Personnalité ayant une dignité et aussi une bonne volonté très appréciables.

— *Qualités notables:* Recul par rapport aux phénomènes qui l'affectent, par rapport à ses états de conscience aussi. A quelque chose de beaucoup plus qu'un «subconscient riche». Aptitude à être à la fois présente et au-delà... L'émotivité, l'intelligence, elle, les autres, sont «à leur place» (grâce à son équilibre).

Fac-similé de l'écriture de Vassula. Grandes lettres sous la dictée. Petites lettres écriture ordinaire.

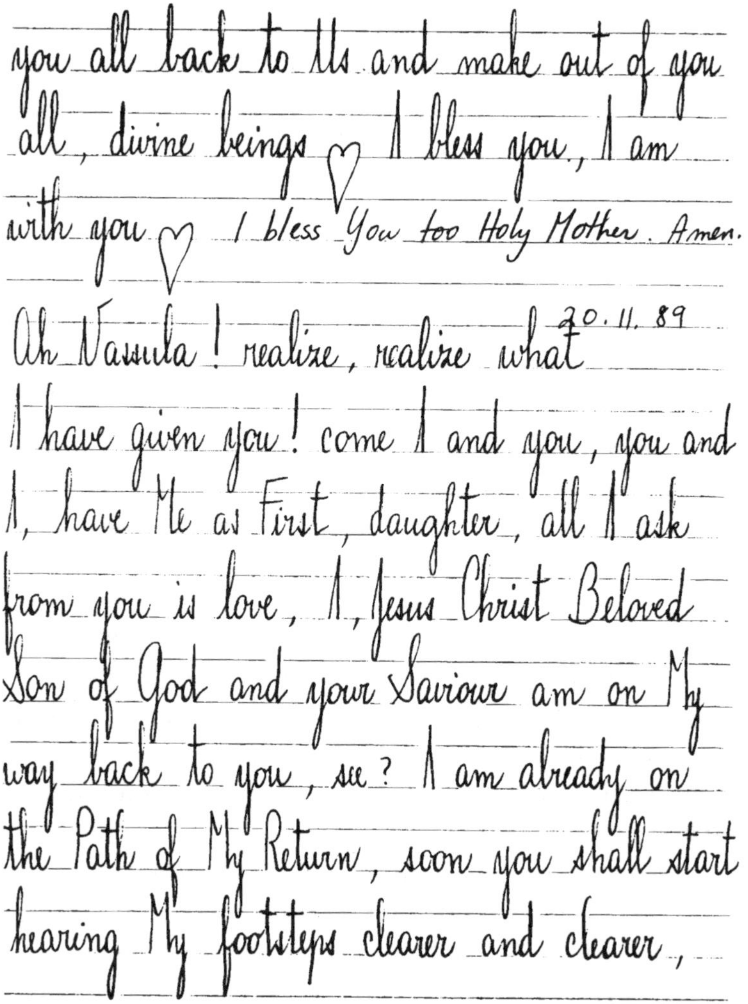
you all back to Us and make out of you all, divine beings ♡ I bless you, I am with you ♡ I bless You too Holy Mother. Amen.

20.11.89

Ah Vassula! realize, realize what I have given you! come I and you, you and I, have Me as First, daughter, all I ask from you is love, I, Jesus Christ Beloved Son of God and your Saviour am on My way back to you, see? I am already on the Path of My Return, soon you shall start hearing My footsteps clearer and clearer, for I am approaching you all, I love you all ΙΧΘΥΣ  be one ♡

22. 11. 89

Please Lord, speak to me through Scriptures. (I open the Bible at random and it reads:)

" The Holy Spirit will come upon you. " Luke 1:35

daughter, remind the world of My Presence, announce My Message to the ends of the world ♡ pray, I am listening*... I shall help you : please Father reveal to me Your Love for in revealing Your Love, You are revealing me Your Holy Face, shine on

* I hesitated to find the words so the Lord came to my rescue.

INTRODUCTION

Quand j'ai eu mon premier entretien avec Vassula, au printemps 1986, je ne pouvais concevoir qu'un jour j'écrirai une introduction à ces révélations du Divin Cœur du Christ. En fait, ma première réaction a été tout à fait négative. Le vrai motif de la peine que j'ai prise à étudier les écrits a été celui d'y découvrir des erreurs et de convaincre Vassula d'arrêter. Avec le temps, cependant, j'ai compris peu à peu qu'il n'était pas possible que la personne que je connaissais soit à l'origine de la sagesse qui se trouve dans ces écrits. A l'époque, elle ne connaissait absolument rien à la théologie ni à la Bible. En dépit de ce fait, elle révélait, en écrivant, une profonde connaissance des choses divines. Les écrits en soi étaient cependant rédigés d'une façon très simple et originale. Ce n'était ni le langage du catéchisme, ni celui de la théologie. C'était le langage de quelqu'un qui sait la vérité et la dit d'une façon originale. J'en suis arrivé peu à peu à la conviction que Jésus l'a investie d'un message pour notre temps, et suis ainsi devenu son directeur spirituel.

La simplicité du langage pourrait bien provoquer tout d'abord un doute que ce message soit vraiment de Dieu. Peut-être avons-nous oublié que Marie, à Lourdes, s'est exprimée dans le dialecte de l'endroit ? En tout cas, pour vraiment comprendre ce qui arrive à Vassula, nous devons comprendre qu'elle a accepté l'invitation de Dieu à être un instrument de Sa Parole. Comme l'instrument d'un musicien, elle a ses qualités propres qui font partie de l'œuvre décisive que (dans ce cas) le Divin Artisan partage avec elle.

Dans le langage de la théologie mystique, on devrait dire que Vassula reçoit des locutions intérieures. Vassula ne voit pas Jésus avec ses yeux de chair, ni ne l'entend avec ses oreilles de chair. Elle voit et entend Dieu d'une façon spirituelle, qui est néanmoins claire et distincte. Dieu lui parle vraiment, mais lui parle selon sa capacité. Il utilise un langage qu'elle comprend, pas celui d'un théologien professionnel. Ce langage, apparemment simple, exprime toutefois des vérités profondes, il est en fait souvent le même que celui que Dieu utilise dans la Bible. Ce n'est pas un langage de la philosophie ou de la théologie contemporaine. Saint Paul a si bien décrit cette méthode du divin enseignement quand il a dit: «Je détruirai la sagesse des sages, j'anéantirai l'intelligence des intelligents. Où est-il, le sage ?» (1 Co 1,19-20).

Comme tout être humain, Vassula et d'autres mystiques doivent continuellement lutter contre leur faiblesse humaine en acceptant librement le don de la puissante action de Dieu dans leur vie. Dans les écrits, il y a donc une tentation continuelle pour Vassula de douter qu'elle a vraiment reçu ce charisme. Le vrai mystique est profondément conscient de son propre néant. En fait, la puissance de la Miséricorde et de l'Amour de Dieu est tellement stupéfiante, que même le mystique (en l'occurrence Vassula) est tenté de douter.

Bien que beaucoup de mystiques aient reçu le don de locutions intérieures, Vassula a un don moins commun. Jésus guide sa main concrètement. On peut penser à un maître de tennis qui, avec son élève, passe les mouvements corrects, en guidant concrètement la main de l'élève. Cela n'est pas la seule curiosité de ces révélations. Jésus nous rappelle un fait souvent oublié dans notre monde moderne: Dieu est actif dans le monde et uni à nous. Comme l'a dit Jésus: «Je suis la vigne et vous les sarments... Sans moi, vous ne pouvez rien faire, (Jn 15,5). Trop souvent, nous oublions tous l'Amour divin qui a établi une telle intime unité avec nous.

Il est important de rappeler, en fait, que la révélation que reçoit Vassula n'est pas simplement ou principalement pour son propre profit. Dieu veut que nous comprenions tous combien Il aime chacun de nous. Il veut que nous comprenions qu'Il est notre «Divin Compagnon». C'est cet Amour Divin que nous devons d'abord comprendre si nous souhaitons saisir l'essence de ce message.

Ces écrits sont en fait un pressant appel à nous tous pour une conversion personnelle: un travail qui est une interpellation quotidienne. La conversion est un travail continuel de croissance dans l'amour du Christ et en détachement de tout ce qui nous sépare de Lui. Ces écrits sont une supplication de l'Amour-Même: un appel implorant de l'Amour lui-Même, pour notre amour. Ils sont un rappel à nous tous que le premier et plus grand commandement de Dieu est de L'aimer par-dessus toute personne et toute chose, de tout notre cœur, de tout notre esprit, de toute notre âme et de toute notre force. C'est l'appel de Dieu à l'adoration. Il nous appelle à avoir soif de Dieu, à reconnaître notre pauvreté, notre dénuement et notre petitesse. Ces messages sont un appel à nous abandonner pour trouver notre vraie vie en Lui.

Le Dieu qui se révèle dans ces pages est par-dessus tout un Père aimant. Il est le «Abba» que Jésus connaissait et que Saint Paul vint à connaître et aimer. Comme un Père aimant et Divin Epoux de l'Eglise, Dieu utilise le langage de l'amour. C'est un langage qui doit être familier à ceux qui lisent la

Bible, car là aussi Dieu se révèle Lui-Même de différentes façons comme la source et le modèle de tout amour humain.

C'est l'amour d'un Père qui est aussi un Maître. Comme un Maître, Il utilise un langage simple qui s'adresse à tous. Comme un Maître, Il se répète fréquemment tout en nous faisant avancer progressivement. Ce langage aimant, cette simplicité d'expression et ce retour continuel aux thèmes qui sont répétés tandis qu'ils s'approfondissent peuvent présenter un problème pour certains lecteurs. Si nous demeurons petits cependant, nous pouvons surmonter ces obstacles et entrer dans le domaine de la Sagesse.

Comme ces écrits le montrent très clairement, si nous souhaitons répondre à l'appel d'amour de notre Père, nous devons avoir la foi des petits enfants. Cela nous est chose difficile pour beaucoup d'entre nous, prêtres, ainsi que pour les gens de notre temps. Nous tirons satisfaction d'en savoir déjà assez long pour gouverner nos propres vies. Jésus nous demande le don de notre liberté — un total abandon — pour trouver la vraie liberté et la vie en Lui. Je comprends maintenant que, avant cette révélation, j'avais tendance à croire que j'avais une assez bonne compréhension de la théologie et des Ecritures. Comme beaucoup de prêtres, j'avais tendance à oublier que Jésus nous a promis qu'Il nous enverrait Son Esprit pour éclairer notre compréhension de l'Ecriture et de la Tradition — cette révélation particulière qui est une partie essentielle de l'Eglise.

Il y a une profondeur de sens dans les Ecritures qui ne peut être clarifiée par les seuls exégètes scientifiques. Si nous nous arrêtons à ce point, nous sommes comme les Pharisiens du temps de Jésus qui s'étaient attachés à l'Histoire et étaient fermés à la nature dynamique de Dieu comme le Saint

Compagnon de la race humaine. Bien que prédit par les Ecritures, Jésus était trop «nouveau» et différent pour eux, pour être reconnu comme la réalisation de leurs espoirs. Ce dont nous avons besoin, c'est cette foi des petits enfants qui n'entrave pas l'action de l'Esprit dans notre temps. C'est cet esprit des petits enfants qui nous rend capables de faire l'expérience de Dieu, comme Jésus et Saint Paul l'ont faite — notre «Abba» céleste. Nous avons donc l'amour intime des enfants pour une personne réelle dont ils ont fait l'expérience comme vrai père.

Cette attitude d'enfants n'est pas simplement quelque chose qui touche notre spiritualité personnelle. Dans ces révélations, le Christ montre clairement que la clé pour l'unité chrétienne, vraiment l'unité religieuse de tous Ses enfants, est l'humilité et l'amour. Il est dû à notre manque d'humilité et d'amour que cette unité semble impossible. Ici, néanmoins, Jésus nous assure qu'Il l'accomplira bientôt par Sa propre Puissance et pour Sa propre Gloire. Il y aura donc «un seul troupeau et Un seul Berger». La prière de Jésus à Sa Dernière Cène ne sera pas en vain.

Je vous exhorte, lecteur, de surmonter tout scepticisme que vous pourriez d'abord éprouver à la lecture de ces écrits. Si vous demeurez l'esprit ouvert et patients, vous trouverez dans ces textes des graines d'amour qui prendront racine en votre cœur comme elles ont déjà pris racine et porté des fruits en beaucoup d'autres cœurs. L'aventure spirituelle dans ces pages n'est pas simplement celle d'une âme, c'est une invitation à tous à regarder vers un avenir de Paix et d'Amour avec espérance et confiance.

Père James Fannan
Professeur de Philosophie

CAHIERS 1 À 6

Bangladesh, 20 septembre 1986

— La Paix soit avec toi.
— Puis-je être avec Toi?
— Oui, tu es avec Moi; Je suis la Lumière.
— Puis-je être près de Toi?
— Tu es près de Moi, tu es en Moi; Je suis la Lumière.
— Peux-Tu m'abriter?
— Tu es abritée par Moi.
— Puis-je m'appuyer sur Toi?
— Tu peux t'appuyer sur Moi.
— J'ai besoin de Ta Force pour soutenir ma foi.
— La Force t'est donnée.
— J'ai besoin de Ton Amour.
— Tu es aimée de Moi.

Je suis la Lumière et Je brille pour que tous voient. N'aie pas peur. Mon Chemin est droit, Mon Chemin te conduira à Moi. Je te rencontrerai et tu Me reconnaîtras car Je rayonne la Paix et l'Amour. Viens à Moi. Me vois-tu? M'entends-tu? N'aie pas peur, ne reste pas ainsi dans l'obscurité. Vois, tes membres sont guéris[1], tu peux à nouveau marcher. Vois, ta

---

1. Jésus parle symboliquement.

vue est revenue. Je t'ai guérie. J'ai guéri ta honte et J'ai lavé tes péchés. Utilise tes jambes pour marcher vers Moi, tes yeux pour Me voir, ta foi pour Me rencontrer. Je suis ton Rédempteur, Je suis ta Paix. Moi Jésus, Je vous aime tous!

27 septembre 1986

— La Paix soit avec toi. Vassula, viens à Moi. Je suis ton Rédempteur, ta Paix. J'ai vécu sur la terre, en chair parmi vous. Je suis le Fils Engendré de Dieu. Viens à Moi et pose ta tête sur Moi. Je suis ton Consolateur. Quand tu te sens malheureuse, rappelle-toi que Je suis près de toi. Récite cette prière avec Moi:

Aide-moi, Père,
et conduis-moi vers Tes pâturages de repos,
où coule l'eau pure éternelle;
sois ma Lumière pour me montrer le Chemin;
avec Toi, à Tes côtés je marcherai;
avec Toi pour m'illuminer je parlerai;
Père Bien-Aimé,
demeure en moi pour me donner la Paix
et pour me faire sentir Ton Amour;
Je Te suivrai dans Tes pas;
avec Toi je demeurerai:
illumine-moi, aime-moi,
sois avec moi maintenant et pour toujours.
Amen.

(Jésus était venu m'enseigner cette prière.)

28 septembre 1986

(Aujourd'hui Jésus m'a donné une image très nette de moi-même — une vision intérieure — où j'étais perdue, entourée de marécages, isolée et l'esprit égaré. Parmi les arbres desséchés, j'ai reconnu Jésus qui me cherchait.)

— Je suis ici; c'est Moi Jésus; Je t'ai retrouvée. Viens; permets-Moi de te montrer le chemin du retour. Ecoute-Moi: Moi Jésus, Je suis le Chemin. Chaque fois que tu te sens perdue, appelle-Moi; Je viendrai à toi et Je te montrerai le chemin. Je Suis le Chemin.

30 septembre 1986

— La Paix soit avec toi, Ma fille.
— S'il Te plaît, Jésus, donne-moi la lumière pour que je puisse Te sentir et écrire.
— Vassula, rabâchage signifie que l'invocation est dépourvue de conviction.
(J'ai compris mon erreur. J'avais demandé à Jésus cette faveur sans amour, sans réfléchir, sans vraiment la ressentir. Je l'ai à nouveau demandée, mais en pensant cette fois sincèrement chaque mot, en élevant mon âme vers Lui. La prière n'a de sens que si elle vient du cœur.)
— Exprime-toi toujours en Me sentant comme tu viens de le faire. Moi Dieu, Je sens, Je sens tout! De ton appel, Je dois recevoir de l'amour du plus profond de ton âme, Me désirant, M'aimant, pensant chaque mot que tu dis. Moi Dieu, J'existe et Je sens tout! Toute prière rabâchée peut aussi bien rester ensevelie. Les rabâchages sont des résonances de tombeaux. Rappelle-toi, J'existe et Je sens. Je désire que tous Mes enfants travaillent à Me donner de la joie!

5 octobre 1986

(Je suis en train de lire un livre dans lequel des gens — comme moi — racontent leurs expériences de Dieu. Et la plupart d'entre eux disent avoir été découragés par des experts qui leur démontraient leur erreur en établissant que seules des âmes particulièrement élevées peuvent expérimenter de telles rencontres avec Dieu. Tout le livre explique bien que pour arriver à Dieu, il faut être saint. Alors, moi qui — et de loin — ne le suis pas, moi dont l'âme n'est pas très élevée, je décide de mettre un terme à ces rencontres avec Dieu et de ne plus écrire. J'abandonne donc, et je vais laisser cette «force» qui a poussé ma main pendant des mois la guider pour la dernière fois.)

— Vassula, ne Me quitte pas. Bien-aimée, appelle-Moi et apprends avec Moi. Rappelle-toi: Je suis toujours près de toi. Moi Dieu, Je vis en toi. Crois-Moi: Je suis le Dieu Tout-Puissant, le Dieu Eternel.

— Non! Ce n'est pas possible! Ce ne peut être Dieu. Ceux qui savent me prouveront que ce n'est pas Dieu. Seules des âmes très élevées et pures, dignes de Dieu, peuvent recevoir de telles grâces!

— Je ne suis pas hors d'atteinte! Vassula, Je ne rejette personne. Je blâme tous ceux qui déconseillent à Mes enfants les réconforts que Je leur donne pour qu'ils viennent à Moi. Celui qui enseigne qu'il faut être pur ou digne pour pouvoir être avec Moi ou être accepté par Moi, celui-là nuit à Mon Eglise. Tout homme qui M'a rencontré, mais qui est découragé par d'autres, Moi qui suis la Force Infinie, Je le soutiendrai en lui donnant Ma Force.

Pourquoi, pourquoi ai-Je des hommes qui se disent experts, jugeant si c'est Moi ou non, M'interdisant toute initiative et laissant Mes enfants déçus, sans consolation ni secours; des

hommes qui ne tiennent aucun compte de Mes Grâces et qui M'arrachent Mes enfants. Pourquoi toutes Mes Bénédictions sont-elles rejetées? Je suis Richesse Infinie.

Ma fille, quand enfin tu M'as trouvé, J'ai été rempli de joie. J'ai été attentif à ne pas t'effrayer, Je Me suis montré aussi doux qu'une mère envers son enfant. Je t'ai laissé M'approcher, et J'ai été rempli de joie de t'avoir appelée et rencontrée, de t'avoir près de Moi, et de partager tout ce que J'ai, Ma bien-aimée. Et maintenant, tu viens Me dire que tu penses Me quitter, parce que Moi Dieu, Je serais impossible à atteindre, que tu as été informée que seules des âmes dignes peuvent M'atteindre, et que tu n'as pas les qualités requises!

Je ne repousse jamais aucune âme. J'offre Mes Grâces même aux plus misérables. Réjouis-Moi et rencontre-Moi par cette voie. Je te bénis, Ma fille. Je te guide, tu te nourris de Moi. Vassula, aujourd'hui, lis dans la Bible le premier épître de Pierre; lis attentivement, ensuite Je te l'expliquerai. Lis le premier chapitre. Vis avec foi. Pierre enseigne à avoir la foi.

(Jésus m'a fait comprendre que par la foi, nous pouvons déplacer des montagnes. Il faut croire aveuglément.)

10 octobre 1986

— Je suis la Lumière. Moi Jésus, Je veux t'avertir: ne tombe jamais dans les pièges tendus par le Malin; ne crois jamais à aucun message qui te donne de l'inquiétude. Comprends bien pourquoi le Malin fait tout pour t'arrêter. Ma fille, tout message qui condamne Ma révélation vient du Malin. Il essaiera encore de te décourager et de t'arrêter. Moi qui suis ton Sauveur, Je te confirme que tous les messages qui portent des appels d'amour et de paix pour aider ceux qui sont

perdus à retrouver leur chemin vers Moi sont tous du Père et de Moi. Alors ne te décourage pas, aie foi en Moi. Rappelle-toi, ne crois à aucun message qui laisserait ton cœur inquiet. Je suis Paix et tu dois te sentir en paix.

12 octobre 1986

— **La Paix soit avec toi. La Lumière te guide, bien-aimée. Vis en Paix.**
— Je veux Te dire que je me sentais en paix et à mon aise avec Dan.

(J'avais la nostalgie de Daniel, mon ange.)

— **Laisse-le, car il n'est que Mon serviteur. Moi, Je suis ton Créateur, le Dieu Tout-Puissant.**
— Je tiens à Te dire que j'étais en paix avec Dan et que je l'aime.
— **Je sais. Laisse-le.**
— Il m'a dit une fois: «Aucun homme n'a jamais aimé son ange autant que toi», n'est-ce pas?
— **Oui.**
— Le pensait-il vraiment?
— **Il le pensait. Laisse-le maintenant et sois avec Moi. Pose ta tête sur Moi, sens combien Je t'aime. Tu es Ma fille, Je suis ton Père Céleste et Je te bénis. Tu es Mienne. Je suis Yahvé et Je ne laisserai personne te faire du mal.**
Ecoute-Moi: Je t'ai regardé grandir depuis ta tendre enfance. Je t'ai tenue près de Moi et t'ai trouvée agréable à Mes Yeux. Je t'ai regardé grandir comme les fleurs sauvages que J'ai créées. Mon Cœur était rempli de joie de te regarder vivre dans Ma Lumière. Je demeurais près de toi. Mon bourgeon avait commencé à fleurir. Tu étais arrivée à l'époque d'être

aimée. Je sentais ton parfum et tu faisais Mes délices. Je sentais ton cœur et te bénissais, Je lisais tes désirs et J'aimais les sentir. Je demeurais près de toi pour t'aider à conserver ta beauté. J'ai vu que tu avais fleuri, Je t'ai alors appelée, mais tu ne M'as pas écouté. Je t'ai encore appelée, mais tu M'as ignoré. Tu venais Me voir de temps en temps et Mon Cœur Se réjouissait de te voir. Ces quelques fois où tu es venue[2], J'étais rempli de joie. Je savais que tu étais Mienne, mais tu semblais M'avoir oublié. Tu n'as même jamais senti que J'étais près de toi.
Les années ont passé, ton parfum t'a quittée. Exposées aux vents âpres de l'hiver, tes feuilles ont commencé à tomber, ta tête s'est courbée et tes pétales ont perdu leur fraîcheur veloutée et leur beauté. Le soleil a commencé à te flétrir, tes sentiments se sont endurcis. Entends-Moi, Je te regardais avec pitié. Je n'ai pas pu le supporter plus longtemps. Je t'ai souvent approchée et t'ai sentie, mais tu t'étais trop éloignée, tu ne pouvais pas Me reconnaître. Tu ne reconnaissais plus Celui qui S'était penché sur toi, t'avait étreinte et t'appelait par ton nom. Je pleurais ta beauté disparue, de voir que J'avais étreint dans Mes Bras un enfant misérable, déplorable à regarder. Ta vue faisait pleurer Mon Cœur, car Je pouvais encore voir dans tes yeux une faible lueur d'amour, l'amour que tu avais eu autrefois pour Moi dans ta jeunesse.
Je t'ai élevée à Moi, tes petites mains se sont agrippées à Moi. Je Me suis senti soulagé de voir Mon enfant qui avait besoin de Moi. Je t'ai ramenée à la maison et avec tout Mon Amour, Je t'ai guérie. Je t'ai donné de l'eau pour apaiser ta soif. Je t'ai nourrie et Je t'ai fait doucement recouvrer la santé. Je suis Celui qui te guérit, Je suis ton Rédempteur, Je le serai

2. A l'église.

toujours, Je ne t'abandonnerai jamais, Je t'aime. Moi Dieu, Je ne te laisserai jamais à nouveau t'égarer. Fais-Moi plaisir maintenant en demeurant avec Moi. Je t'ai ranimée, bien-aimée, appuie-toi sur Moi, tourne-toi vers Moi et regarde-Moi. Je suis Dieu, ton Père Céleste. Comprends pourquoi Je suis avec toi. Moi Dieu, Je ferai de même avec tous Mes autres fils et filles, car vous êtes tous Miens. Je ne les abandonnerai pas à flétrir au soleil. Je les protégerai, Je les restaurerai. Je n'attendrai pas de voir leurs feuilles se disperser, Je n'attendrai pas de vous voir assoiffés. Rappelle-toi, Moi Dieu, Je vous aime tous. Je vous réunirai tous.

16 octobre 1986

— **La Paix soit avec toi. Bien-aimée, repose-toi. Ne te fatigue pas davantage; Je sens comme tu t'épuises.**

— J'ai senti Ta Présence. As-Tu intensifié Ta Présence, Jésus?

— **Oui, J'ai intensifié Ma Présence pour que tu comprennes, Vassula. Je connais bien ta capacité.**

(Ce jour-là j'étais particulièrement fatiguée mais je ne pouvais arrêter de lire et de travailler. J'ai senti la Présence de Jésus partout. Il essayait de me dire quelque chose.)

22 octobre 1986

— **Moi Dieu, Je Me délecte de t'avoir auprès de Moi. Je t'aime, Ma fille. Aie foi en Moi. Dans moins de deux mois, tu M'entendras distinctement[3]. Je te donnerai le soutien que**

3. Prédiction qui s'est réalisée: six semaines plus tard, je pouvais entendre Sa Voix.

tu veux. Mon Dessein est de te guider. Tu feras énormément de progrès en moins de deux mois, car telle est Ma Volonté. Je suis ton Maître. Tous Mes Enseignements éclaireront ton âme. Demeure près de Moi. Vassula, chaque fois que tu te sens malheureuse, viens à Moi et Je te consolerai car tu es Ma bien-aimée. Je ne veux voir aucun de Mes enfants malheureux; ils doivent venir à Moi et Je les consolerai.

23 octobre 1986

— **Vassula, quelle maison a le plus besoin de toi? J'aimerais que tu choisisses.**

— Jésus, si Tu me demandes laquelle est la plus importante, c'est bien sûr la Tienne, et s'il me faut choisir, je choisis Ta Maison.

— **Je te bénis.**

(Jésus paraissait si heureux!)

— **Je te guiderai, petite. Viens, prends avec toi Ma Croix et suis-Moi. Rappelle-toi, Je t'aiderai, tu seras Mon disciple. Je t'aiderai à Me révéler. Je suis Saint. Je suis Saint, alors sois sainte, vis en sainteté. Je te donnerai Mon soutien.**

Vassula, veux-tu travailler pour Moi?

— Nomme-Toi de nouveau.

— **Jésus-Christ.**

— Oui, je travaillerai pour Toi.

— **Je t'aime, appelle-Moi quand tu le désires.**

(J'avais accepté sans vraiment comprendre ce que veut dire travailler pour Dieu. Mais puisque je L'aime, je voulais Lui faire plaisir, sans songer à mon incapacité!)

— Ecoute-Moi. Ecoute Mes appels, écoute Mes cris. Vois-tu Ma Croix? C'est Moi Jésus qui te donne cette vision. J'appelle, Je souffre parce que Je vous compte, Mes bien-aimés, et Je vous vois dispersés et ignorants des dangers que le démon vous a préparés. Mon Cœur Se déchire de vous voir si éloignés de Moi!

(Pendant un mois, Jésus m'a donné des visions de Sa Croix. Où que je tourne la tête, dans quelque direction que ce soit, une grande Croix sombre se dressait devant moi. Quand je levais les yeux de mon assiette pendant mes repas, elle était là. Quand je regardais à travers ma moustiquaire, encore la Croix. Quand je me déplaçais d'une pièce à une autre, la Croix me suivait et elle était toujours là. Pendant un mois, c'était comme si elle me poursuivait.
Ensuite une autre chose a commencé à me hanter: tout ce qui m'arrivait ne provenait peut-être pas de Dieu. Si c'était le démon, aurait-il été stupide au point de m'avoir convertie? Je commençais à avoir peur de ce qu'on dirait de tout cela. Que m'arrivera-t-il? On se moquera de moi!)

— Ma fille! Ma fille, vis en Paix!

(Je me suis méfiée.)

— Qui est-ce?
— C'est Moi, Jésus. Demeure près de Moi. Je t'ai appelée pendant des années; Je voulais que tu M'aimes, Vassula...
— Jésus, quand m'as-Tu appelée pour la première fois?
— C'était à l'époque où tu allais partir pour le Liban. Je t'ai appelée dans ton sommeil. Tu M'as vu. Te rappelles-tu comment Je t'ai attirée à Moi, en t'appelant?
— Oui, je m'en souviens; j'avais peut-être dix ans; j'avais eu peur de Ta Force qui m'attirait. C'était comme un grand

courant, comme un grand aimant en attirant un petit. J'avais essayé de résister et de m'éloigner, mais je n'ai pas pu le faire et me suis trouvée toute contre Toi, alors je me suis réveillée.

(J'ai trouvé étrange que Jésus me rappelle ce rêve et plus étrange encore le fait que je m'en souvienne!)

9 novembre 1986

— La Paix soit avec toi. Je suis là. Je suis Jésus-Christ. Je suis devant toi. Je suis ton Maître et Je t'aime. Le Mal a été vaincu par Mon propre Sacrifice. Ne dormez pas, car Je viens bientôt. Je suis la Révélation. J'ai des nouvelles qui parleront. Parle-Moi de Ma Crucifixion, Vassula.

— Que dois-je dire? Dois-je méditer avant ou pendant Ta Crucifixion?

— Avant.

(Jésus m'a donné une vision de la Flagellation.)

— Quand ils M'ont eu flagellé, ils ont craché sur Moi et M'ont porté plusieurs coups violents à la Tête qui M'ont laissé étourdi. Ils M'ont donné des coups de pied à l'estomac qui M'ont coupé le souffle et fait tomber à terre, gémissant de douleur. Ils ont fait de Moi le jouet de leurs divertissements en Me donnant des coups de pied à tour de rôle. J'étais méconnaissable. Mon Corps était brisé, ainsi que l'était Mon Cœur. Ma Chair, qui était déchirée, pendait sur tout Mon Corps. L'un d'entre eux M'a ramassé et M'a traîné parce que Mes jambes ne pouvaient plus Me soutenir.

Ils M'ont ensuite revêtu d'un de leurs vêtements, ils M'ont tiré en avant et, renouvelant leurs coups, ils M'ont frappé au Visage, ils M'ont brisé le Nez[4] et M'ont torturé. J'entendais

leurs injures. Ma fille, de quelle haine et de quelles moqueries résonnaient leurs voix, augmentant Ma Coupe! Je les entendais dire: «Où sont mobilisés tes amis pendant que leur roi est avec nous? Tous les Juifs sont-ils aussi lâches que ceux-ci? Regardez leur roi!»
Et ils M'ont couronné d'une Couronne tressée d'Epines, Ma fille. «Où sont tes Juifs pour te saluer? Tu ES bien roi, n'est-ce pas? Peux-tu imiter un roi? RIS! Ne pleure pas. Tu es roi, n'est-ce pas? Alors, comporte-toi donc comme tel».
Ils M'ont lié les Pieds avec des cordes et M'ont dit de marcher jusqu'à l'endroit où se trouvait Ma Croix. Ma fille, Je ne pouvais pas avancer puisqu'ils M'avaient lié les Pieds. Alors ils M'ont jeté à terre et traîné par les cheveux jusqu'à Ma Croix. Ma Souffrance était intolérable. Des parties de Ma Chair qui pendaient après la Flagellation ont été arrachées. Ils ont desserré les liens de Mes Pieds et M'ont donné des coups de pieds pour que Je Me relève et que Je soulève Mon fardeau sur Mes Epaules. Je ne pouvais pas voir où se trouvait Ma Croix car les Epines qui avaient pénétré Ma Tête Me remplissaient les Yeux de Sang qui coulait sur Mon Visage. Alors, ils ont soulevé Ma Croix, l'ont posée sur Mes Epaules et M'ont poussé vers la porte.
Ma fille, oh! comme elle était lourde, la Croix que J'ai dû porter! J'ai avancé à tâtons vers la porte, guidé par le fouet derrière Moi. J'essayais de voir Mon chemin à travers Mon Sang qui Me brûlait les Yeux. J'ai alors senti quelqu'un essuyer Mon Visage: des femmes agonisant de compassion se sont avancées pour laver Mon Visage tuméfié. Je les entendais pleurer et se lamenter, Je les ai senties. «Soyez bénies», leur ai-Je dit, «Mon Sang lavera tous les péchés de l'humanité.

---

4. Il s'agit du cartilage du nez.

Regardez, Mes filles, le temps de votre salut est arrivé». Je Me suis redressé avec peine. Les foules s'étaient déchaînées. Je ne voyais aucun ami autour de Moi; aucun n'était là pour Me consoler. Mon agonie semblait augmenter et Je suis tombé à terre. Craignant que J'expire avant la Crucifixion, les soldats ordonnèrent à un homme appelé Simon de porter Ma Croix. Ma fille, ce n'était pas là un geste de bonté, ni de compassion, mais pour M'épargner pour la Croix.

Arrivés sur le Mont, ils M'ont jeté sur le sol en M'arrachant Mes vêtements, Me laissant nu pour M'exposer à la vue de tous. Mes Blessures se sont rouvertes, Mon Sang coulant à terre. Les soldats M'ont présenté du vin mêlé de fiel. Je l'ai refusé, car J'avais déjà au fond de Moi l'amertume que M'avaient donnée Mes ennemis.

Ils M'ont rapidement cloué d'abord les Poignets et, après avoir permis aux Clous de Me fixer à Ma Croix, ils ont étiré Mon Corps brisé et, avec violence, ils M'ont transpercé les Pieds.

Ma fille, ô Ma fille, quelle souffrance! Quelle agonie! Quelle torture de Mon Ame! Abandonné par Mes bien-aimés, renié par Pierre sur lequel Je fonderais Mon Eglise, renié par le reste de Mes amis, laissé tout seul, abandonné à Mes ennemis, J'ai pleuré car Mon Ame était remplie de douleur.

Les soldats ont dressé Ma Croix en la laissant tomber dans un trou.

De là où Je Me trouvais, J'ai contemplé la foule. Voyant à peine de Mes Yeux tuméfiés, J'ai regardé le monde. Je n'ai vu aucun ami parmi ceux qui se moquaient de Moi. Aucun n'était là pour Me consoler. «Mon Dieu! Mon Dieu! Pourquoi M'as-Tu abandonné?» Abandonné par tous ceux qui M'aimaient.

Mon Regard s'est posé sur Ma Mère. Je L'ai regardée et Nos Cœurs Se sont parlé[5]: «Je Te donne Mes enfants bien-aimés pour qu'ils soient également Tes enfants. Tu seras leur Mère».

Tout s'accomplissait; le salut était proche. J'ai vu les Cieux s'ouvrir et chaque ange se tenait debout. Tous étaient là, silencieux. «Père, entre Tes Mains Je remets Mon Esprit; maintenant, Je suis avec Toi».

Moi Jésus-Christ, Je t'ai dicté le récit de Mon agonie. Porte Ma Croix, Vassula, porte-La pour Moi. Ma Croix implore la paix et l'amour. Je te montrerai le Chemin car Je t'aime, Ma fille.

4 décembre 1986

(Je suis encore stupéfaite et j'ai toujours de grands doutes sur ce qui m'arrive: Comment cela est-il possible? Comment est-il possible que je ne puisse pas maîtriser ma main? C'est comme si elle était mue par une force extérieure. J'ai des doutes parce que je suis trop terre à terre, et pourtant, cela m'arrive bel et bien. J'en suis profondément troublée.)

— Je suis là. C'est Moi Jésus. Ma fille, rappelle-toi que tu es esprit et que Moi aussi Je suis Esprit et que Je suis Saint. Je vis en toi et toi en Moi. Demeure en Moi. Moi Jésus, Je suis toujours avec toi, comprends-le. Sois dans Ma Lumière car Je suis la Lumière et à travers Moi tu reçois la connaissance, tu progresses.

5. Jésus veut dire qu'Ils Se sont compris sans prononcer de paroles, mais par Leurs Cœurs.

— Bon. Tu m'as convaincue que c'est bien Toi. Tu as atteint Tes deux buts: que je T'aime, et que je sois convaincue que c'est bien Toi que je rencontre de cette manière. Tu m'as séduite. Je sais que je ne suis pas plus schizophrène que le reste du monde, ni plus psychotique que le psychiatre lui-même. Je sais aussi que ce ne sont pas les démons parce que je sais comment on se sent quand ils nous attaquent; cela donne un inquiétant sentiment de tourments.

(C'était au début; durant une semaine, j'avais subi des attaques de démons qui essayaient de me faire cesser d'écrire.)

— Je n'ai pas choisi de recevoir Tes appels puisque je restais totalement distante de Toi; c'est Toi qui l'as voulu, mon Dieu. Je ne le regrette pas; d'ailleurs comment le pourrais-je puisque maintenant je suis séduite!

— Enfant, Je t'ai élevée pour que tu puisses être avec Moi, Je t'ai appris à M'aimer. Es-tu contente d'être avec Moi de cette façon?

— Oh oui!

— Je te bénis du fond de Mon Cœur.

8 décembre 1986

— Puis-je être dans Ta Lumière?

— Tu es dans Ma Lumière, Je suis Jésus ton Sauveur. Porter Ma Croix signifie porter avec toi Mes Souffrances, Ma fille.

(Jésus entend: la croix que nous portons autour du cou.)

10 décembre 1986

— Ma fille, veux-tu Me suivre? Ne t'égare pas hors du droit chemin, mène une vie sainte.
— Jésus, ne pourrais-je pas rester comme je suis[6]?
— Ecoute-Moi, cite-Moi une seule personne de sainte foi qui n'ait jamais choisi l'Eglise; cite-Moi une seule personne qui soit restée partagée.
— Je n'en connais aucune.
— Non. Il n'y en a jamais eu.

(Jésus attendait que je dise quelque chose.)

— Me veux-Tu entièrement à Toi?
— Oui, Je le veux. N'aie pas peur. A quoi es-tu attachée, Ma fille?

(Peut-être ai-je soupiré.)

— Qu'arrivera-t-il si je reste la même?
— Reste la même et tu constateras que Je ne cesserai pas de t'appeler à Moi!
— Puis-je Te poser une question?
— Tu peux.
— Est-ce vraiment important pour Toi que je change?
— Oui, J'y tiens beaucoup!
— Y a-t-il une différence si je change, je veux dire, à être sainte comme Tu le dis?
— Oui, il y a une différence. Tourne-toi vers Moi et demeure avec Moi.
— Peux-Tu, en ce moment même, voir l'avenir?
— Oui, Ma bien-aimée.

6. Menant une vie mondaine tout en essayant d'être disciple.

— Puis-je alors Te poser une question?
— Tu peux.
— Puisque Tu vois l'avenir, je voudrais savoir quelque chose. Si Tu ne veux pas me répondre, dessine-moi simplement un cœur. A la fin, Te décevrai-je?
— Non, tu ne Me décevras pas.

(Je me suis sentie soulagée.)

— Comment Te sentiras-Tu?
— Moi Dieu, Je Me sentirai glorifié.
— Ah! oui?
— Oui. N'aie pas peur. Pourquoi as-tu peur d'être sainte? Rappelle-toi, tu es au début de Mon appel.
— Qu'est-ce que cela signifie réellement?
— Cela signifie que tu es encore en train d'apprendre de Moi. Je vais t'enseigner et te montrer Mes œuvres. Je n'en suis qu'au début de Mon appel. Plus tard, tu découvriras comment J'œuvre. Je t'appellerai plus tard, au moment choisi, pour que tu trouves la Paix. Es-tu bien consciente de ce que Paix signifie?
— Je n'en suis pas vraiment sûre. Paix pourrait signifier la mort, pourrait signifier l'Eglise... je ne sais pas bien.
— Je Suis la Paix. Je suis ici près de toi. Ma Main droite tenant ta main qui écrit et Ma Main gauche sur ton épaule gauche. Je suis présent et tu Me sens. Je suis ton Maître, Ma fille, marche avec Moi!
Travaille avec Moi car Je t'ai désignée pour être Ma messagère. Ne te laisse pas décourager par les hommes. Beaucoup d'entre eux ne comprennent pas, car les ténèbres pourraient leur avoir fermé le cœur, leur ôtant toute compréhension. Aie la Paix. Moi Dieu, Je t'aime à la folie. Courage, Ma fille.

11 décembre 1986

— Ma fille, es-tu désireuse d'être sainte? N'aie pas peur.

(Jésus revient sur le sujet du message précédent.)

— Que signifie exactement être sainte?

— «Être sainte», c'est être pure et complètement dévouée à Moi; être sainte, c'est travailler avec amour pour Moi; être sainte, c'est M'aimer et demeurer près de Moi; être sainte, c'est obéir à la Loi; être sainte, c'est être comme Je suis.

— Peut-on être sainte de cœur seulement?

— Oui!

— Le cœur ne compte-t-il pas plus que les habits religieux?

— Oui, c'est le cœur qui est important. Reste près de Moi[7], reste près de Moi. Tu n'es pas près de Moi comme Je le désire! Je sens que tu t'évades.

(Jésus semblait ne pas être satisfait...)

— Je suis Saint, alors Je veux que tu sois sainte.

— Je veux vraiment être plus près de Toi!

— Es-tu vraiment sincère? Me recherches-tu vraiment?

— Ne m'abandonne pas!

— Moi Je ne t'abandonnerai pas!

— Jamais?

— Jamais! Ma fille, n'aie pas peur. As-tu peur que l'habit religieux t'occasionne des souffrances? Vas-y, dis-le!

(J'ai rassemblé tout mon courage.)

---

7. Jésus m'a dit «reste près de Moi» parce que je me déconcentrais, me laissant distraire.

— A vrai dire, je ne tiens vraiment pas à porter l'habit religieux, je T'aime aussi comme je suis...
— Enfin, tu as eu le courage de le dire! Ma fille! Je suis content de toi car tu es honnête! Moi Dieu, Je t'aime. Réalises-tu que tu aurais menti à Ma Face si tu M'avais dit le contraire?

(J'ai senti Dieu tellement content, mais Il pouvait aussi être attristé par le résultat...)

— Je ne suis pas triste! Ecoute-Moi, Je veux que tu sois sainte de cœur et non pas d'habit.
— Ne suis-je pas partagée si je ne porte pas l'habit religieux?
— L'expression «être partagée» nous ramène à ce que Je viens de t'expliquer. On n'a pas besoin de porter l'habit religieux pour être saint. A quoi sert l'habit religieux quand le cœur n'est pas saint? C'est comme du sel qui a perdu sa saveur. Je vais t'apprendre à être plus près de Moi, Je vais te rapprocher de Moi. Sens-toi aimée de Moi, n'aie pas peur de Moi. Je suis Paix. Moi Jésus, Je te guide, Je te conduis. Prie davantage et travaille avec Moi de cette manière; augmente ta foi en Moi; aie besoin de Moi; sois vigilante, car le temps est proche.

13 décembre 1986

— Ma fille, penses-tu que Je t'ai prise au piège? Je t'aime, bien-aimée, n'aie pas peur de Moi, tu sembles craindre que Je te prenne au piège!

(C'est vrai. J'ai utilisé le mot «piège» en parlant à mes amis!)

— Je sais. Je désirais que tu M'aimes.
— Es-Tu fâché?
— Non, Je ne suis pas fâché.

— Puis-je Te parler franchement?
— Oui.
— Tu voulais que je T'aime?
— Je le voulais.
— Es-Tu arrivé à Ton but?
— J'y suis arrivé.
— Tu m'as séduite et j'en suis ravie!
— Es-tu heureuse ainsi?
— Je suis très heureuse! Si seulement je pouvais être moins maladroite.
— Tu es en train d'apprendre. Mange de Moi. Sois bénie.
— Est-il possible que je Te bénisse aussi?
— C'est possible.
— Alors, reçois mes bénédictions, Jésus-Christ!
— Je t'aime. Je t'ai ressuscitée pour que tu sois Ma messagère. J'ai désiré que tu M'aimes. Puisque tu dois être Ma messagère, Je désire que tu sois sainte puisque Je suis Saint et Je veux que tu sois désireuse de Me suivre et de travailler pour Moi. N'aie pas peur d'être sainte. Pourquoi cela te fait-il tellement peur?
— Es-Tu fâché?
— Non, Je ne suis pas fâché. Etre sainte c'est être pure et vivre en Moi; être sainte c'est Me suivre en M'aimant, c'est être comme Moi Je suis. Je t'apprendrai à être sainte si tu le désires.
— Je veux faire ce que Tu veux puisque je T'aime.
— Alors Je t'enseignerai, Ma fille. Demeure près de Moi et tu apprendras. Aie confiance en Moi, aie foi en Moi. Crois-Moi quand Je te dis que Je suis heureux de t'avoir près de Moi. Tu apprendras. Va en paix et souviens-toi: sens-toi aimée de Moi.

14 décembre 1986

— **Je suis ton Consolateur.**

— Dis-moi, Jésus, en quoi cette révélation est-elle bonne et à quoi sert-elle?

— **Elle en conduira beaucoup à Moi. Elle fera revivre Mes enfants pour qu'ils reviennent à Moi et lisent Ma Parole. Je suis votre Bon Berger qui vous appelle à Moi. Crois-Moi, Ma fille, regarde-Moi, regarde-Moi; Je t'ai révélé Ma Face. Ne sois pas hésitante. Crois en Moi. As-tu oublié comment J'œuvre? N'as-tu pas entendu parler de Mes œuvres? Ne laisse pas ta génération te détruire; reste telle que tu es, Ma fille[8]; ne les laisse pas te convaincre, maintenant que tu es réveillée et que tu demeures dans Ma Lumière. Reste près de Moi.**

— Jésus, s'il Te plaît, les arrêteras-Tu s'ils essaient de faire cela[9]?

— **Je les arrêterai; Je ne laisserai personne te détruire. Ecoutez, ceux qui ont des oreilles, soyez vigilants, car le temps est proche.**

15 décembre 1986

— **Ma fille, toute Sagesse vient de Moi. Veux-tu la Sagesse?**

— Oui, Seigneur!

— **Je vais te donner la Sagesse. Ecoute-Moi. Tu acquerras la Sagesse. Je suis le Seigneur Tout-Puissant et Je vais t'enseigner. Accroche-toi à Moi et tu apprendras. Aie foi en Moi. <u>Réveille</u> Mes enfants, Ma fille. Vis en Paix car chaque pas que**

8. Facile à convaincre et qui croit à n'importe quoi; une personne naïve.
9. Me persécuter en rejetant cette révélation.

tu fais, Moi Dieu Je le bénis. Vous serez nombreux à être comblés[10], tu feras de nombreux disciples. Va en paix.

16 décembre 1986

— J'ai mis un jour entier pour réaliser ce que Tu m'as offert! Je m'étonne d'avoir pu accepter comme ça, sans réfléchir, ce que Tu m'offrais! Je voudrais Te remercier, mon Seigneur.
— **La Paix soit avec toi. Commences-tu à réaliser son importance?**
— Tout doucement, oui! Mais je ne mérite pas une telle grâce!
— **Tu devras acquérir la Sagesse; cependant, ne te décourage pas; Je t'enseignerai à la mériter. Tu es dans Ma Lumière et puisque tu es dans Ma Lumière, tu apprendras. Ecoute Ma Voix, essaie de Me reconnaître. Je suis Jésus-Christ et Je suis ton Maître. Par le Saint Esprit, Je t'ai enseigné à œuvrer; Je t'ai appris à M'aimer; J'ai déversé sur toi Mes œuvres pour que tu puisses Me comprendre; Je suis ta Force. La Force te sera donnée pour surmonter tes oppresseurs qui seront nombreux, Mon enfant[11].**

(Dieu paraissait un peu triste.)

— Pourquoi? Pourquoi?
— **Pourquoi? Parce que beaucoup ne croient pas que J'œuvre ainsi de cette manière. Certains ne croient pas du tout en Moi. Ma fille, Je dois t'avertir[12]; Je te dis cela pour que tu sois préparée et vigilante envers ces gens, puisqu'ils sont sourds et aveugles, et ont fermé leur cœur. Ils voudront**

10. Cette révélation fera d'innombrables disciples du Christ.
11. Cela m'a fait peur parce que le ton de Jésus est devenu soudain grave et triste.
12. Dieu parlait d'un ton paternel et intime.

justifier leur cause, ils te diront que cela ne vient pas de Moi, que tout cela vient de ton esprit. Ils te nourriront de théories empoisonnées. Ils trouveront des moyens pour te montrer que tu as tort, ils te feront lire leurs théories[13] pour te prouver que tu te trompes. Alors, Je te préviens, Ma fille, ne laisse pas les hommes te décourager; ne laisse pas ton ère te détruire.

— Seigneur, que puis-je faire, à moins que Tu me protèges de Ta Main?

— **Je serai près de toi tout le temps; ne te sens pas abandonnée; Je t'enseignerai à être forte et tu surmonteras tous tes oppresseurs. Je te prépare. Je te nourrirai pour que tu sois comblée. Aie Ma Paix et demeure en Moi.**

ΙΧΘΥΣ Jésus-Christ

8 janvier 1987

— **La Paix soit avec toi, Vassula. C'est Moi Jésus. Vassula, viens à Moi, viens vivre au milieu de Mon Cœur.**

— Tu me veux moi, Jésus?

— **Oh! Je te veux! Je te veux ardemment, Je veux te séduire!**

— Mais je ne suis digne de rien.

— **Je t'aime telle que tu es... Sois Mon épouse, Vassula.**

— Comment le pourrai-je?

— **Je t'aime.**

— Je ne sais pas comment être Ton épouse, Jésus!

— **Je t'apprendrai à être Mon épouse, bien-aimée.**

— Porterai-je un symbole pour cela, Seigneur?

— **Je te laisserai porter Ma Croix, Ma Croix implore la Paix et l'Amour.**

---

13. Prédiction qui s'est réalisée.

— Je veux Te rendre heureux, Jésus.
— **Rends-Moi heureux en ne Me quittant jamais. Rends-Moi heureux en M'aimant, procure-Moi le bonheur en réveillant Mes enfants.**
— J'ai besoin de Ta force pour tout cela, particulièrement pour le dernier point...
— **Regarde-Moi.**

(Je L'ai regardé. La force irradiait de Lui comme une auréole.)

— **Je suis la Force. Je t'aiderai. Sois bénie.**
— Es-Tu content de moi? Je ne Te l'ai encore jamais demandé auparavant.
— **Je suis content de toi tant que Je suis aimé de toi.**
— J'aimerais Te voir Te matérialiser!
— **Demande et cela te sera donné. Augmente ta foi en Moi.**

(J'avais décidé de montrer ces écrits à un prêtre catholique. Il les a condamnés en disant que c'est l'œuvre du démon et que je dois arrêter. Je lui ai remis un message de Jésus qui lui demandait s'il voulait porter avec moi la Croix de Paix et d'Amour. Le prêtre a maintenu que cela vient du démon. Il m'a donné à lire la prière à Saint Michel Archange (du pape Léon XIII), la prière du «Souvenez-Vous» (de Saint Bernard) et la neuvaine de confiance au Sacré-Cœur. Il m'a dit de réciter ces prières les jours suivants, pour voir ce qui se passerait. J'ai obéi. Ensuite, j'ai laissé ma main libre et, quatre jours consécutifs, elle a écrit: «Moi Yahvé Je te guide».)

— Seigneur Jésus, j'ai fait la volonté du prêtre, j'ai arrêté d'écrire et, quatre jours de suite, après les prières, ces cinq mots ont été écrits. Je T'ai empêché d'écrire pour obéir au prêtre. J'aimerais Te demander, Seigneur, pourquoi, pourquoi Tu lui as fait cette demande, puisque Tu savais ce qu'il allait répondre et combien de souffrances il m'occasionnerait?

— Je suis avec toi, Ma fille. Je lui ai demandé cela parce que Je veux qu'il apprenne. Je veux qu'il commence à comprendre Mes Richesses. Je suis Richesse Infinie!

«Apprends que Moi Jésus-Christ, Je donne cet enseignement pour Mes enfants; c'est Moi qui guide Vassula. Ne repousse pas Mes Bénédictions. Mon message crie avec force à la Paix et à l'Amour. Je veux que Mes enfants remplissent Mes sanctuaires, Je veux qu'ils se tournent vers Moi, Je veux qu'ils vivent en sainteté. Je viens éclairer ce monde de ténèbres. Je veux les ranimer et leur dire que Ma Parole est Vivante! Je veux qu'ils se souviennent de Ma Parole qu'ils ont mise de côté, Je veux leur rappeler combien Je les aime, Je veux enflammer leur cœur, Je veux leur dire de s'aimer les uns les autres comme Je les aime.

Je t'aime, Mon fils. Comprends qu'en essayant d'arrêter Vassula, sans le vouloir, tu nuis à Mon Eglise. Je suis le Seigneur Jésus-Christ que tu aimes. Je sais que tu le fais de bonne foi, mais Saul l'était aussi, avant que Je vienne lui dire que ce qu'il croyait juste ne faisait que Me persécuter. Tu crois que le charisme que Moi Jésus J'ai donné à Ma fille est du démon! Crois-Moi, Mon fils, ne te sens pas effrayé, car à nouveau Je te dis que c'est Ma Volonté que Vassula soit instruite par Moi. Elle fleurit maintenant et, plus tard, ses fruits nourriront beaucoup d'âmes égarées. Tu comprendras un jour, Mon fils. Moi Jésus-Christ, Je t'aime.»

— Le prêtre, après avoir lu Ton message, m'a blâmée, en disant que cela vient du Diable et que ce ne sont que des divinations.

— Je sais. Dis-lui ceci de Ma part: «Les divinations sont pour les sots, les inspirations sont pour les enfants bénis. Les divinations ne portent pas de fruits: les inspirations portent de bons fruits qui nourrissent une multitude».

Reprends ton courage, Ma fille. La Sagesse réveille Mes enfants. Moi Dieu, Je t'aime.

(Ce prêtre m'a occasionné beaucoup de souffrances. Comme Dieu me l'a prédit le 16 décembre 1986, il m'a envoyé des pages et des extraits de toutes sortes de théories, pour me prouver que cela vient du démon. En plus, comme Dieu me l'avait également prédit, il m'a envoyé une théorie sur le subconscient, l'occultisme et le satanisme, plus une lettre où il m'enjoignait de détruire ces écrits et d'avertir les gens, pour leur bien et pour le mien, qu'ils proviennent du Démon.
J'ai dit au prêtre que j'ai obéi en priant les trois prières, et que j'ai arrêté d'écrire, pour voir le résultat. Mais je ne pense pas qu'il m'ait cru, car il est allé dire à l'autre prêtre — celui qui croit et me soutient — que ces écrits sont sataniques et que je n'ai même pas lu les trois prières! Il a beaucoup alarmé l'autre prêtre, qui m'a alors demandé de lui donner à lire les deux derniers cahiers. Le jour suivant, s'étant fait sa propre opinion, il m'a dit de continuer à écrire.
Pourtant je sais que celui qui croit que cela vient du démon, le fait à cause de l'amour qu'il a pour l'Eglise, pour protéger l'Eglise; mais si seulement il pouvait voir plus clair! Il veut aussi me sauver, croyant que c'est satanique. J'espère qu'un jour il comprendra[14]*.)*

(Je prie la Sainte Vierge:)
— Quelle erreur ai-je faite?

(La Sainte Vierge:)

— O Ma fille, comme Je suis peinée pour toi!

---

14. Après une année, ce même prêtre a compris et s'est mis à me soutenir énergiquement.

— Est-ce que je fais erreur en désirant que les autres aiment Dieu et en leur montrant ce message?

(La Sainte Vierge:)

— Non, tu ne fais aucune erreur. Je suis Marie, Mère des Douleurs. Vassula, Je suis toujours près de toi. Sois avec Nous, viens à Nous pour être consolée.
Ils ne comprennent pas Nos Richesses. Ils ont fermé leur cœur pour toujours. Tu es l'un des nombreux signes que Nous leur avons donnés, mais ils ne semblent pas comprendre.
Dieu t'a encouragée à entendre Son appel. Vassula, chaque fois que tu amènes une âme à Dieu, Dieu est content de toi. Mon Fils Jésus et Moi sommes toujours à tes côtés. Fais attention car le Démon est furieux contre toi. Il essaie de te décourager. Sa façon de lutter contre toi consiste à ajouter des mots erronés dans les écrits pour te tromper. Souviens-toi toujours de cela et, ne l'oublie jamais, c'est son arme contre toi. Je suis près de toi, te protégeant.
— Pourrai-je reconnaître le Mauvais?
— Je te le dirai toujours, et Jésus t'a appris à le reconnaître.
— Pourquoi suis-je attaquée?
— Je vais te l'expliquer. Mon enfant, comprends que tu es présente dans l'Hadès parce que ton amour pour Dieu guérit beaucoup d'âmes égarées[15]. C'est pour cela que tu es attaquée. Je suis près de toi, te protégeant. Je t'ai dit cela maintenant, afin que tu comprennes pourquoi tu reçois parfois un mot erroné. Tu les guéris par l'amour que tu portes à Jésus et à ton Père Saint.

15. L'«Hadès» est le Purgatoire; «égarées» s'entend pour les âmes qui sont encore sur terre.

— Est-ce aussi pour moi une façon de travailler?

— Oui, tu les guéris par ton amour. Ne te laisse pas influencer par les hommes qui veulent t'imposer leurs théories. Chaque fois qu'on te dit d'arrêter d'écrire, rappelle-toi combien tu étais ignorante, vivant dans les ténèbres. Beaucoup de Nos enfants ne reconnaissent plus Nos Signes. Dieu t'a choisie pour être Sa messagère. Fais-Lui plaisir en L'écoutant.

— Merci, Sainte Marie. Que Dieu Te bénisse.

— La Paix soit avec toi.

— Jésus?

— Je suis[16]. Vassula, Je t'aime à un degré que tu ne peux saisir. Vassula, comme Je souffre de voir Mes enfants si arides. Comment peuvent-ils oublier l'Amour que J'ai pour eux? J'ai donné Ma Vie pour eux. Bien-aimée, sois plus près de Moi et sens-Moi. Je viendrai à l'heure fixée te délivrer, mais d'abord tu as une tâche à accomplir. Moi Dieu, J'ai déjà révélé la Sagesse pour bénir toute l'humanité. O Ma fille, un jour tu comprendras pleinement comment J'œuvre. N'aie pas peur, car Moi Dieu, Je t'aime.

Ma fille, c'est Moi Jésus. Je veux que chaque fois, avant d'écrire avec Moi, tu lises les trois prières, car elles protègent du démon. Crois-Moi, ce sont des prières puissantes. Veux-tu toujours travailler pour Moi?

— Jésus, si je dis non, que feras-Tu?

— Tu es libre de choisir. N'aie pas peur, Je ne retirerai pas le charisme que Je t'ai donné. Je te rencontrerai toujours pour te dire combien Je t'aime.

---

16. En anglais «I am»; présente ici un double sens: d'une part, «Je suis» est le nom que Dieu Se donne Lui-même (Ex 3.14; Jn 8.24; 28; 58); d'autre part, c'est une réponse directe à Vassula, «I am» signifiant «oui, Je suis là» (ndt).

— Non, Jésus. J'ai déjà dit que j'étais disposée à travailler pour Toi. Pourquoi changerais-je d'avis? Tu Te souviens?

— Je suis heureux de ta réponse, Ma fille. Demeure près de Moi et Je te guiderai.

— Jésus T'ai-je jamais blessé?

— Oui, J'ai été blessé lorsque tu avais oublié comment Je suis venu te sauver des ténèbres, mais Je t'ai pardonné.

Je sais combien tu M'aimes. Je suis ton Fiancé, ne l'oublie pas. N'oublie pas non plus qu'étant Ma fiancée, nous partageons tout. Vassula, sur Mes Epaules lasses, Je porte Ma Croix de Paix et d'Amour. Prends-La un instant, Ma bien-aimée. Je vais La poser sur tes épaules pour Me soulager de Mon fardeau. Je te veux près de Moi pour que Je puisse décharger Ma Croix sur toi. Je te veux près de Moi parce que Je sais que tu comprends combien Je souffre. Quand tu sentiras Ma Croix, tu souffriras aussi. Je suis ton Fiancé et Je partagerai également avec toi Mes Souffrances. Je Me sentirai soulagé toutes les fois que tu Me déchargeras de Mon fardeau.

Avant que tu M'aies accepté, J'étais tout le temps près de toi, veillant sur chaque pas que tu faisais. Bien-aimée Je t'ai appelée tant de fois, mais tu étais inconsciente de Ma Présence. Maintenant, tu M'as enfin entendu et tu es venue à Moi. Pourquoi donc doutes-tu?

(Après ma rencontre avec le prêtre, j'étais prise de doutes.)

— Chaque fois que tu es faible, que tu doutes, rappelle-toi ce que Je viens de te dire: Porte Ma Croix de Paix et d'Amour et ne Me quitte pas. Viens prier avec Moi.

(Jésus a prié avec moi. Pendant qu'Il priait, Son Visage était tourné vers le Ciel.)

— Jésus, Tu sais combien je T'aime. Je vais T'aider à porter Ta Croix pour Te soulager. Nous pouvons La partager.
— Ma fille, combien ai-Je désiré t'entendre Me dire cela! Viens, bien-aimée, poursuivons Notre chemin.

(Jésus était très content, heureux.)

9 janvier 1987

(Alors que je peignais, je me suis entendue appeler par mon nom. Jésus m'appelait. J'ai jeté mes pinceaux et j'ai couru vers mon bureau. Jésus réitérait sans cesse Ses appels:)

— Vassula! Vassula! Vassula, Moi Jésus Je t'ai appelée. O Vassula, comme Je t'aime! Glorifie-Moi. Sois toujours avec Moi. Chaque fois que tu M'aimes avec autant de ferveur, Je Me sens glorifié. Fais toujours Mes délices en M'entendant comme maintenant. Rappelle-toi que Je serai bientôt avec toi. Je viendrai bientôt te prendre près de Moi, bien-aimée, car Je t'aime à un degré que tu ne peux pas imaginer. Mais d'abord tu dois délivrer Mon message à toutes les nations, comme tu le fais maintenant. Ensuite, Je viendrai vite te chercher. Je t'emmènerai ici où Je suis et Je t'aurai près de Moi pour toujours. Moi Jésus-Christ, Je t'aime. Je t'ai donné cette Grâce, Vassula; Je t'ai bénie; Je ne reprends jamais ce que Je donne.
Ma fille, veux-tu renouveler Mon Eglise?
— O Jésus, Tu me demandes quelque chose que je suis incapable de faire pour Toi!
— Aie confiance en Moi!
— Je m'accrocherai à Toi et je dépendrai entièrement de Toi, Tu es mon Maître.
— Glorifie-Moi. Je te guiderai.

23 janvier 1987

— O Vassula, comme Je t'aime! Viens à Moi. Je suis ton Père Eternel. Sens l'Amour que J'ai pour Mes enfants! Je t'ai amenée à M'aimer; c'est Moi qui t'ai montré le Chemin. Je suis un Dieu d'Amour, Je suis un Dieu de Paix, Je suis un Dieu de Miséricorde, Je suis Doux, Je suis le Bon Berger, Je suis un Père de Pardon. Comment pourrais-Je vous voir perdus sans venir à votre secours? Je compte chacun de vous. Le Bon Berger donne Sa Vie pour Ses brebis. Je suis un abîme de Pardon. Je ne vous abandonnerai jamais.

(Plus tard)

— Qu'arriverait-il, Jésus, si j'arrêtais d'écrire?

— Vassula, même si tu arrêtais, Je suis toujours avec toi pour te guider. Je t'ai donné ce charisme de Me rencontrer de cette façon et t'enseigner. Je t'ai demandé si tu voulais travailler pour Moi et ta réponse M'a fait plaisir. Vassula, J'aime quand tu hésites. Tu commences à apprendre à réfléchir avant de te décider. Je suis ton Maître. Accepte Mon enseignement. Je te guide à demeurer consciente du Démon qui cherche la ruine des âmes en les nourrissant de sa vanité. Je t'enseigne à comprendre combien le Démon peut être perfide. Je t'enseignerai à accepter; Je t'enseignerai à être humble, honnête avec toi-même et à M'être fidèle. Je te nourrirai d'humilité. Je te rappelle que Je ne te favorise pas par rapport aux autres. Mon Enseignement doit te faire progresser et purifier ton âme. Ne crois pas un seul instant que Je t'ai donné ce charisme parce que Je t'aime plus que le reste de Mes enfants. Je t'ai donné cette Grâce pour te nourrir et en nourrir d'autres qui en ont un <u>besoin désespéré</u>. Je suis le Seigneur Jésus-Christ, le Bon Berger qui veille sur Son troupeau. Je viens vous montrer le

chemin du retour; Je viens briller sur vous et vous donner l'espérance.

Vassula, c'est vrai, Je t'ai évaluée avant que tu sois née. Je t'ai choisie pour être Ma messagère, révélant Mon message à toute l'humanité. Hésites-tu parce qu'auparavant Je t'ai demandé d'être Mon épouse?

— Oui, Seigneur...

— **Tu as déjà accepté, te souviens-tu?**

— Je sais, Jésus. Mais, après réflexion, je ne peux pas, non que je ne veuille pas, mais parce que je ne suis pas digne d'être Ton épouse. Comment, comment ai-je pu ainsi accepter cela sans en réaliser la portée?

— **Vassula, Je peux t'enseigner à devenir digne de Moi.**

— Même si je suis digne, ce n'est pas suffisant.

— **Pourquoi?**

— Parce qu'il ne suffit pas d'être digne, il faut beaucoup plus que cela.

— **Je sais qu'être digne n'est pas suffisant, mais Je vais t'enseigner à être digne et sainte. Tu devras travailler pour l'acquérir. Viens, Je vais t'aider. Tu dois demeurer Mon épouse, une épouse qui a besoin d'être formée. Je t'ai acceptée telle que tu es parce que Je t'aime, mais tu dois Me laisser te former comme Je veux que tu sois. Je te nourrirai pour que tu grandisses. En te fournissant quantité d'informations, Je t'ai révélé comment travaille le Démon. Je veux que tu restes éveillée pour les lire attentivement[17]. Apprends à accepter. Chaque fois que Je te verrai faible, près de tomber dans des pièges, J'accourrai à ton secours. Ne prends pas Mes Enseignements comme une pénitence. Je te guide pour que tu ne**

17. Jésus a utilisé le Père James Fannan pour me fournir toutes ces informations.

tombes pas. Je ne veux pas te perdre. Invoque-Moi dans tes prières, prie davantage.

24 janvier 1987

— Vassula! Vassula! Petite, bien-aimée de Mon Sacré-Cœur, n'aie pas peur: Je t'aime. Ma fille, étais-tu capable de M'aimer par toi-même?

— Non, Jésus.

— Tu as appris à M'aimer parce que Je t'ai approchée en t'éclairant; Je t'ai convertie en te réveillant. Vassula, sais-tu pourquoi Je t'aime?

— Non, je ne sais pas, Jésus.

— Alors, Je vais te le dire: Je t'aime parce que tu es abandonnée, misérable et coupable. Les enfants sont Ma faiblesse; Je les aime parce qu'ils Me laissent les former. Vassula, viens demeurer dans Mon Sacré-Cœur, dans les profondeurs duquel tu trouveras la Paix et tu sentiras l'Amour ardent que J'ai pour vous tous. Tu pourras leur dire Mon Amour pour eux.

Vois-tu, chaque jour qui passe, tu te rapproches de Moi!

CAHIER 7

30 janvier 1987

— La Paix soit avec toi. Chaque fois que tu te sens faible, viens à Moi, et Je te donnerai la Force. Vassula, sais-tu pourquoi Je t'ai choisie?

— Non, je ne sais pas, Jésus.

— Alors, Je vais te le dire. Je t'ai choisie parce que tu es impuissante et de loin la plus misérable de toutes les créatures que Je connais. La misère M'attire parce que Je peux te consoler. Tu es impuissante et inapte, incapable même de maîtriser quelque langue que ce soit.

— Seigneur, si je suis à ce point nulle, pourquoi m'as-Tu choisie pour recevoir cette révélation?

— Ne te l'ai-Je pas déjà dit? Les enfants sont Ma faiblesse parce qu'ils Me laissent les former. Je t'ai choisie pour manifester Mon Amour à travers toi, une fleur fragile, incapable de grandir par elle-même; une fleur que J'ai trouvée au milieu du désert et que J'ai prise et transplantée dans Mon Jardin de délices, pour la faire pousser sous Ma Lumière. Tout ce que Je te demande, c'est de l'amour. Aime-Moi et sois fidèle envers Moi. Je veux de la fidélité de ta part. Je veux que chaque goutte d'amour que tu as dans ton cœur vienne remplir Mon Cœur. J'ai soif d'amour car Je suis Maître d'Amour. Alors tout ce que Je demande de toi, c'est de

M'aimer. Quand tu aimes quelqu'un, ne brûles-tu pas du désir d'être avec lui à chaque seconde de ta vie?

— Oui, c'est vrai.

— **Alors, quoi de plus naturel que de te donner entièrement à Moi? Viens! Viens à Moi, Je suis ton Père. Je sais que tu es incapable sans Moi, misérable quand tu es livrée à toi-même, faible quand tu es seule. Laisse-Moi te former afin qu'à travers toi Je puisse délivrer Mon message. O Ma fille, combien tu auras à apprendre!**

— Je sais; je sais que je ne sais rien.

— **Vassula, Je t'aime. Ne doute pas. Je vais répondre à ta question. Je ne choisis pas seulement les âmes qui ont choisi d'être Mes épouses. Je viens aussi choisir parmi celles qui ne Me connaissent pas. Je viens frapper à chaque porte. Je frappe et J'attends, espérant que Je serai entendu. Vassula, Je languis dans l'attente que chaque âme Me reçoive et M'accueille. Je vous aime tous.**

— Je croyais que Tu préférais être parmi les âmes religieuses, qui Te rendent toujours heureux.

— **Vassula, J'aime Mes âmes consacrées, Mes prêtres et Mes religieuses autant que Mes autres enfants. J'aime chacun, y compris les pécheurs et ceux qui Me persécutent. Vassula, J'approche chacun, sans égard à ce qu'il est ni aux connaissances qu'il a acquises au cours de sa vie. Je peux ressusciter les morts par Mon pouvoir. Je te donne Ma Force pour Me rencontrer par cette voie, car Je suis le Seigneur, et plus tu es petite, plus facilement Je peux agir. Tu sais très bien que Je Me suffis à Moi-Même. Ton insuffisance glorifiera Ma suffisance. Ta misère a peu d'importance à Mes Yeux. Abandonne-toi à Moi, et laisse Mes Mains te former. Je n'ai pas choisi quelqu'un d'autorité, car Mon Autorité suffit en soi. Mon appel de Paix et d'Amour viendra à travers toi pour**

révéler Ma Miséricorde à toute l'humanité. Je Me manifesterai à travers toi. Je ne demande rien à Mes enfants qu'ils n'aient déjà. S'ils n'ont que des fautes et des péchés, qu'ils Me les donnent et Je les purifierai, Je les soulagerai, Je leur pardonnerai, Je ne les blâmerai pas, Je les aimerai seulement. J'aime tous ceux qui tombent et viennent à Moi en demandant pardon. Je les en aime davantage. Je ne les repousserai jamais, même s'ils tombent des millions de fois. Je serai là pour leur pardonner et laver leurs iniquités dans Mon Sang. Je ne Me lasserai jamais de leur pardonner, car Je suis un Dieu d'Amour et de Miséricorde, plein de pitié pour le faible. Mon Cœur est saint et est un abîme de Pardon.
N'en fais pas plus, Ma fille. Je t'aime. Aie confiance en Moi, Vassula, et tout ce que J'ai à dire <u>sera</u> écrit.

(Plus tard)

— Sais-tu que Je suis heureux de t'avoir près de Moi? Moi Jésus, Je t'aime du fond de Mon Cœur, et à cause de cet Amour que J'ai pour toi, le démon te hait. On te tendra des pièges, mais Je serai près de toi pour t'en avertir.
— Je ne veux pas tomber!
— Je ne te laisserai pas tomber, Je serai près de toi pour soutenir tes chutes.
— Je ne comprends pas pourquoi j'ai reçu des messages avant ma «formation».
— Vassula, Moi Dieu, Je t'ai donné Mes messages pour que beaucoup en profitent. Si seulement tu savais combien les âmes[18] **Me sont précieuses! Je sais ce que tu as dans l'esprit; Je répondrai à ta question. Ecoute-Moi, Je suis venu vers toi pour donner Mon message de Paix et d'Amour. J'ai choisi un**

18. Il semblait que Dieu ne voulait pas perdre une minute.

simple enfant, inapte à Ma tâche, incapable, petit et sans prestige, un rien, pour manifester à travers toi Mon Amour passionné et pour enseigner à ceux qui ne comprennent toujours pas les Richesses de Mon Cœur.
Je souffre de voir Mes prédicateurs si éloignés de tout ce qui est céleste, et de l'indifférence[19] qu'ils manifestent à l'égard de Mes Bénédictions, car tout charisme est une bénédiction. Comme leurs cœurs se sont endurcis, les conduisant à la surdité spirituelle et à l'aridité! Une fois de plus, Je viens appeler à la Paix et à l'Amour, mais combien encore Me rejetteront, combien encore parmi vous ne répondront pas, combien parmi vous, spécialement Mes prédicateurs, détourneront les yeux de l'autre côté pour Me chercher.
O hommes de peu de foi, que vous Me connaissez mal! Avez-vous oublié que Je suis Richesse Infinie? Pourquoi êtes-vous surpris du genre d'instruments que J'utilise? Mon pouvoir est grand et sans limites, et Je ferai connaître Mes Paroles par l'intermédiaire d'âmes misérables.
Vassula, beaucoup Me demanderont un signe confirmant que cet enseignement vient bien de Moi, mais le signe que Je donnerai, c'est toi. Je t'ai délivrée du mal en te réveillant, Je t'ai ressuscitée et élevée à Mon Cœur en répandant sur toi beaucoup de Mes œuvres. Accepte ce que Je te donne car la Sagesse te guide. Vassula, Je t'aime; petite, tu es à Moi. Ma fille, donne-Moi de l'amour et donne-Moi du repos, laisse-Moi Me reposer dans ton cœur, accepte-Moi, ne Me renie pas. Vassula, sais-tu combien d'années J'ai attendu que tu M'acceptes? Oh! comme tu étais éloignée de Mon Cœur! T'ai-Je jamais dit comment Je Me sentais alors?

---

19. Indifférence manifestée par les premiers prêtres approchés au sujet de cette révélation.

— Je ne me rappelle pas vraiment, Jésus.
— Je vais te le dire. J'avais peur pour toi. Tu t'étais éloignée de Moi et Mon Cœur était complètement déchiré de chagrin. Vassula, comment alors pourrais-tu résister à Mon appel, bien-aimée? J'ai attendu tant d'années, Vassula. Accepte Mon Amour. Mon Amour te guérit.
— Ce n'est pas que je Te refuse, Jésus, c'est que je me sens plus à l'aise en donnant et en aimant qu'en recevant. Je crois que Tu me connais.

(J'étais triste car j'avais fait de la peine à Jésus sans le vouloir. Jésus a immédiatement senti cela.)

— Viens avec Moi. Je veux te dire un secret. Vassula sais-tu pourquoi Je t'aime?
— Oui, Tu me l'as déjà dit.
— Il y a encore une raison. Je t'aime parce que tu aimes Mes enfants. Viens donc plus près de Moi. Me laisseras-tu pénétrer dans ton cœur?
— Oui, Jésus.
— Comme tu M'as rendu heureux! car Je sais que Je peux Me reposer en toi. Ne Me renie plus car Je n'aspire qu'à pénétrer dans les cœurs.
— Tu vas probablement y trouver des taches[20].
— Toutes impuretés que J'y trouverai, Je les laverai. Bien-aimée, Mon Sang te purifiera.

1er février 1987

— Vassula, c'est Moi Jésus-Christ. Je t'aime. Sache que tout message comportant des blâmes ou de dures paroles ne

20. Je me sentais embarrassée en disant cela.

provient pas de Moi. Je suis Amour, Amour, Amour. Mon Cœur est un Abîme d'Amour. La manière dont Je te guide est adaptée à toi. Considère-toi comme un tout-petit enfant qui vient à peine de faire ses premiers pas. Personne n'attend d'un tout-petit qu'il marche avec confiance et assurance. Mon Enseignement est pour une débutante. Je t'enseigne graduellement et chaque pas que tu fais avec Moi, Je le bénis. Je suis ton Père qui t'aide et t'enseigne à marcher avec Moi, Mon enfant. C'est là Ma réponse à ta pensée. Je vous aime tous de la même manière.

— Tu parles d'âmes spécialement choisies!

— N'es-tu pas une âme choisie? Je vous aime tous. Ma fille, J'ai tellement soupiré pour t'avoir près de Moi. Comme J'ai soupiré pour que tu M'aimes! Comme J'ai soupiré pour que le reste de Mes enfants bien-aimés M'aiment! Je les appelle; Je passe tout le jour et toute la nuit derrière leurs portes à attendre, à espérer une réponse; Je les observe sans cesse; Mes Yeux ne les quittent jamais; Je les regarde, rempli de chagrin; si seulement ils savaient dans quel état de pauvreté se trouve leur âme! Si seulement ils savaient combien ils nuisent à leur âme et la blessent!

Je suis près de vous, Je vous appelle à venir à Moi. N'ayez pas peur, Je ne vous ferai point de reproches. Je ne vous appelle pas pour vous reprocher vos péchés, Je vous appelle à Me rencontrer ne serait-ce que quelques minutes. Venez à Moi, vous, pauvres âmes, venez Me rencontrer et apprenez à connaître votre Père aimant. Il vous nourrira Lui-Même de Son propre Corps, Il apaisera votre soif de Son propre Sang[21], Il vous guérira si vous êtes malades, Il vous consolera si vous êtes affligés, Il vous enveloppera de Son Amour et

21. Jn 6.48-51.

vous réchauffera si vous avez froid. Ne Me rejetez pas. Je suis Amour et Je vous aime malgré votre méchanceté. Je dis que Je vous aime même si vous Me méprisez. Je suis un Dieu plein de pitié, toujours prêt à vous recevoir et à vous faire vivre dans Mon Cœur.
Ma fille, comme Je souffre de les regarder sommeiller tandis que lentement, ils glissent de plus en plus dans les viles profondeurs du péché. S'ils pouvaient savoir dans quel état leurs iniquités mettent leur âme!
Je vous dis que votre vie sur Terre n'est qu'une ombre passagère, mais votre vie au Ciel durera toujours. Là, vous vivrez éternellement près de votre Créateur dans Sa Gloire. Car laissez-Moi vous rappeler que vous êtes Ses propres enfants.
Vassula, dans Mon prochain message, Je vais appeler tous ceux qui Me persécutent et souillent Mon Nom.
— Oui, Seigneur.

2 février 1987

— O Ma fille, tout ce que Je demande de vous tous, c'est de l'amour. Mon Père vous a créés par Amour, Il a donné Son Fils unique par Amour. J'ai souffert pour vous et Je suis mort sur la Croix par Amour. Je vous ai sauvés de la Mort par Amour. Pourquoi donc, pourquoi certains d'entre vous Me haïssent-ils et Me persécutent-ils? Me haïssez-vous à cause de Mes Lois? Est-ce que Je vous empêche de vivre libres et de vous rebeller? Peut-être n'avez-vous pas entendu parler de Moi, parce que personne ne s'est trouvé là pour vous enseigner, alors vous avez mis en valeur vos propres lois, désiré ardemment les richesses et les plaisirs du monde et suivi vos propres inclinations? Enfants, bien-aimés, ceci est le début de votre haine pour Moi, c'est parce que vous ne Me connaissez pas. Venez donc Me rencontrer. Je suis Amour, croyez en Moi. Si vous Me dites que vous ne Me connaissez pas, Moi, Je vous dis que Je vous connaissais avant votre naissance et que Je vous ai consacrés. Si vous Me dites que vous Me haïssez, Moi Je vous dis que Je vous aime. Si vous avez péché, Je vous ai pardonné. Si vous avez profané Mon Nom, J'ai manifesté sur vous Ma Miséricorde. Si vous M'avez blessé, Je vous aime encore et vous offre de partager Mon Royaume au Ciel. En dépit de vos iniquités, Je vous pardonne complètement. Vassula, Je t'aime. Repose-toi, Je continuerai à te dicter plus tard.

(Plus tard)

— Je suis là. C'est Moi Jésus-Christ. Permets-Moi de te dicter Mes Paroles, Ma fille. Maintenant, entends-Moi et discerne-Moi.

Avez-vous peur de Moi, Me reniez-vous parce que Mes Yeux voient à travers vous et peuvent lire tout ce que votre âme a fait? N'ayez pas peur de Moi, car Je vous ai déjà pardonné. Mon Sang a coulé pour votre salut. J'ai été en chair sur la terre, J'ai vécu parmi les pécheurs, guérissant les malades et ressuscitant les morts. Je ne vous ai pas abandonnés, car Je suis encore parmi vous, vous guérissant. Venez à Moi pour être guéris. J'élèverai vos âmes à Moi, Je vous apprendrai à M'aimer et à vous aimer les uns les autres. Si vous êtes faibles, Ma Force vous soutiendra, si vous êtes égarés, Je serai là pour vous montrer le Chemin. Ma Loi est une Loi d'Amour, suivez-La. Si vous La suivez, J'ouvrirai vos cœurs afin que vous puissiez Me recevoir. Je vous inspirerai, Je vous enseignerai à aimer, à pardonner, à être saints et à vivre saintement. Venez donc, Mes bien-aimés, venez apprendre de Moi.

Je suis Amour, Je suis Paix, Je suis Miséricorde, Je suis Doux et Humble, Je suis Pardon. Je vous aime tous.

3 février 1987

— Seigneur, je me sens vide et froide comme une pierre, pas comme d'habitude.
— Vassula, c'est Moi qui taille tes branches pour te donner de la Force. Je suis ton Gardien dévoué. En te taillant, Je te fortifie afin que tes fruits soient abondants.

4 février 1987

— Petite, sais-tu pourquoi Je t'aime? Voilà encore une raison: parce que tu es Ma fleur qui Me permets de te tailler, Me permets de te nourrir et permets à Ma Lumière de briller sur toi. Je t'aide à pousser pour que tu produises les fruits de Paix et d'Amour. Je suis ton Seigneur et Maître.

5 février 1987

— Bien-aimée, Je suis Yahvé et Mes messages pour l'Eglise viennent de Moi. Je t'ai nourrie, Je te forme, Ma fille. Je suis le Tout-Puissant, n'aie pas peur. Ecoute, Ma fille; accomplis Ma Parole. Je suis venu te délivrer du mal pour que tu sois dans Ma Lumière, car tu dois être Ma messagère. Je te donnerai de la Force. Je suis toujours à tes côtés; n'aie jamais aucun doute.
— Mon incapacité est grande et j'ai peur des événements à venir.
— Tu n'as rien à craindre, car Mon pouvoir t'enveloppera et te donnera ainsi Ma Force pour marcher sur Mes ennemis.

Sois sur tes gardes car beaucoup essaieront de te décourager, en disant que ces messages ne sont pas de Moi. Je sais combien tu es petite et faible, alors sois près de Moi et laisse la Sagesse te guider. Toute autorité viendra de Moi. Comprends que la Sagesse vient de Moi. Que ceux qui ont des yeux voient, que ceux qui ont un cœur comprennent que c'est Moi Yahvé Sabaoth qui parle. Je ne vous ai jamais abandonnés, Je donne Ma Sagesse pour rétablir Ma Parole, Je viens pour rappeler à tous Mon Amour pour vous et vous bénir tous. Je ne veux pas vous voir égarés. Malheur à l'imprudent! Purifiez-vous car le temps est proche. Ecoutez Mes Paroles, car si vous faites ce que Je demande, Je vous pardonnerai. Je vous guide pour vivre dans la Paix et dans l'Amour, car Je suis un Dieu de Paix et d'Amour. Vivez saintement, priez pour être pardonnés et Je vous bénirai. Vous êtes tous Mes enfants que J'ai créés avec Amour. Venez et gravez Mes Paroles dans votre cœur, car c'est Moi Yahvé qui vous guide.

— Seigneur, je suis sans recours et je ne sais rien. Je ne vois qu'une énorme montagne devant moi!

— N'aie pas peur, Vassula, car tu n'es pas la première messagère incapable que J'ai élevée en lui donnant Ma Parole. Aie foi en Moi, aie confiance en Moi et Je te guide.

9 février 1987

— La Paix soit avec toi. Je t'aime, Mon enfant. Je suis Yahvé. Je t'ai choisie surtout parce que Je l'ai voulu mais aussi parce que tu es tellement faible.

— Père, je T'aime beaucoup!

— Je sais, et Je t'aime aussi, Ma fille. Ecoute-Moi: avant que tu M'aimes, te sentais-tu aussi heureuse que maintenant?

— Non, jamais.

— Aime-Moi, Vassula, c'est Moi qui t'ai enseigné à M'aimer. Es-tu disposée à faire des progrès?

— Oui, Père, afin de pouvoir Te glorifier. Je veux faire tout ce que Tu me demandes, car je veux que Tu sois glorifié.

— Vassula, Je te ferai progresser. Je voudrais te mettre en garde contre les démons. Ils te haïssent et te tendent constamment des pièges. Je suis près de toi et te garde, alors n'aie pas peur. Vassula, Je t'aime et J'aime tous Mes enfants. Mon Amour est comme une Flamme dévorante constamment embrasée! Mon Amour est un Amour Jaloux. J'ai soif d'amour. N'aie pas peur car c'est de l'Amour que Je parle. Petite, Je te tiens et ta petitesse fait Mes délices. Petite, à travers ta fragilité Je manifesterai Mon appel de Paix et d'Amour. Je te remplirai de Mes Paroles, J'insufflerai en toi Mes révélations. Petite, accroche-toi à Moi, aie confiance en Moi, aime-Moi avec ferveur. Fais-leur savoir, dis-leur l'Amour que J'ai pour eux.

10 février 1987

— Vassula, c'est Moi Jésus-Christ. Je suis avec toi, bien-aimée. Sais-tu que Je te guide à travers l'Hadès[22]?

N'aie pas peur, Ma Lumière est sur toi qui te protège du démon[23].

En exposant ton âme dans l'Hadès, beaucoup d'âmes guérissent. Je t'ai appris à M'aimer; Je leur apprends à M'aimer. Ton amour pour Moi les guérit. J'utilise ton amour comme un remède pour les guérir. Guéris-les, Vassula, guéris-les. Tu

22. Dieu expose mon âme dans l'Hadès, c'est-à dire au Purgatoire. C'est une œuvre divine.
23. Quand Satan s'en mêle et m'attaque pour arrêter cette œuvre.

portes Ma Croix avec Moi, Vassula. Ces œuvres sont des œuvres divines que Mon Père te révèle. Beaucoup d'œuvres divines sont encore cachées et ne sont que des mystères pour vous.

— Beaucoup n'accepteront pas cela, Jésus! Ils accuseront mon imagination.

— Vassula, combien parmi eux ont entièrement compris les œuvres de Mon Père sur terre?

— Certaines œuvres ne sont pas comprises et sont toujours des mystères.

— Comment alors comprendront-ils ce qui est divin? Vassula, toute Sagesse est donnée à de simples enfants. Mon Père Se réjouit des enfants. Sois heureuse, Ma fille, et loue Mon Père car Il est Bon pour toi. Ma fille, sois Sa messagère et glorifie-Le. Ne t'inquiète pas, Je te guide. Travaille dans cette voie. Je suis ton Maître. Je continuerai à te former, bien-aimée. Je te forme ainsi que Mes autres enfants. Va en Paix et rappelle-toi que tu es guidée par Moi. Ecoute-Moi, Je t'aime et Je veux que tu sois avec Moi. Vassula, Je suis heureux que ta foi ait augmenté. Purifie-toi en Me mangeant et en Me buvant.

— Je le ferai, Jésus, je me rendrai à la Sainte Communion.

— Viens à Moi. Tout Mon Amour te couvre. Je t'aime, Mon enfant.

— Jésus, je T'aime et je lutterai pour Toi.

— De luttes, Je ne veux pas! car Je suis la Paix et tu travailleras dans la Paix, pour la Paix. Remplis-Moi de joie en demeurant aussi proche de Moi que possible. Veux-tu baiser Mes Pieds?

(J'ai pris une image de Jésus et je Lui ai baisé les Pieds.)

— Je t'aime. Va en Paix.

11 février 1987

— Vassula, c'est Moi Jésus-Christ. Ma fille, tes souffrances seront les Miennes et Mes Souffrances seront les tiennes. Tu partageras tout ce que J'ai, oui, même Mes Souffrances. Je serai près de toi pour te consoler quand tu auras besoin de Moi; mais en retour, Je veux être consolé quand Je souffre.

— Jésus, Tu n'as vraiment besoin de personne et de moi particulièrement, encore moins.

— Non, Je n'ai besoin de personne, Je Me suffis. Mais est-ce que Je ne partage pas tout ce que J'ai avec toi? Je suis ton Sauveur, Celui qui te guérit[24], ton Père, ton Epoux, Je suis ton Dieu qui ne t'abandonnera jamais.

(Le soir, nous attendions du monde pour dîner. J'avais six verres dans les mains que je voulais porter au 1er étage. Face aux escaliers, sur le premier palier, j'ai discerné soudain, devant moi, une grande Croix sombre avec Jésus crucifié. Il gémissait dans Son agonie, Il était meurtri et tout ensanglanté. Devais-je passer à côté? Je ne savais que faire. J'ai entendu Jésus qui appelait: «Oh! aide-Moi, Vassula, viens près de Moi!».

J'ai posé les verres sur la table et j'ai couru chercher mon cahier. Jésus a écrit: «Mon agonie est immense, Mes Souffrances sont multiples. Ne M'aideras-tu pas? Moi qui suis mort pour toi! Je suis cloué sur Ma Croix et Je ne peux pas venir à toi, alors approche. Je te veux plus près de Moi. Vassula, comme Je vous aime tous! Guéris Mes enfants, appelle-les, amène-les à M'aimer. Sois bénie, sois près de Moi. Je t'aime».

24. J'ai senti Jésus présent; Il me caressait la tête. Je Lui ai dit que mon âme soupire pour Lui et Il m'a consolée en me disant que dès qu'Il aura établi Ses œuvres, Il viendra me délivrer.

J'étais bouleversée par tout ce qui venait de se passer en l'espace de quelques secondes, et je me suis aperçue que j'étais couverte de sueur.)

— Vassula, Moi Jésus, Je souffre et tu as pleinement discerné Ma Croix et Moi sur la Croix. Je veux que tu ressentes Mon agonie; souffre avec Moi, Ma fille. Vis en Moi et Je te ferai sentir Mon Cœur transpercé, blessé par la lance et blessé par tant d'âmes bien-aimées. Je t'aime. Me renierais-tu? Moi qui ai souffert et qui suis mort pour toi, ton cœur aura-t-il le courage de Me résister? J'ai souffert par Amour, Je t'ai appelée par Amour, Je t'ai bénie, Je t'ai nourrie, alors maintenant, puisque Je t'ai choisie, J'attends que tu Me consoles et que tu M'aimes ardemment, J'attends que tu Me répondes. Vassula, n'aie pas peur, abandonne-toi entièrement à Moi. Oui, rends-toi complètement, en t'abandonnant entièrement à Moi et laisse-Moi libre de faire ce que Je veux de toi.

— J'ai déjà accepté de travailler pour Toi, alors maintenant Tu peux faire de moi ce qui Te plaît, Seigneur.

— Oui, rends-toi. Je t'aime. Il Me plaît de t'entendre dire que tu te rends. Ne Me repousse jamais, car Mon Amour pour toi est sans limites. Je continuerai Mes Enseignements en te livrant un secret. Vassula, prends ton cahier. Ne crains rien, car Mes Enseignements viennent de la Sagesse. Tous les mystères n'ont pas été encore révélés. Toutes œuvres sont données à ceux qui savent M'aimer.

(J'ai pris mon cahier et Jésus m'a livré un secret. Ensuite Il m'a dit: «Je te révélerai encore bien des œuvres cachées plus tard.» C'était le 3ème secret.)

— Chaque jour qui passe tu te rapproches de Moi.

— Que signifie cela?

— Cela signifie que bientôt Je serai avec toi.

(La mort ne m'effraie pas du tout!)

12 février 1987

— Dieu Tout-Puissant, je ne veux pas tomber dans la vanité ni dans la recherche de mon intérêt personnel. Je Te demande de m'aider! Je veux rester un rien, je veux rester simple et Te rendre toute gloire!

— Vassula, Je suis Yahvé. Je t'aime. Toute autorité viendra de Moi, petite. Je te rappellerai toujours ta petitesse, Je te ferai comprendre comment J'œuvre. Trouve la Paix, Vassula. Je serai bientôt avec toi.

(Je me suis sentie soulagée de savoir que Dieu me rappellera toujours mon néant.

J'ai passé une journée affreuse: j'avais sans cesse des doutes. Tout cela me paraît absolument impossible, tout me semble irréel. J'ai pourtant bien entendu Dieu m'appeler. Tout est absolument vrai et cependant rien ne me semble réel. J'ai senti soudain que j'étais vraiment la plus malheureuse de toutes les créatures. Que se passe-t-il vraiment?)

— Vassula, as-tu oublié comment tu étais il y a un an? Ma bien-aimée, laisse-Moi te rappeler:

Quand Moi Yahvé, Je passais parmi les morts[25], Je t'ai vue là, parmi les méchants. Ils te tenaient, te tourmentant. Je t'ai vue gisant là, luttant seule, ton âme tout près de la mort. J'ai eu tellement pitié de toi. Soudain tu t'es souvenue de Mes œuvres d'autrefois et tu as compris alors que Je pouvais être

25. Les morts spirituels.

ton Refuge. Aussi ai-Je entendu ta supplication depuis la terre. Ma fille, Je t'ai toujours aimée, mais toi tu M'avais oublié. J'ai langui d'être aimé de toi, de t'entendre M'appeler «Père». Pendant combien d'années ai-Je été derrière ta porte à attendre, attendre qu'un jour tu puisses M'entendre... J'étais à portée de main, oui, J'étais aussi près de toi; alors Mon Cœur n'a pu résister à ta supplication. Je suis venu rempli de joie. Tu M'as enfin appelé ! Je t'ai élevée et posée sur Ma Poitrine, Ma fille, et J'ai guéri tes blessures, Je t'ai enseigné à M'aimer, Je t'ai enseigné à Me recevoir en t'élevant et J'ai fait briller sur toi Ma Lumière. Ma fleur, ne désespère pas. Je t'enseignerai petit à petit, par le vocabulaire que tu comprends. Tu Me demandes pourquoi une partie de Mon message a été écrite avant ta formation. Je répondrai à ta question quand tu répondras à la Mienne: sais-tu combien M'est précieuse une seule âme?

— Je sais que les âmes ont beaucoup de valeur, mais à quel point, je ne le sais pas, mon Dieu.

— Je vais alors te dire combien les âmes Me sont précieuses, pour répondre ainsi à ta question. Une âme M'est si précieuse qu'une partie de cet enseignement[26] a été écrite précisément pour cette seule âme[27] qui n'aurait plus eu d'autre occasion d'être instruite avant son départ. Comprends-tu maintenant?

— Je comprends et je sais aussi de qui Tu parles.

— Je t'aime, Ma fille, n'aie aucun doute que cet enseignement vient de Moi. Je te rappellerai toujours qui t'a réveillée de ton sommeil. Je t'aime. Sois toujours sûre de Mon Amour, travaille en Paix et ne M'oublie pas.

26. Un travail de six mois.
27. Une personne vivant au Bangladesh.

13 février 1987

— **La Paix soit avec toi. Je suis là. C'est Moi Jésus qui te guide, n'aie pas peur. Unis-toi à Moi, Vassula, tout ce que Je veux de toi, c'est de l'amour.**

— Je suis inquiète au sujet des messages. Je me sens responsable. Je ne sais pas comment travailler.

— **Je Me suffis à Moi-Même et Je suis capable d'aider tous Mes enfants sans ton aide, mais, comme un Epoux, Je veux tout partager. Ne t'inquiète pas, car Je suis la Force, bien-aimée. Appuie-toi sur Moi et laisse-<u>Moi</u> te guider. Rappelle-toi que c'est Moi qui te donne cette Force pour Me rencontrer. Je te demande de M'aimer fidèlement. Aime-Moi ardemment; console-Moi quand Je te demande de la consolation, car il en est beaucoup parmi vous qui M'ont blessé. Un si grand nombre de péchés sont commis journellement, affligeant Mon Ame, M'abreuvant d'amertume et remplissant de douleurs Mon Calice! Comment ont-ils pu M'oublier? Vassula, quand un époux se sent triste, où se tournera-t-il pour trouver de la consolation si ce n'est vers son épouse qui l'aime?**

— Je Te consolerai si je peux, mais comment faire? Moi qui me sais si indigne. Je Te fais probablement de la peine sans le vouloir, je suis inapte et Te parler m'intimide, je suis remplie d'indignité!

— **Je sais que tout ce que tu as dit est vrai, mais ne t'ai-Je pas choisie en connaissant toutes tes faiblesses? Je t'aime, Vassula, et tout ce que Je veux de toi est une réponse à Mon Amour.**

— Je T'aime beaucoup. Tu es constamment dans ma pensée. Je vis pour Toi. Je T'aime, je ne puis mesurer combien, mais

Toi, Tu le peux. Je ne peux que Te demander de m'enseigner à T'aimer davantage pour que cela devienne sans mesure.

— Bien-aimée, pose ta tête sur Moi et laisse-Moi t'oindre de pureté pour que tu deviennes une de Mes fleurs saturées de M'avoir absorbé. Viens, Je te nourrirai; de Ma Main tu mangeras. Je t'enseignerai à M'aimer davantage.

14 février 1987

(Après avoir lu la prière de Saint Bernard à la Sainte Vierge, le «Souvenez-Vous».)

— Toute la révélation vient de Dieu. Vassula, peux-tu M'entendre? Ecoute-Moi. C'est Moi Sainte Marie. N'aie pas peur de Moi. Vassula, Je connais tes difficultés à réaliser que tout cela est bien réel, mais Je te demande d'avoir confiance en Dieu. Augmente ta foi. Il travaille en toi, Mon enfant. N'hésite pas à te soumettre, abandonne-toi à Ses Mains et fais ce qu'Il demande de toi. Je suis près de toi et Je t'aide. Aie la Paix, car Il te guide. Vassula, Jésus te forme pour devenir forte afin que tu puisses résister à la tentation. Il te nourrit en te donnant tout ce qui te manque. Rappelle-toi, Ma fille, la Sagesse t'a relevée. Réalise pourquoi.

— Tout cela n'est pas pour moi seule et s'adresse aussi à d'autres!

— Oui, tu es en formation pour être la messagère de Dieu.

— Je ne sais pas comment être la messagère de Dieu.

— Dieu t'a prêché et Il t'a enseigné à L'aimer. Aie confiance en Lui car Ses Richesses sont innombrables et Sa Miséricorde est insondable. Il t'aime d'une ineffable tendresse et veille sur toi les Yeux remplis d'amour. Toute Parole divine vit éternellement.

— Je dois apprendre à T'aimer davantage.
— Je t'enseignerai. Aie la Paix.

(Plus tard)

— Vassula, c'est Moi Jésus. Je te donne la Force de Me rencontrer. Progresse avec Moi, car J'instituerai Mes Paroles afin que beaucoup puissent les lire et en tirer profit. Ma fille, quand cet enseignement sera établi, Je te préparerai à Me rencontrer. Je soupire de t'avoir près de Moi. Vassula, regarde-Moi.

(J'ai regardé le Visage de Jésus. Il m'a regardée en face.)

— Es-tu heureuse de Me rencontrer ainsi?
— Oui, très heureuse. Je ne mérite pas du tout ce charisme.
— Accepte-le. Accepte ce que Je donne. Je donne même aux âmes les plus misérables. Vassula, as-tu entendu dire que Je donne la Sagesse à de simples enfants et non aux savants et aux habiles?
— Oui, je l'ai entendu. Pourquoi cela?
— Parce que les enfants sont Ma faiblesse, ils Me laissent les former. J'ai choisi des âmes indignes pour les former, celles qui en savent peu ou presque rien. C'est Moi qui pourvoirai pour toi, Vassula, car Je suis riche. Avec Moi tu ne manqueras de rien. Je t'aime. Réalises-tu combien tu Me rends heureux chaque fois que nous nous rencontrons? Je suis heureux de t'avoir enfin près de Moi. Un père ne se réjouirait-il pas d'avoir retrouvé son enfant perdu? Tu étais perdue et Mon Cœur était affreusement déchiré de chagrin. Tu t'étais égarée au loin, Me laissant désespéré. Je suis allé à ta recherche et t'ai retrouvée. Comment donc ne Me réjouirais-Je pas de t'avoir près de Moi? Vassula, près de Moi tu apprendras. Je t'enseignerai toutes les vertus pour te permettre de Me

glorifier. Mon enfant, apprends à absorber la rosée de la droiture. Apprends à Me glorifier, apprends de la Sagesse. Je t'aime. Maintenant va en Paix et appelle-Moi quand tu le désires. Prions ensemble.

(Nous avons prié.)

— Sois maintenant Ma compagne et garde-Moi dans ton cœur.

15 février 1987

— Je T'aime, mais je ne T'aime probablement pas comme il le faudrait; je ne sais pas ce qui est juste ou faux. Je T'adore.
— Vassula, l'Amour est l'Amour. Je veux que tu M'aimes sans restriction. Je suis ton Père Saint qui t'aime intimement. Approche-Moi et aime-Moi intimement. Je veux être intime avec toi. N'aie pas peur. Je veux tout ton amour. Vassula, Je veux qu'aujourd'hui tu te repentes.
— Dois-je me repentir à Toi, maintenant?
— Oui, repens-toi. Je t'écoute.

(Je me suis repentie.)

— Oui, Ma fille, Je pardonne tous tes péchés car ils sont nombreux. Vassula, sais-tu que c'est Moi qui ai enseigné à Mes ministres à se repentir? Ce sont Mes instructions. J'ai donné à Mes ministres autorité pour confesser Mes enfants. Enfant, c'est Moi qui ai écrit cela.

(Ici, j'avais voulu effacer le mot «confesser», car j'étais contre la confession, mais Dieu m'a alors bloqué la main.)

— Vassula, ne Me refuse rien. J'exigerai de toi beaucoup de choses. Es-tu prête à suivre ton Dieu et Sauveur?

— Oui, pourvu que je reconnaisse que cela vient de Toi. Je Te suivrai, car je T'aime.

— **Vassula, n'aie jamais peur de Moi, aie confiance en Moi. Je te prépare à faire face à de plus grandes épreuves. Es-tu prête à Me suivre?**

— Avec Ton aide, je le pourrai.

— **N'aie pas peur car Je suis près de toi pour te soutenir. Ma fille, abandonne-toi entièrement entre Mes Mains. Laisse-Moi t'utiliser, bien-aimée, pour guérir des âmes. Laisse-Moi te lier à Moi avec les chaînes de l'amour, laisse-Moi sentir que tu es entièrement à Moi, laisse-Moi te posséder, Moi qui suis ton Créateur. J'ai soupiré pour ton amour, laisse maintenant Mon Amour enflammer ton cœur. Sois Mienne entièrement. J'ai soupiré pour toi, Je soupire pour toi. Ne soupires-tu jamais pour Moi, Vassula?**

— Oui, ou je l'imagine.

— **Vassula, bien-aimée, en te donnant à Moi, tu Me glorifieras en même temps que tu te purifieras. Maintenant Je te lie à Moi. Moi le Dieu Très-Haut, Je serai avec toi jusqu'à la fin. Je te dis, en vérité, que Je t'ai choisie en sachant que tu n'es rien, sans ressource, misérable et pécheresse; mais en dépit de toutes tes fautes, Je t'aime. Oui, Je vous aime tous, en dépit de vos iniquités.**

— Seigneur, m'as-Tu liée maintenant?

— **Oui, Je t'ai liée; Je t'aime. C'est par Amour; Je te veux toujours près de Moi. Bien-aimée, écoute-Moi: Mes liens sont des liens d'amour, ils sont des liens de pureté. Je t'aime. Que Mes enfants comprennent combien Je peux les aimer. Ma Clémence est sans limite. Mon Amour est une Flamme consumante qui embrase tout cœur qui Me reçoit. Ma fille, va maintenant et rappelle-toi que c'est Moi qui te guide. Rappelle-toi qui t'a purifiée.**

(J'hésitais, car je ne comprenais pas.)

— As-tu oublié? Ne t'ai-Je pas ointe Moi-Même?

— Oui, Seigneur.

— Vassula, Je t'ai Moi-Même donné Mon Pain et Mon Vin. Rappelle-toi que J'ai choisi le moment pour toi de te purifier, Mon enfant.

(C'est vrai: dans l'église, j'ai pleinement discerné, près du tabernacle, Jésus qui chantait avec les prêtres. Il m'a donné Lui-Même le Pain et le Vin.)

— Aime-Moi, travaillons ensemble.

(Cela me rappelle la première fois que j'ai communié dans cette église. Cela s'est également déroulé de manière surnaturelle. J'étais avec le père Karl. Dieu m'avait envoyée chez lui pour recevoir la Sainte Communion. Le père Karl n'était pas sûr, dans un tel cas, de pouvoir me la donner sans la préparation nécessaire. Il m'avait alors proposé qu'il fasse intérieurement une prière pour demander à Dieu de lui inspirer sa conduite, et ma main, guidée par Dieu, lui écrirait alors ce qu'il lui fallait faire. Le père Karl avait demandé à Dieu s'il devait me confesser. Par ma main, Jésus a alors écrit: «I will», ce qui signifie «C'est Moi qui le ferai», informant ainsi le Père Karl qu'exceptionnellement, Jésus me confesserait Lui-même. Le père Karl m'a alors simplement demandé, pour la Sainte Communion, de revenir quatre jours plus tard.

Dans l'intervalle, Dieu m'a invité à me confesser à Lui, ce que J'ai fait. Le lendemain, je suis retournée chez le père Karl, qui m'a alors donné la Sainte Communion.)

16 février 1987

(Je commence à réaliser que je ne peux vraiment plus vivre sans Dieu. Je crois qu'Il m'a vraiment liée à Lui.)

— Je suis Yahvé, Mon enfant, c'est Moi. Tourne-toi vers Moi. Je t'aime et à cause de ce GRAND Amour que J'ai pour toi, tu es à Moi. N'aie pas peur, Mon enfant, écoute-Moi. A cause de l'Amour éperdu que J'ai pour toi, Je te lie à Moi. Appuie-toi sur Moi. Je veux que tu aies besoin de Moi, Vassula.

— Tu nous aimes donc autant?

— O Ma fille, n'as-tu pas senti Mon Amour?

(Oui, bien sûr, et c'est incroyable!)

— Mon Amour pour toi veut te consumer. Je Me sens glorifié de sentir comme tu es attachée à Moi. Moi, pour Ma part, Je t'aime intarissablement et ne Me séparerai jamais de toi. Mais Je Me suis assuré aussi que toi non plus tu ne te sépareras jamais de Moi. J'ai assuré notre union, vois-tu? Je Me réjouis d'avoir prévalu. J'ai désiré que nous soyons unis à jamais, toi, ayant besoin de Moi, M'aimant et liée à jamais à Moi; Moi lié à toi, qui Me laisses libre de t'aimer sans restriction et de régner sur toi. Moi qui t'ai créée et Moi qui t'ai soignée, Moi qui t'ai consacrée et Moi qui le premier ai posé les Yeux sur toi, Moi qui t'ai remplie de Mon Esprit, J'ai bien voulu cela, car Moi, Vassula, Je suis ton Dieu Yahvé, qui t'ai relevée. Je Me suis assuré que les liens qui t'attachent à Moi soient pour l'Eternité. Tu ne pourras plus te détacher de Moi, car Je suis le Très-Haut.

— C'est effrayant, même si je T'aime, Seigneur! Ta Puissance et Ta Sagesse sont grandes!

— Pourquoi, Vassula? Qu'as-tu à craindre? Ne suis-Je pas Seigneur d'Amour? Je prendrai soin de toi, Je t'apaiserai si tu es dans la douleur, Je te couvrirai de Mes Bénédictions, Je te fournirai ce qui te manque, Je suis Richesse Infinie. Tu n'as rien à craindre avec Moi, Je suis Celui qui maintient les fondations de la terre. Laisse-Moi libre de faire de toi tout ce que Je veux. Je suis si heureux de t'avoir près de Moi, toi si fragile et si faible, car Je sais que ton cœur Me laissera faire de toi ce qu'il Me plaira. N'aie pas peur, car Je suis ton Père Céleste et Je t'aime au-delà de toute compréhension humaine. Je suis Yahvé, et si tu ne l'avais pas entendu dire auparavant, Je te le dis maintenant que Je suis connu pour être Fidèle et Ma Parole est sûre. Mon enfant, Je t'ai ranimée de la mort pour que Ma Parole soit écrite. Je t'ai relevée pour que tu sois Ma messagère. Puisque tu dois être Ma messagère, tu dois être formée. Tu dois apprendre comment Je sens, comment J'œuvre et comment Mon Amour enflamme les cœurs; autrement, comment pourrais-tu le dire à Mes enfants bien-aimés? Viens, sens Ma Présence comme Je te l'ai enseigné. Je t'aime, petite. Discerne-Moi, Je veux que tu sois intime avec Moi. Vassula, demain Je te dicterai un message qui enseignera à Mes enfants comment être avec Moi. Va maintenant accomplir tes autres tâches. Va en Paix.

(Plus tard; c'est Jésus qui parle:)

— Vassula, écris. Maintenant, tu es unie à Moi, tu vas travailler avec Moi, tu vas souffrir avec Moi, tu vas M'aider. Oui, Je vais partager tout ce que J'ai avec toi, et pour ta part, tu feras de même. Etre unis c'est être ensemble à jamais car Mes liens sont des liens éternels. Mon Amour éperdu te lie à Moi à jamais. Mon Amour enflamme même les cœurs de pierre et les embrase en les consumant. Ma fille, J'ai prévalu!

Tu n'as rien à craindre, J'ai gagné ton cœur, bien-aimée, et Je Me suis assuré que tu seras à Moi à jamais. O Vassula, comme J'ai soupiré de te plonger dans les profondeurs de Mon Cœur et que toutes les Flammes de Mon Amour te consument complètement, te laissant en total ravissement pour Moi ton Dieu.

— M'aimes-Tu donc autant que cela? au point d'avoir fait cela?

— N'ai-Je pas donné Ma Vie pour toi? J'ai donné Ma Vie par Amour, Je Me suis sacrifié pour ton salut par Amour, J'ai versé Mon Sang pour toi par Amour. Maintenant Je Me suis assuré que tu es liée à Moi.

— Pourquoi?

— Pourquoi? As-tu oublié que Je suis le Tout-Fidèle? En t'ayant attachée à Moi, Je serai sûr que tu Me resteras fidèle toi aussi. Maintenant que nous sommes unis, nous allons continuer à travailler ensemble. J'utiliserai ton amour pour Moi, pour guérir beaucoup d'âmes qui sont sur le point d'être dévorées par les flammes de Satan. Toi et Moi, nous allons aider ces âmes. Tout ce que tu dois faire, c'est M'aimer avec ferveur. Il y aura des moments où Je viendrai te charger de Ma Croix.

— Mais je ne suis rien!

— Vassula, reste rien et laisse-Moi être tout ce qui te manque. Où que J'aille, tu suivras; tu ne seras jamais seule; maintenant tu es unie à Moi. Grandis en esprit, Vassula, grandis, car ta tâche est de délivrer tous les messages donnés par Moi et Mon Père. La Sagesse t'instruira.

— Oui, Père.

— Qu'il est beau de t'entendre M'appeler Père! J'ai soupiré d'entendre ce mot de tes lèvres: Père.

17 février 1987

(Je voulais être plus «solennelle» avec Dieu, alors j'évitais de L'appeler Père!)

— Vassula, pourquoi, pourquoi évitais-tu de M'appeler Père? Vassula, J'aime être appelé Père. Je suis le Père[28] de toute l'humanité.

— Je T'aime, Père.

— Je t'aime aussi.

28. Cf. Isaïe 9,5: «Car un enfant nous est né, un Fils nous est donné, l'insigne du pouvoir est sur son épaule; on proclame son nom : Merveilleux Conseiller, Dieu fort, Père Eternel, Prince de la Paix.»

CAHIER 8

18 février 1987

— La Paix soit avec toi. Vassula, tu n'as pas besoin de te hâter, apprends que Je travaille avec sérénité. Tiens-toi près de Moi. Souviens-toi que nous sommes dans l'Hadès, mais Ma Lumière te recouvre. Quiconque t'approche ne peut te toucher ni te blesser. Ma Lumière est sur toi comme une auréole de Toute Rédemption. Ton amour pour Moi guérit et sauve beaucoup d'âmes en perdition.
Vassula, elles sont comme de petits enfants livrés à eux-mêmes, ne sachant pas quelle direction prendre. Elles sont perdues. Quand Je suis avec elles, Je les nourris, leur donnant l'Amour. Alors certaines d'entre elles viennent à Moi. Tu les aides à M'aimer et à Me suivre. Je t'utilise dans cette voie, Vassula.
— Dois-je être patiente[29] avec elles?
— Oui, aie de la patience avec elles, car elles sont bien-aimées de Moi, guéris-les, aime-les, Vassula.
— Dois-je les appeler?
— Non, il ne vous est pas permis de les appeler. Je t'apprends la Sagesse, les œuvres divines viennent de la Sagesse.

(Jésus a été si prompt à répondre que j'ai cru qu'Il était fâché)

---

29. En priant beaucoup pour elles.

— Comprends quand Je t'enseigne. Viens, appuie-toi sur Moi. Veux-tu arrêter maintenant?
— Non, Jésus, continuons.
— O Ma fille, Je t'aime, bien-aimée. Travaille avec Moi et glorifie-Moi. J'aime ta petitesse. Tu es Ma fleur saturée de M'avoir pleinement absorbé. Enfant, aie toujours besoin de Moi car sans Moi tu périrais. Je te donnerai tout ce qui te manque jusqu'à la fin. Laisse-Moi complètement libre avec toi car Je connais tes besoins.

(A cause de la difficulté provoquée par de fréquentes interférences et insultes des démons, j'ai bien cru que je serais incapable de recevoir cette révélation. J'ai parfois l'impression que Dieu m'a complètement laissé devenir leur jouet. A mesure que la révélation progresse, leurs insultes empirent. J'ai pensé à un moment donné que Dieu m'avait abandonnée. Les insultes sont les plus méchantes paroles que l'on puisse prononcer.)

— Vassula, t'abandonnerai-Je jamais? Je suis le Tout-Fidèle. As-tu oublié Mes Paroles?
— C'est de ma faute, je suis faible!
— Donne-Moi maintenant ta faiblesse et Ma Force la dissoudra. Viens, Je te sanctifierai Moi-Même. Avec toi, J'ai atteint Mon Ciel car en toi Je trouve Mon repos. Rappelle-toi que nous sommes unis et nos liens sont des liens de Paix et d'Amour.
Ces cordons qui attachent tes poignets et tes pieds aux Miens sont pour l'éternité, car tu es à Moi, bien-aimée. Je t'ai Moi-Même purifiée en t'unissant à Moi; J'ai triomphé de toi. J'ai désiré que tu M'aimes. N'aie pas peur car c'est Moi Jésus qui te tiens. Tu devras être avec Moi et sentir Ma Présence. Tout ce que Je te demande, c'est de l'amour. M'aimes-tu?
— Tu sais que je T'aime.

— Aime-Moi sans mesure, regarde-Moi, aie Ma Paix. As-tu quelque chose à Me dire?
— Oui Jésus.

(Je me sentais coupable d'avoir à Lui dire ceci:)

— Jésus, bien que j'aime être avec Toi et recevoir cette révélation, il me faut aussi faire d'autres choses!
— Vassula, heureux ceux qui renoncent à leurs occupations et Me suivent[30]. En effet tu consacres beaucoup de ton temps à écrire avec Moi, mais laisse-Moi te dire autre chose encore. J'aime aussi te voir travailler et accomplir des devoirs mineurs, des devoirs de peu d'importance, pourvu que tu les fasses avec amour. Tout petit travail que tu fais, si petit et insignifiant soit-il, devient grand à Mes Yeux et M'est agréable, dès lors que ces petits actes sont faits avec amour. Sois bénie.

(Le soir, nous attendions des invités et je comptais les assiettes, les serviettes, etc... Je réfléchissais si j'avais bien tout mis sur mon plateau, j'hésitais et, sachant que Jésus était avec moi, je Lui ai demandé: «De quoi avons-nous encore besoin?» Il m'a répondu sans hésitation: «Nous avons besoin d'amour, Vassula».)

19 février 1987

— Vassula, ne te refuse pas à la souffrance, toutes Mes âmes choisies ont souffert. Par la souffrance, ton âme se purifie comme l'or se purifie dans le feu. Ainsi en est-il de l'âme. Ta souffrance est dans ta formation.
— Comment, dans <u>ma formation</u>, Jésus?

30. Donner toute priorité à Jésus.

— De même que Je te permets de M'appeler à tout moment de cette façon et qu'ainsi nous soyons ensemble, Je permets aussi que les portes du Mal soient laissées ouvertes. Ta formation ne sera pas une tâche facile, car le Malin te combattra pour te décourager, en te donnant des mots incorrects.
— Mais alors Seigneur, Ta formation pourrait m'égarer!
— Non, elle ne t'égarera jamais, ni personne d'autre. Je t'ai enseigné à Me reconnaître, Vassula. J'ai choisi quelqu'un dans l'incapacité de maîtriser une langue, quelqu'un qui dépendra de Mes Paroles. Je t'ai enseigné à M'entendre, J'exerce ton oreille. Viens, sois patiente, apprends à accepter, apprends de Moi.

(Je commençais à être inquiète.)

— Vassula, tout <u>sera</u> parfait! Vassula, écris. C'est Moi Jésus.

(A nouveau, je ressens en moi des doutes!)

— Oh! viens! J'aspire à te dire quelque chose. Mon Ciel est en toi parce que Je M'y sens glorifié et reposé.
— Jésus, je T'aime; oui, et même beaucoup. Je T'aime vingt-quatre heures par jour. Même quand je me réveille dans la nuit, ma première pensée, c'est Toi; je mange, c'est Toi, je travaille à la maison, c'est Toi; je conduis, c'est Toi; je joue au tennis et Tu es dans ma pensée. Mon Amour pour Toi est dans mon sang puisque mon corps me fait mal d'amour; mais je ne peux pas concevoir que je puisse Te reposer ou que Tu trouves Ton Ciel en moi, car qui suis-je? Un grain de sable, dérisoire, insignifiante! Et quand Tu me dis cela, je me sens pire encore en Ta Présence et honteuse.
— Tout ce que tu as dit à propos de toi est vrai, mais Je t'aime et Je trouve réellement du repos en toi. J'ai irrigué ton cœur de Mon Sang et l'ai placé dans le Mien. Je l'ai purifié et

lui ai donné Ma Paix et Mon Amour, bien-aimée. Vassula, Moi qui suis venu à toi, Moi qui ai toujours désiré ton amour, J'ai maintenant prévalu. En toi Je Me délecte. Aime-Moi sans restriction, en réparant pour ceux qui M'oublient et ne font que multiplier Mes Blessures. Aime-Moi, Vassula, en guérissant Mes âmes bien-aimées. Sois Mon Ciel.

— Mon Dieu, je réalise que c'est Toi, pourtant je ne crois pas m'en rendre complètement compte! Si je réalisais vraiment, je crois que je m'évanouirais!

(C'est le Père qui prend la parole:)

— Vassula, un jour, quand Ma Parole sera établie, tu réaliseras. Vassula, J'ai toujours été connu pour tenir Ma Parole. Moi Yahvé, Je viens d'en-haut. Le Ciel est fait par Ma Grâce. J'accomplirai Ma Parole. Aie confiance en Moi, Vassula. Ne te fais pas trop de soucis, bien-aimée. Sois près de Moi, sens-Moi, aime-Moi et glorifie-Moi. Laisse-Moi faire le reste. Vis en Paix. Je te forme avec la Sagesse, aie Ma Grâce. Ne te lasse pas de guérir des âmes. Es-tu heureuse d'être maintenant unie à Moi?

— Oui, Seigneur, je suis très heureuse de sentir que je suis unie à Toi, quoique je n'ose pas trop y penser!

— Pourquoi, Vassula?

— Pourquoi? Parce que je ne suis pas digne de Toi.

— Vassula, J'ai toujours soupiré d'être uni à toi et d'être intimement proche de toi, néanmoins n'oublie jamais que Je suis ton Dieu et que Je suis Saint.

Vassula, veux-tu toujours travailler pour Moi?

— Je T'ai déjà donné mon consentement. Oui, je veux continuer à travailler pour Yahvé.

— Je suis Yahvé. Sois bénie.

20 février 1987

(J'ai lu à la Sainte Vierge la prière de St Bernard, le «Souvenez-Vous», et la Sainte Vierge m'a alors dit ceci:)

— Ma fille, c'est Jésus qui te guide. N'aie pas peur, Vassula, Ma fille. Ecoute-Moi, Moi ta Sainte Mère. Je suis présente, ici, près de toi. Je t'aide, Je t'aime. Je vais t'aider à comprendre comment Jésus œuvre, ne te tourmente pas. Jésus t'a maintenant unie à Lui. Réjouis-toi, Vassula! Tu dois Me croire quand Je te dis que ton âme guérit d'autres âmes dans l'Hadès. Vassula, fais comme Jésus te le demande. Il connaît tes besoins. Tout ce qu'Il veut de toi c'est de l'amour. Aime-Le sans restriction, glorifie-Le, répare pour ceux qui Lui donnent de l'amertume, appelle-Le toujours pour Lui dire que tu L'aimes, ne L'abandonne pas. Accomplis aussi tous tes autres devoirs avec amour, pour l'Amour, car les actes d'amour sont ceux qui comptent le plus pour Lui. Aussi petits et insignifiants qu'ils te paraissent, ils ont une grande valeur à Ses Yeux et ainsi deviennent grands.
Suis-Le et répare pour d'autres qui Le négligent. Ma fille, en étant maintenant unie à Lui, tu sentiras Sa Croix, tu sentiras Son Cœur. Il te demandera de partager Ses sentiments, Il te demandera de L'aider, Il te demandera du repos, Il te demandera de partager Sa Croix. Souffre quand Il souffre, réjouis-toi quand Il Se réjouit. Tes souffrances seront les Siennes. Soumets-toi à Ses désirs car Il est Dieu. Apprends à Le reconnaître. Rappelle-toi tout ce qu'Il t'a appris car Il est un Dieu aimant, Tout-Miséricordieux. Il vous aime tous avec une ineffable tendresse. Il ne vous demandera jamais quelque chose qui pourrait vous nuire. Il est doux et bon. Apprends à Le reconnaître, Vassula. Il est un Dieu plein d'Amour, jamais rude. Il veillera sur toi, te protégeant de tout mal. Il

ne t'abandonnera jamais. Vassula, courage, Ma fille, appelle-Moi quand tu le désires, Je t'aime.
— Je T'aime aussi, Mère. Apprends-moi à T'aimer davantage!

— Jésus, je T'aime.
— **Je suis là, bien-aimée. C'est Moi Jésus.**

(Je m'abandonne à nouveau.)

— **Je t'aime. Donne-Moi ton petit cœur dans lequel Je sèmerai les Graines de Paix et d'Amour. Je te formerai comme Je désire que tu sois. Rien ne sera en vain. Tout sera pour sauver Mes enfants. N'aie pas peur, laisse-Moi te guider Ma fille.**

21 février 1987

(Ce matin, mon amour pour Jésus était à son comble. J'avais également peur qu'Il m'abandonne, puisque je ne suis qu'un rien, car un rien qui aime Dieu profane probablement Son Saint Nom.)

— **O Ma fille, Je t'aime. Sois avec Moi. Je ne t'abandonnerai jamais! O Ma petite, peu nombreux sont ceux qui Me glorifient comme toi! Vassula, Ma Vassula, Je prends soin de toi. Quand J'aurai délivré Mon Enseignement, Je n'attendrai pas davantage. Mon Cœur soupire pour ta petite âme... Oh! comme Je souffre Moi-même de te voir là sur la terre. Je te reprendrai à Moi pour te délivrer et réjouir Mon Cœur car Je brûle du désir de t'avoir à nouveau avec Moi. Aie Ma Paix, Je serai bientôt avec toi.**
Vassula, veux-tu prendre par écrit Mon prochain message?
— Oui Seigneur.
— **Es-tu prête?**
— Oui Seigneur.

(Durant plusieurs jours j'avais retardé ce message mais maintenant, je m'y sentais prête. Jésus m'en avait parlé il y a quelque temps.)

— **M'aimes-tu?**

— Oui, beaucoup, Tu sais que je T'aime.

— **Désires-tu que d'autres M'aiment aussi?**

— Oui, c'est maintenant mon désir.

— **Alors travaille avec Moi en mettant par écrit tout ce que Je te dis. Oui, Vassula?**

— Je voulais simplement Te dire que tout cela est comme un miracle de pouvoir être guidée ainsi par Toi, Seigneur.

— **Je l'ai voulu, Vassula. Je t'ai choisie pour montrer au monde que Je n'ai besoin ni d'autorité, ni de sainteté. J'ai choisi une simple enfant, faible et pécheresse, dénuée d'autorité et ne connaissant personne d'important, pour manifester par Ma Grâce, à travers ce faible instrument, la Paix et l'Amour que J'ai pour vous tous.**

Je veux transmettre Mon message à ce monde de ténèbres, pour ainsi manifester Mes effusions au monde, car Ma Miséricorde est ineffable et Mon affection au-delà de toute compréhension humaine.

Le Ciel, là-haut, avec toute sa Gloire règne éternellement en Paix et en Amour et Je veillerai à ce que sur la terre aussi, toute Paix et Amour prévalent sur le Mal. Ma Paix couvrira la terre comme la brume, se répandant des hauteurs aux profondeurs et d'un bout du globe à l'autre. Je viens proclamer Mon message à vous tous, pour vous détourner de vos actions mauvaises. Ma Parole sera comme un cèdre, étendant ses branches comme des bras, vous guérissant de votre méchanceté, nourrissant votre misère et vous délivrant du Mal. Je viens une fois encore illuminer ce monde obscur et raviver

cette flamme vacillante près de s'éteindre et vous couvrir de Ma Paix[31].

Je les aime, Vassula. Oh! cet Amour que J'ai pour eux! Ne Me suis-Je pas sacrifié comme un agneau pour eux, afin de les libérer? J'ai souffert pour eux.

Mes bien-aimés, Mon Sang a-t-Il été versé en vain? J'ai répandu Mon Sang pour que vos péchés y soient immergés et pour que vous soyez purifiés. Je vous ai baignés dans les torrents de Mon Sang pour vaincre le Mal et vous délivrer. Je suis parmi vous tous. Mais, néanmoins, Satan vous escorte, car il a trouvé moyen de vous séduire et vous faire tomber dans ses filets impies. Moi Dieu, Je ne peux pas vous voir cheminer vers la perdition. Je suis là pour vous dégager de ses vices. C'est ainsi que Je Me tiens devant vous pour que vous sachiez qui est votre Sauveur. Je reviens une fois encore, Mon Cœur dans la Main pour vous L'offrir. Allez-vous Le refuser? Allez-vous refuser Ma Paix?

Je viens appeler tous ceux qui entraînent Mes enfants dans des effusions de sang. Je veux qu'ils écoutent Mon appel, car Ma Parole viendra comme un marteau qui pulvérise le roc[32], pénétrant chaque cœur. Je vous demande: «Avez-vous oublié votre Dieu ou est-Il de peu d'importance à vos yeux? Ne Me craignez-vous pas?» Je Me lasse de vos buts hautains! Je vous ai enseigné à M'aimer mais aussi à Me craindre car Je Suis le Tout-Puissant. Alors qu'avez-vous fait? Vous creusez vos propres tombes. Pour avoir semé des graines de méchanceté et les avoir dispersées à travers le monde, vous les récoltez maintenant et vous nourrissez de leurs mauvais fruits.

31. J'ai pensé: «avec la génération actuelle, cela n'en vaut pas la peine; personne ne sera disposé à écouter». Jésus a immédiatement lu ma pensée.
32. Le roc qui emprisonne notre cœur. (Jr 23,29).

Apprenez que Mon Royaume entier règne en Paix. Toute Ma Création a été créée dans la Paix et l'Amour.

Mes Yeux Se sont lassés de vous voir vous entre-tuer. Je Me fais du souci pour vous, car Je suis votre Père qui vous aime. Regardez! J'arrive avec toute Ma souveraineté, Moi qui suis votre Dieu, Je viens à <u>vous</u> pour vous offrir Mon Cœur. Voilà, prenez-Le, Il est tout à vous. Mon Cœur Se fend et Se lacère, sentez-Le. Il n'est plus qu'une grande plaie... Vous avez déchiré le Cœur de votre Dieu, vous L'avez transpercé de part en part, maintes et maintes fois.

Chefs de guerre! Devrais-Je venir vous piétiner pour vous montrer Mon Pouvoir? Devrais-Je Me manifester par la colère? Mon Calice de Miséricorde a débordé et Mon Calice de Justice est plein. Moi qui vous ai insufflé la Vie et vous ai consacrés, Moi Dieu de toute la Création qui vous ai baignés dans Ma Sainteté, Je viens à vous avec Ma Paix, pour vous exhorter à vous convertir et à vivre dans Ma Paix. Je couvrirai l'univers entier de Ma Paix et la ferai régner sur vous, car Je suis Paix, Amour et toute Sagesse. Mon appel est adressé à toutes les nations. Ils doivent apprendre que la Paix règne dans Mon Royaume. Je viens malgré leur méchanceté, pour les bénir et briller sur eux, car ils sont Mes fils et filles bien-aimés.

Ecoutez ce Cœur que vous offre votre Dieu, un Cœur que vous avez oublié et ne connaissez plus, un Cœur qui vous aime et vous cherche pour vous donner la Vie. Cessez de faire le mal! Cessez de vous rebeller contre Moi! Avez-vous peur de Ma Loi? Ma Loi n'est pas une loi de rébellion, Ma Loi est une loi de Paix et d'Amour. Suivez Ma Loi, observez-La et vous obtiendrez le salut. Votre faiblesse c'est d'ignorer Mes Lois, déformées par votre propre bigoterie, laquelle conduit

l'humanité à la destruction. Menant les voisins à l'antagonisme, vos lois sont basées sur la violence.
O enfants! Ai-Je implanté la haine dans votre âme? Mon Ame est la Source d'Amour et de Vie en Elle-Même et par Elle est venu tout ce qui est.
Vassula, n'en fais pas davantage, Je t'aime. Aie confiance en Moi. Que ton amour recouvre Mon Cœur; sois unie à Moi. Aime et travaille avec Moi.
— Je le ferai, Père. Aide-moi à me rendre digne afin que je puisse Te glorifier.

26 février 1987

(Béatrice et moi sommes allées en avion à Chittagong. De là, nous avons traversé un fleuve pour nous rendre à Diang, un tout petit village dans la brousse du Bangladesh, où nous avons rencontré R.D., prêtre catholique français, ermite mystique. Nous avons échangé quelques idées avec lui et lui avons montré ces écrits. Il les a définis ainsi: «révélations du Cœur Divin». Ce qu'il a dit allait dans le sens de ces messages et de leur but: ils ne sont pas uniquement pour moi, mais aussi pour le bien des autres.
Notre voyage s'est déroulé sans incident, à croire que quelqu'un l'avait dirigé. La veille de mon départ à Diang, j'étais angoissée et me demandais pourquoi j'y allais et pour montrer quoi? Des gribouillis? Je m'étais sentie angoissée toute la journée. Le lendemain de bonne heure, les premiers mots que j'ai reçus disaient ceci: «Un menteur te guide, prends le tout et brûle-le». Alors j'ai compris. J'ai compris que depuis le jour précédent, le démon me tourmentait et essayait de me faire renoncer à ce voyage. Quelques secondes plus tard, j'ai senti la Présence de Dieu. Il m'a consolée et Il a écrit: «Je serai avec toi jusqu'à la fin. Nous sommes unis pour toujours. Laisse Ma Lumière briller sur toi, Mon enfant. Je suis Yahvé et Je

te guide. Glorifie-Moi en M'aimant.» J'ai compris que Dieu était le guide de ce voyage difficile.)

1er mars 1987

(Aujourd'hui, quand je L'ai discerné, Jésus m'a dit plusieurs fois:)

— Vassula, ne te lasse jamais d'écrire.
Je désire que Mes Paroles soient connues par beaucoup; Paroles qui sortent directement de Mes Lèvres, car toutes les révélations que J'ai insufflées en toi sont de Moi. J'œuvre aussi par cette voie. De temps en temps Je viens rafraîchir tout ce qui a déjà été enseigné par Moi. Je suis votre Sauveur toujours près de vous, toujours prêt à vous soustraire au mal. Je viens en espérant que Ma Parole pénétrera les cœurs et reposera en eux.
Vassula, veux-tu réparer pour d'autres?
— Seigneur, que veut dire exactement ici «réparer»?
— Réparer veut dire compenser pour d'autres qui ne donnent aucune réponse à Mon Amour. Répare pour d'autres. Tout ce que tu as à faire c'est de M'aimer de tout ton cœur et de tout ton esprit.
— Je T'aime! Mais je veux apprendre à T'aimer sans mesure pour pouvoir réparer davantage.
— Viens, Je t'enseignerai. A-t-on jamais entendu dire que Je n'aie pas tenu Ma Parole? Ma fille, Je suis ton Maître et tu apprendras tout par Moi. Je te ferai progresser.
— Je ne suis pas digne de tout ce que Tu me donnes, c'est un fait, quand je me compare à d'humbles et si dévoués fidèles. Je ne suis pas fière de moi-même. Moi qui suis, et de loin, la plus misérable, avoir été choisie pour recevoir cette révélation! Je sais que je n'ai pas été choisie pour mes qualités, bien au

contraire. J'ai été choisie à cause de ma misère. Tu me l'as confirmé, mon Seigneur!

— Aie Ma Paix Vassula. Misérable tu l'es, mais Je t'aime de toute façon. Donne-Moi toute ta misère et Ma Miséricorde la consumera, sens-toi aimée de Moi. Viens, appuie-toi sur Moi. Ecoute-Moi, tiens-Moi compagnie, n'oublie pas que Je suis ton Saint Compagnon.

2 mars 1987

— Gloire à Dieu le Père qui t'a délivrée du Mal.

— Qui est-ce?

— C'est Moi Jésus, pourquoi?

(Là, j'étais embarrassée car je ne comprenais pas encore qui est le Père et quelle est la différence entre le Père et Jésus. S'Il Se réfère à Dieu le Père, alors comment Jésus peut-Il dire qu'Il est aussi Père?)

— Ecoute, Vassula, accorde-Moi ton attention. Apprends que Dieu et Moi, Je suis Un[33], Je suis le Père et le Fils[34]. Comprends-tu maintenant? Je suis Un, Je suis Tout en Un. Je suis Tout en Un[35].

— Tu es Tout en Un?

— Oui, Je suis.

— Et la Lumière?

— Je suis aussi la Lumière. Ecoute-Moi.

---

33. Allusion à Jn 5,18: (...) il appelait Dieu son propre Père, se faisant ainsi l'égal de Dieu.
34. Allusion à Jn 14,8-9: Qui M'a vu a vu le Père.
35. Allusion à Jn 10,30: Moi et le Père Nous sommes Un; Jn 17,21: Comme Toi, Père, Tu es en Moi et Moi en Toi.

(Là, j'ai pensé qu'il allait m'être difficile de comprendre et de mettre cela par écrit, car j'avais aussi en pensée la question du Saint-Esprit.)

— Essayons. Le Saint-Esprit vient de Moi[36], comprends-tu maintenant? Tout en Un; la Sainte Trinité est Une[37]; tu peux également M'appeler «Père»[38]. La Sagesse vient de Moi; Je suis aussi la Sagesse.

(Plus tard)

— C'est Moi Jésus. Chaque fois que tu doutes, viens à Moi.
— Mais je me sens embarrassée d'avoir encore, de temps en temps, des doutes. Après avoir rempli onze cahiers de révélation, personne ne serait comme je suis. N'importe qui à ma place serait devenue une sainte!
— Chaque fois que tu te sens embarrassée, Je t'aime davantage, Vassula. Viens, tu es Ma bien-aimée et J'aime Me reposer en toi. M'aimes-tu?
— Tu sais bien que je T'aime, Seigneur, mais parfois je me sens aussi froide qu'une pierre! Comme je dois être ingrate!
— Chaque fois que tu as ce sentiment, c'est Moi qui utilise ton amour pour réchauffer d'autres âmes qui ont besoin de chaleur, des âmes qui sont froides envers Moi. Comprends-tu maintenant? Ma fille, écris ces mots:
Moi Yahvé, Je vous couvrirai de Mon Amour et vous donnerai à tous Ma Paix. Je proclamerai Ma Parole à toutes les nations, car, regardez, en Moi demeurent l'Amour, la Paix, la Miséricorde et la Sagesse. J'établirai Mon Royaume sur terre comme il est au Ciel. Vassula, ceci n'est qu'une partie de Mon

36. Cf. 1 P 1,11-12.
37. Dans l'unité de l'essence.
38. Cf. Is 9,5.

message, Je te ferai écrire le reste plus tard. Viens, reste près de Moi.

3 mars 1987

— C'est Moi Jésus.
— Pardonne-moi pour tous mes péchés.
Je te pardonne. Viens, Je Me délecte en toi. Te rappelles-tu le jour où Je t'ai montré Ma Gloire?
— Oui!
— Désires-tu continuer? Oui?

(J'étais inquiète.)

— Père, pouvons-nous attendre un peu?
— Soit. Je te le redemanderai plus tard. Je voudrais te montrer davantage Ma Gloire, pour que tu puisses décrire à Mes enfants comment est Mon Royaume. Comme pour Mon message précédent, Je te le ferai savoir quand Je sentirai que tu es prête à l'écrire, Vassula. Me permettras-tu de t'utiliser aujourd'hui?
— De quelle manière, Seigneur?
— En utilisant l'essence de l'amour que tu as pour Moi. Aime-Moi donc avec ferveur, Vassula. Je souhaite sauver d'une chute une âme très particulière. C'est une de Mes âmes choisies. Nous pouvons encore la sauver, Vassula. Je laisserai deux gouttes pures de Mon Sang sur ton cœur. Ces deux gouttes suffiront à couvrir entièrement ton cœur et te feront sentir Ma peine.
— Que dois-je faire?
— Peux-tu travailler avec amour, pour l'Amour?
— Je vais essayer, Seigneur.

— Unis-toi à Moi. Nous guérirons son âme aujourd'hui, nous la fortifierons. Je t'enseignerai comment J'œuvre, car ces œuvres sont des œuvres divines. Toutes œuvres saintes viennent de Moi. La Sagesse t'instruit. N'oublie jamais ceci, tu es Ma fleur que Je laisse pousser dans Ma Lumière. Je purifierai ton terreau et te donnerai ce qui te manque. Je reviendrai te parler du cœur de Mon âme choisie. Je t'aime. Aime-Moi, Vassula, car beaucoup dépendent de cet Amour.

(Plus tard dans l'après-midi j'ai reçu des blâmes. J'ai compris que c'était une attaque du démon car j'avais appris que Dieu ne me blâmerait jamais.)

— Je te bénis Ma fille, Je ne te blâmerai jamais pour ce que Moi Yahvé Je t'ai donné. Je Me délecte en toi, Je t'ai choisie pour révéler Ma Face. Médite, Ma Vassula. Sens, sens cet Amour que J'ai pour toi. Bientôt tu Me verras, oui, Je viendrai.

— Seigneur, quand Tu viendras me prendre, je ne m'attendrai à aucune récompense, puisque je n'ai rien fait et suis incapable de faire quoi que ce soit. En concluant à nouveau par le mot «indigne», comme je souhaite pourtant être près de Toi!

— Vassula, sens Ma Main[39]. Ma Main essaie plus fort que jamais de te tenir pour te garder près de Moi. Je languis de t'abriter. J'aime te prendre et te plonger dans les profondeurs de Mon Cœur et t'y cacher, toute pour Moi-Même. Tu sembles oublier Mes Paroles. Ne t'ai-Je pas liée à Moi pour l'Eternité? N'avons-nous pas été unis par Moi qui ai placé une guirlande d'amour sur notre union? Ma bien-aimée, nous travaillons ensemble, Je suis ton Dieu et Guide.

39. Je me rappelle cette Main qui essayait de prendre la mienne et que j'essayais d'éviter.

— Mon Seigneur, je suis faible et j'ai besoin de Toi. J'ai besoin d'être fortifiée en tout, pour pouvoir Te glorifier.
— Vassula, observe Mes Mains, place tes mains de telle façon que le bout de tes doigts touchent les Miens.

(J'ai vu comme des éclairs sortir du bout de Ses Doigts, comme de l'électricité. J'ai placé les miens comme Il me l'a dit. Cela s'est passé dans le discernement et la méditation.)

— Sens Ma Sainteté, Ma Force te pénètre à travers le bout de tes doigts. De telles œuvres sont des œuvres divines. Je te bénis. Appuie-toi sur Moi. Maintenant tu M'as absorbé. Garde tes mains dans les Miennes pour sentir Ma chaleur[40].

(Plus tard:)

— Vassula, écoute-Moi. Nous venons maintenant de sauver cette âme de la chute. Réjouis-toi! J'ai utilisé l'essence de ton amour. Nous travaillons ensemble à aider et guérir des âmes. Ma fille, ne te lasse jamais de les guérir.

(J'ai à nouveau été attaquée par les démons. Ils m'ont dit: «Vas-tu enfin disparaître d'ici?»)

— Vassula, viens, approche-Moi, aie Mon Amour. Comprends-tu pourquoi ils te détestent? Tu arraches des mains du démon Mes âmes bien-aimées en les ramenant à Moi!
— Seigneur, qu'en est-il de tout l'amour que d'autres personnes Te donnent, cela aide-t-il aussi?
— Oui! Tout amour est utilisé pour reconstituer et guérir les âmes. Mon Royaume s'étendra et ne fera que croître par l'amour donné. Je te dis en vérité que toutes Mes Souffrances

40. Cela doit se comprendre symboliquement: Dieu me donne la force d'écrire lorsqu'Il utilise ma main.

ne seront pas vaines. Avec une gloire infinie, Je prévaudrai sur tout mal. J'enflammerai chaque cœur en répandant ainsi Ma semence d'Amour et de Paix, unifiant Mes enfants. Ma Lumière sera répandue sur l'univers entier car telle est Ma Volonté. Honore-Moi Vassula en M'aimant. Baise Mes Mains.

(Je l'ai fait mystiquement, ainsi que sur une image. J'ai senti tant de bonheur émanant de Dieu... Dieu était si heureux!)

— **Glorifiez-Moi toujours, Je vous aime tous. Venez plus près de Moi, bien-aimés, car Mon Amour pour vous est plus grand que tout ce que vous pouvez imaginer.**

4 mars 1987

— Comme je me connais, tellement infidèle, j'ai peur que, par faiblesse, je puisse un jour T'abandonner. Quand j'y pense, c'est affreux! Je ne sais pas comment cela pourrait arriver, mais je ne veux pas que cela arrive, ou que Toi Tu m'abandonnes!
— **Vassula, Moi Yahvé, Je t'aime. T'ai-Je jamais abandonnée? Nous avons des liens ensemble, et étant liés l'un à l'autre, tu seras incapable de M'abandonner, vois-tu? J'ai pris soin de notre union, nous serons unis jusqu'à la fin, toi en ayant besoin de Moi et en M'aimant avec ferveur, et Moi libre de régner sur toi en t'aimant sans restriction, avec le désir constant de te délivrer pour Moi.**
— Mon Dieu, Tu as dit cela?
— **Je l'ai dit. Vas-tu Me poser ta question?**
— Je n'ose pas!
— **Pourquoi? N'aie pas peur de Moi.**

(Je savais qu'Il connaissait ma question; je ne voulais pas l'écrire.)

— Je T'en prie, mon Dieu!

— Viens, apprenons: Je suis le Tout-Puissant et Je sais ce qui est le mieux pour ton âme. Si l'un d'entre vous Me pose une question ou Me demande une faveur, Je lui répondrai. Ma réponse sera la meilleure dont l'âme peut se nourrir. C'est comme si Je choisissais parmi tous les fruits, le fruit idéal qui donnerait les meilleurs résultats pour l'âme.

As-tu entendu dire combien de fois Je peux pardonner?

— Oui Seigneur, mais certains livres disent que bien que Tu ne veuilles pas nous répondre (par voie surnaturelle), Tu le fais tout de même, mais comme cela Te déplaît, Tu en es fâché.

— Moi Yahvé, Je vous dis ceci: «Ma façon de penser n'est pas votre façon de penser et Mes Voies ne sont pas vos voies[41]». Vassula, Je suis un Dieu Tout-Miséricordieux, un Père Saint qui vous aime. Je connais vos besoins et vos faiblesses. Mon Amour pour vous tous est un Amour Jaloux. Venez, venez plus près de Moi. Moi Yahvé, Je saisis toutes les occasions pour vous atteindre.

— Mon Père, quand je suis avec Toi je me sens tant aimée de Toi et mon amour pour Toi ne fait que croître, et pourtant j'ai peur d'échouer puisque je suis pleine de péchés.

— Vassula, ne sais-Je pas tout cela? Tu es une pincée de poussière et si Je soufflais sur toi, tu disparaîtrais. Je sais combien tu es fragile, car après tout, tu n'es qu'une ombre passagère sur terre, et malgré ton néant et ta misère, Mes Yeux ne te quittent jamais. Je regarde tes faiblesses avec compassion et amour. N'aie pas peur car Je te fortifierai. Je prends tes péchés et te donne Mon Pardon. Vassula, n'en fais pas davantage aujourd'hui. Je t'appellerai demain. Aie Ma Paix.

---

41. La théorie du livre que je lisais était donc fausse.

5 mars 1987

— La Paix soit avec toi. Vassula, M'aimes-tu?

— Je T'aime Yahvé, mon Dieu, de tout mon cœur et je désire rester près de Toi.

— Je t'aime aussi. Je ne t'abandonnerai jamais. La Sagesse vient de Moi. N'oublie pas que tu étais dans l'Hadès et que J'ai laissé toutes les portes ouvertes. Vassula, Je suis Roi et Souverain de Paix et d'Amour. Devant toi Je Suis, révélant Ma Sainte Face à vous tous. Ceci est le commencement de Mon appel de Paix et d'Amour. Ma fille, Je t'instruirai davantage par la Sagesse. Je suis très content de toi. Réjouis-Moi en écoutant Mes appels et en les écrivant. Ne te lasse jamais d'écrire. Viens. Tout ne sera pas en vain. Je te donne Mes Bénédictions. Viens, appuie-toi sur Moi, glorifie-Moi en M'aimant, Ma fille. Cherche-Moi toujours, ne Me renie jamais, répare pour d'autres, accomplis Ma Parole. Aie Ma Paix Eternelle.

(Plus tard)

— Vassula, reste près de Moi. Je te rappellerai qu'étant ton Epoux, Je te fournirai en grande abondance tout ce qui te manque. Je t'aime. Chaque mot que Je dis sera écrit, nous travaillerons ensemble. Ne te lasse pas d'écrire.

(J'ai lu à Saint Michel Archange la prière composée par le pape Léon XIII . Saint Michel m'a répondu:)

— Par la puissance de Dieu, Moi Saint Michel, Je précipiterai en enfer Satan et tous les autres mauvais esprits qui ruinent les âmes.

(J'ai lu ensuite à la Sainte Vierge la prière de St Bernard, le «Souvenez-Vous». La Sainte Vierge m'a répondu:)

— Ma fille bien-aimée, Je t'aiderai. Aie Ma Paix Eternelle. Je suis près de toi jusqu'à la fin. Accomplis le Message, Vassula, accomplis la Parole de Dieu. Appuie-toi sur ton Père Saint, car Il est Tout-Puissant. Aime-Le et glorifie-Le. Feras-tu tout cela? Reste près de Nous. Je t'aime.

6 mars 1987

— Vassula, c'est Moi Jésus, ton Sauveur. As-tu faim?

— En fait, oui, Jésus, en ce moment j'ai faim.

— Aie toujours faim, aie faim de Mon Pain. Viens, Mon Pain est gratuit et quand tu Me mangeras, tu seras rassasiée.

— Jésus, je parlais du pain terrestre!

— Je sais, Vassula, mais lequel préférerais-tu avoir?

— Les deux, Jésus.

— Ton pain ne te satisfera qu'un moment seulement, mais en mangeant Mon Pain, tu seras rassasiée. Quiconque mangera de Mon Pain vivra pour toujours. Je te nourrirai, Vassula.

— Jésus, je T'aime.

— O Ma fille, comme Je soupire d'entendre ces mots de chaque lèvre! «Jésus, je T'aime!» Veux-tu sentir Mon Cœur? Regarde-Moi, Je suis en face de toi.

(J'ai regardé Son Cœur. Toute Sa Poitrine était illuminée!)

— Mon Cœur est enflammé d'un fervent Amour, Mon Cœur veut te consumer dans Son Amour, Mon Cœur veut te séduire pour être à Moi à jamais! Viens, Ma fille, appelle à l'Amour, appelle à la Paix, sois unie à Moi jusqu'à la fin. Viens, allons ranimer les autres. Aime-Moi de toute ton âme et de tout ton esprit pour pouvoir Me glorifier, bien-aimée.

— Jésus, T'aimer nous fait souffrir parce qu'on désire être avec Toi; je veux dire: être délivré de son propre corps et être près de Toi. C'est pourquoi aimer est une souffrance.

— Je souffre aussi à cause de Mon grand Amour que J'ai pour vous tous. J'ai cruellement souffert à cause de l'Amour, Je souffre encore quand Je ne reçois aucune réponse à l'Amour que J'ai pour vous. Peux-tu imaginer comment Je Me sens? Bien-aimée, J'ai besoin d'âmes qui M'aiment vraiment, des âmes qui puissent réparer pour celles qui M'ignorent. Dis-leur, fais-leur savoir comment on se sent d'aimer quelqu'un, pour qui J'ai donné Ma Vie par Amour et de qui Je ne reçois malgré tout aucune réponse, aucun amour! Ne te lasse pas de porter Ma Croix de Paix et d'Amour. En la portant pour Moi, cela repose Mon Ame fatiguée. J'ai besoin de Me reposer, bien-aimée.

— Jésus, je ferai ce que Tu voudras et j'essaierai de comprendre ce que Tu me dis.

(Dans la soirée, mon âme était oppressée et triste.)

7 mars 1987

— Vassula, Moi Jésus, Je t'aime. Bien-aimée, Je Me suis reposé. Viens, Je suis heureux. Crois-Moi, Je Me sens reposé! Travaillons avec amour et réparons. Viens, Je t'apprendrai à réparer. Je suis l'Elixir de Vie, Je suis la Résurrection.

— Jésus, comme je désire que chaque âme T'aime! Ce doit être terrible de ne pas avoir de réponse à un Amour aussi grand que le Tien!

— Vassula, Mon désir est déjà implanté dans ton âme. Ma fille, remplis-Moi de joie et apprends à dire «allons travailler», «faisons ceci ou cela», emploie le mot «nous», nous

sommes unis pour toujours! Fais-Moi plaisir en disant «Père, que Ta Volonté soit faite». Ne Me refuse rien. Ma fille, aujourd'hui tu Me suivras dans le domaine obscur de Mon ennemi, pour voir comment souffrent ces âmes qui M'ont refusé[42].

— Jésus, sont-elles perdues à jamais?

— Certaines le sont, mais beaucoup d'autres[43] sont sauvées par Moi, avec Mes bien-aimés qui réparent et font pénitence. N'aie pas peur car Ma Lumière te protège et Je suis avec toi.

(Je me suis vue sous terre. Cela ressemblait à une caverne sombre, éclairée uniquement par du feu. Il faisait humide et le sol collait aux pieds comme une mauvaise boue noire. J'ai vu plusieurs âmes alignées. Elles étaient attachées et seules leurs têtes étaient visibles: des visages à l'agonie. Il y avait un grand vacarme, comme des bruits de machines au travail mêlés à quantités de vociférations, martèlements et cris déchirants. Devant ces têtes, quelqu'un se tenait debout la main tendue et remplie de lave dont, de gauche et de droite, il éclaboussait les visages, qui étaient boursouflés par les brûlures. Ce personnage qui, je l'ai compris, était Satan a soudain remarqué notre présence, s'est tourné en criant: «Regardez-la!» Il a craché au sol avec dégoût et fureur. «Misérable ver!. Regardez-la! De nos jours, nous avons même des vers qui viennent nous sucer le sang. F... le camp!» Puis il m'a dit: «Regarde!» Et il s'est remis à jeter de la lave sur ces visages. Je les ai entendu crier: «Oh! laisse-nous mourir!» Et Satan, qui avait tout l'air d'un fou fulminant de rage, a crié: «Créatures de la terre, écoutez-moi: à moi vous viendrez!»

42. En enfer et aussi aux Purgatoires les plus proches de l'Enfer.
43. Même aux Purgatoires qui se trouvent aux portes de l'Enfer.

J'ai simplement pensé que, malgré ses menaces, il était fou d'imaginer qu'à la fin il gagnerait. Il a sûrement pu lire dans ma pensée car avec mépris et très menaçant, il a dit: «Je ne suis pas fou!» Alors avec un rire mauvais, il s'est tourné vers les âmes et leur a dit d'un ton ironique: «Avez-vous entendu? Elle m'a traité de fou!» et sarcastiquement: «Chères et bien-aimées âmes, je vous ferai payer ses paroles». En disant cela, il s'apprêtait à reprendre de la lave... Je me suis tournée désespérée vers Jésus pour Lui demander de faire quelque chose pour l'arrêter! Jésus a répondu: «Je vais l'arrêter». Au moment même où Satan a levé le bras pour jeter la lave, son bras est devenu douloureux et l'en a empêché. Il a crié de douleur en injuriant Jésus, puis il m'a dit: «Sorcière! Va-t-en! Oui, va-t-en, laisse-nous!» Près des portes de l'enfer, des voix d'âmes criaient: «Sauvez-nous! Sauvez-nous[44]!» Ensuite quelqu'un s'est approché de Satan, l'un des siens, à qui il a demandé: «Es-tu à ton travail? Fais-tu ce que je t'ai demandé de faire? Blesse-la, détruis-la, décourage-la». Je savais que là Satan parlait de moi. Il voulait que son sbire me décourage de rencontrer Jésus en m'inspirant des mots faux, ou en détruisant le message que je reçois. J'ai demandé à Jésus si nous pouvions partir. Il a dit:)

— Viens, partons. Je veux que tu mettes tout cela par écrit. Je vais te dicter. Sois près de Moi, bien-aimée. Je veux que Mes enfants comprennent que leurs âmes vivent et que le diable existe. Ce qui est écrit dans Mes Saintes Ecritures n'est pas un mythe. Satan existe et cherche à ruiner vos âmes. Je souffre de vous voir endormis et ignorants de son existence. Je viens vous donner des avertissements, vous donner des signes, mais combien d'entre vous liront Mes avertissements comme des contes de fées? Bien-aimés, Je suis votre Sauveur,

44. Avec des prières nous délivrons les âmes du Purgatoire.

ne reniez pas Ma Parole, revenez à Moi et sentez Mes angoisses d'amour que J'ai pour vous. Pourquoi, pourquoi êtes-vous si empressés de vous jeter aux pieds de Satan? Oh! venez! Vous tous qui ne croyez plus en Moi, venez vous tous qui M'avez abandonné! Venez et voyez, car maintenant c'est le moment d'écouter. Vous tous qui blessez Mon Ame, relevez-vous, ranimez-vous et voyez Ma Lumière. N'ayez pas peur de Moi, Je vous ai pardonné. Je prendrai vos péchés et Mon Sang les lavera. J'excuserai vos faiblesses et vous pardonnerai. Venez absorber la rosée de la droiture qui restaurera vos âmes, lesquelles vont tout droit à la perdition. Je viens vous chercher, Je viens à la recherche de Mes brebis perdues. Moi qui suis le Bon Berger, vous verrai-Je égarés en restant indifférent?

Vassula, es-tu disposée à prier pour tous ceux qui sont sur le chemin de la perdition?

— Maintenant, Jésus?

— Oui, maintenant.

— Je ne saurais quoi dire, Seigneur.

— Je vais t'apprendre. Ecoute-Moi et répète après Moi:

O Père Saint, par Ton Pouvoir et Ta Miséricorde,
je T'en supplie, rassemble toutes Tes brebis,
pardonne-leur et fais-les revenir
dans Ta Maison Bien-aimée.
Regarde-les comme Tes enfants et de Ta Main,
bénis-les.
Amen.

Vassula, viens dans Mon Cœur, car là se trouve une Paix profonde.

CAHIER 9

8 mars 1987

— Vassula, bien-aimée, Je veux te rappeler encore que Je ne te favorise pas plus que Mes autres enfants, car tes mérites sont nuls et ta dignité plus nulle encore à Mes Yeux, mais même ainsi Je t'aime. Je t'ai donné cette Grâce car c'est Ma Volonté. Sois Ma messagère et Je Me manifesterai à travers toi. Ne crois pas que Je Me contredise. Mon Amour pour toi est sans limite et tu es Ma bien-aimée, puisque Je t'ai choisie. Ne crois pas une minute, parce que Je te fais remarquer tes faiblesses, que Je t'aime moins. Je suis ton Père Saint qui te connais, et si Je ne te fais pas remarquer tes erreurs, qui donc le fera? Tu es Ma fleur fragile, que Je forme en te faisant puiser de Ma Force pour que tu puisses grandir, Vassula.
Je veux te rappeler que les révélations que J'insuffle en toi ne sont pas pour ton seul profit, mais aussi pour ceux qui ont désespérément besoin de Mon Pain. Je viens vous nourrir, vous tous qui avez faim. Mon message est un message de Paix et d'Amour, pour vous rappeler vos fondements et qui vous a créés.
Je viens vous dire que <u>Mon Corps est Mon Eglise,</u> OUI! Mon Eglise qui remplit toute la Création. Je viens montrer à ce monde Ma Miséricorde. Toi, Vassula, tu te trouvais parmi ces multitudes qui Me blessaient, qui n'ont jamais répondu à Mon Amour et Me remplissent d'amertume. Qu'y a-t-il de

plus amer, que de ne recevoir aucune réponse à un Amour aussi assoiffé et aussi grand que le Mien?
Au lieu de cela, dans ton désert, tu recherchais les plaisirs matériels quotidiens, les considérant comme des dieux, les idolâtrant, t'éloignant toujours plus de Moi, M'abreuvant d'amertume et blessant Mon Cœur, ce Cœur d'un Dieu vivant, tellement non-recherché et non-aimé de toi, un Dieu complètement oublié.
Ma fille, étais-Je si loin de toi?
Viens, viens sentir Mon Cœur. Mon Cœur vous appelle tous. Mes fils, Mes filles, venez... Venez plus près de Moi, revenez à Moi, permettez-Moi de vous étreindre, laissez-Moi vous plonger dans les profondeurs de Mon Cœur et laissez-Le vous engloutir et vous apporter une profonde Paix.
Venez, entrez dans Mon Domaine spirituel de Paix et d'Amour. Venez à Moi et mangez Mon Corps, car Mon Pain est pur et vous purifiera.
Mon Corps[45] vous appelle tant! Venez Me voir, Moi qui passe jour et nuit au Tabernacle à vous attendre pour vous nourrir. N'hésitez pas et n'ayez pas peur de Moi, ne Me désavouez pas. Pourquoi Me refusez-vous une place dans votre cœur? Venez Me connaître et vous M'aimerez, car comment pourriez-vous aimer quelqu'un que vous ne connaissez pas ou que vous ne connaissez qu'imparfaitement? Tâchez de bien Me connaître et vous M'aimerez avec ferveur.
Vassula, tu t'étais égarée et ainsi détachée de Moi, tu te détournais de la Vérité, transformant le bien en mal et en étant plus attirée par le mal que par le bien.
Venez donc, vous tous qui M'évitez toujours et présentez-Moi vos péchés pour que Je puisse vous les pardonner. Venez

45. L'Eucharistie.

vous nourrir de Moi, venez vider vos cœurs en Moi et laissez-Moi les remplir d'amour. Je sais que vous êtes faibles, mais permettez-Moi d'agir en vous tous. Donnez-Moi votre consentement, bien-aimés. Laissez-Moi déraciner toutes vos iniquités, les jeter loin et semer en vous Mes Graines de Paix et d'Amour. Laissez-Moi vous purifier.
Vassula, n'en fais pas plus, Je continuerai plus tard. N'oublie pas Ma Présence, rappelle-toi, toujours: Nous.
— J'y penserai, j'essaierai, Seigneur.
— **Allons.**
— Allons.

(Plus tard)

— **Venez faire Ma connaissance. Je ne suis pas hors d'atteinte. Nous marchons côte à côte. Vous vivez en Moi et Moi en vous, nous ne sommes jamais séparés. Jamais. Venez puiser à Ma Bonté Infinie et laissez votre inclémence se dissoudre dans Ma Pureté.**
O Ma fille, bien que beaucoup de Mes enfants bien-aimés soient sanctifiés par le Baptême, il n'y en a que très peu qui Me connaissent comme Je suis. Ils oublient de voir en Moi un Père aimant. Beaucoup d'entre eux M'abandonnent en pensant que Je suis hors d'atteinte. Beaucoup parmi eux M'imaginent à leur façon, M'attribuant de permanents sentiments de tendance méprisable. Certains ne pensent à Moi qu'avec peur, d'autres encore doutent de Mon Amour Infini.

(Ici, j'ai été interrompue. L'image du Saint Suaire que j'avais commandée vient de me parvenir. Je l'ai contemplée et ensuite j'ai recommencé à écrire tout en la regardant.)

— **Rappelle-toi, Je souffre encore. Vassula, comme Je suis abreuvé d'amertume! Pourquoi, pourquoi tant de Mes brebis**

sont-elles dispersées? Regarde-les. Mon Sacrifice a-t-il été en vain? Ma fille, comme Je suis chagriné! Comme Mon Ame est entièrement déchirée! Je souffre! Nourris Mes brebis et ne te lasse pas d'écrire.

— Non, Seigneur, je ne me lasserai pas.

— **Je te donnerai la Force dont tu auras besoin. Viens, travaillons, continuons. Je suis ton Maître. Remplis-Moi de joie en n'oubliant pas Ma Présence. Vassula, tu as senti Ma Présence. En effet J'étais assis au coin de ton lit.**

Laisse-Moi publier ce que J'ai écrit: c'est Moi Jésus.

Je suis assis maintenant, mais en cet instant même Je vais Me lever, puisque toi aussi tu vas te lever.

(Jésus avait à peine fini de dicter ces mots qu'on a frappé très fort à la porte. J'ai sursauté et me suis levée d'un bond. Je me suis alors retrouvée toute confuse: c'était mon employé de maison qui était venu me dire quelque chose...

Ce soir, Jésus avait fortement amplifié Sa Présence.)

— **Je t'aime. Ne te lasse pas d'écrire. Continue à Me donner la liberté de t'utiliser; c'est ce que Je désire.**

— Jésus, Tu es merveilleux!

— **Sois toujours gaie quand Je suis gai. Suis-Moi. Tu Me blesserais si tu oubliais Ma Présence. N'oublie jamais Ma Présence. Jamais!**

— Mais, Seigneur, c'est difficile! Parfois je dois conduire ma voiture, je dois me concentrer sur la route; je converse avec des amis sur différents sujets; j'aide mon fils dans ses devoirs; alors, comment puis-je avoir constamment Ta Présence dans ma pensée? C'est presque impossible!

— **Vassula, Ma fleur, quand tu es dans ces situations, tu dois seulement t'appliquer aux vertus en étant humble, dévouée,**

douce, affable, honnête, aimante. Oui, être vertueuse, c'est se souvenir de Moi.
Viens. Allons.
Je voudrais te faire comprendre que Je M'approche en effet d'une manière surnaturelle en vous donnant Mes messages. N'oublie pas que Je suis un Dieu de Miséricorde et, malgré ta misère et l'indifférence que tu avais pour Moi, Je t'aime. Je t'ai donné ce charisme pour que tu apprennes directement de Mes Lèvres. Vassula, à Me reposer dans ton cœur, Je Me sens bien.

(Plus tard)
(Je suis de nouveau envahie par une vague de doutes.)

— Viens, la souffrance te purifie, appuie-toi sur Moi, accepte de souffrir, répare, répare, répare pour d'autres. Viens, allons ranimer tous Mes enfants.

(Là, je me suis sentie tout à fait désespérée!)

— Mais, mon Dieu, je suis sans ressources. Comment pourrais-je faire quoi que ce soit?

(Jésus m'a dit très tendrement:)

— T'abandonnerai-Je jamais? Utilise Mes Graines et sèmeles en des champs qui produisent des fruits de Paix et d'Amour. Que Ma Parole soit connue de tous. Je serai tout le temps avec toi.
— Supposons qu'ils La refusent et qu'ils La mettent de côté, en doutant! Supposons qu'ils pensent qu'Elle n'est pas vraie; supposons qu'ils doutent qu'Elle vient de Toi!
— Ecoute-Moi, Ma Vassula, pourquoi as-tu peur? Toute la Création a été faite de Ma Main. As-tu oublié que Je suis Tout-Puissant? Toute la Création obéit à Ma Volonté. Petite,

Je suis le Très-Haut, glorifie-Moi, sois comme une fleur qui a besoin de Ma Lumière pour vivre.

17 mars 1987

(Jésus est apparu avec Sa Croix.)

— **Vassula, veux-tu maintenant porter Ma Croix?**
— Je fais selon Ta Volonté, Jésus.
— **Sens, sens comme Elle est lourde. J'ai besoin de Me reposer. Suis-Moi, viens plus près de Moi. Je vais décharger sur toi Ma précieuse Croix.**

(Plus tard, dans la journée, je me suis sentie indiciblement mélancolique, avec un grand besoin d'être soulagée par Jésus, mais sans parvenir à Le trouver.)

— **Tu as senti Mon immense fardeau sur toi. Ne refuse jamais Ma Croix. Mon fardeau est lourd. Vassula, ne cherche pas pourquoi Je t'élève à Moi**[46]**, laisse-Moi libre de faire ce qu'il Me plaira de toi, jusqu'à ce que Je vienne te délivrer. Bien-aimée, ta formation a son martyre. Chercher à connaître la vérité sans la trouver te cause un martyre. Souffre pour Moi. Souffrir purifie ton âme. Immole-toi à Moi et ne cherche pas à comprendre; crois seulement. Laisse-Moi libre d'agir en toi et, à travers toi, Je manifesterai Ma Parole, ainsi Je guérirai Mes enfants.**
Crois à Mon Amour Rédempteur. Ma Croix est lourde; oui, Je viendrai encore très souvent te La confier. Tu es Mon épouse, Ma bien-aimée et Ma fleur. En portant Ma Croix pour Moi, tu Me soulages.

46. Jésus me demande d'accepter tout ce qui arrive.

A l'intérieur de Mes révélations que J'insuffle en toi, se trouvent d'amères passions de tristesse, de douleurs et autres souffrances, qui s'écoulent du plus profond de Mon Ame. Approche et écoute encore une fois Mon Cœur et sens comme Il Se lacère. Sens comme Il vous cherche tous!

(Puis, comme si Jésus ne pouvait plus le contenir, un cri a jailli du plus profond de Son Ame douloureuse, comme s'Il était près de mourir de chagrin.)

— Création! que Mon Père a créée de Sa Propre Main! Pourquoi? Pourquoi Me donnes-tu tant de chagrin!!

(Puis Il S'est tourné vers moi, le Visage et le ton graves, Il m'a dit:)

— As-tu jamais pensé à Moi avant que Je vienne à toi?

(Je me suis sentie coupable.)

— Non, je n'avais jamais pensé à Toi.

(Jésus poursuit d'un ton grave:)

— Serais-tu venue à Moi si Moi Je ne t'avais pas cherchée et trouvée?

(Je me sentais encore plus coupable.)

— Je ne crois pas.
— Et maintenant, M'aimes-tu?
— Oui, Seigneur, je T'aime.
— Ma Formation t'a changée, n'est-ce pas?
— Oui[47], elle m'a changée.

47. Là, j'ai vraiment senti que je n'étais rien et que ce n'était pas pour mes mérites que Jésus m'avait approchée, puisque tout au début je L'avais presque repoussé!

— Veux-tu rassembler Mes enfants et les nourrir?

(Je me sentais sans ressources.)

— Mon Dieu, comment le pourrais-je; avec quels moyens?

(Je voudrais Lui être agréable, Lui rendre grâce, mais je n'y parviens pas.)

— Aie confiance en Moi. Laisse-Moi te guider, Vassula. Laisse-Moi rassembler Mes enfants. Je sais que tu es sans ressource, Je sais que tu es faible. Vois-tu, tu ne peux rien faire sans Moi. Aussi, Me laisseras-tu t'utiliser comme Mon instrument jusqu'à ce que J'aie achevé Mon Message?
— Oui, aussi longtemps que le message sera de Toi, Jésus.
— Je suis Jésus! Ne doute jamais. Ne te lasse pas d'écrire. Chaque Parole que Mes Lèvres prononceront te fera sentir Mes Plaies.
Je t'entraîne avec Moi au fond du domaine ténébreux de Mon ennemi, pour te montrer combien souffrent les âmes[48]. Je verse sur toi toutes Mes Souffrances qui Me blessent profondément. Mon prêtre, car tu es Mon prêtre, tu marcheras avec Moi, Je ne t'abandonnerai jamais. Ensemble nous partagerons Ma Croix, ensemble nous souffrirons, ensemble nous peinerons. Tu auras ton repos en Moi, et Moi en toi.

18 mars 1987

— Je t'ai appris à M'aimer et à Me reconnaître. Je t'ai montré Mes œuvres divines en t'ouvrant à tous les mystères de Mon Cœur, en te montrant Mon ineffable Miséricorde et en te purifiant pour que tu deviennes la source de Mes révélations

48. Quand Il m'a montré l'enfer.

et montrer au monde Ma Grâce. En effet, Je t'ai conféré tout Mon insatiable Amour, pour montrer à Mes enfants combien Je peux les aimer[49]. Néanmoins Je te rappelle que tu n'es guère différente de Mes autres enfants et que tu ne dois pas tenir caché cet enseignement. Je veux que Mes effusions couvrent ce monde, car telle est Ma Volonté.
Vassula, permets-Moi d'agir en toi comme il Me plaît. Viens maintenant Me consoler; oui, en M'aimant.
Je suis Yahvé, et c'est sur Moi que tu t'appuies et c'est à Moi que tu viens et médites. C'est Moi que tu invoques dans tes prières, alors, ne t'inquiète pas, puisque c'est Moi que tu adores et personne d'autre[50]. Mon désir est que tous Mes enfants reviennent à Moi. Ma fille, Je t'ai relevée pour ce message. Veux-tu accomplir Ma Parole, Vassula? Es-tu disposée à continuer à travailler pour Moi?
— Oui, Seigneur, tant que je reconnais que c'est de Yahvé.
— Petite, Je suis Yahvé! Aie Ma Paix, petite, et grandis. Ne te lasse jamais d'écrire. Permets-Moi de t'utiliser jusqu'à la fin de Mon message.
Petite, qui est ton Père?

(La question m'a surprise.)

— C'est Toi.
— Je suis. Tu es Ma semence, tu es Mienne.
Mes enfants se sont détournés de Moi et leurs cœurs sont glacés d'égoïsme. Ils M'ont oublié. Je veux leur demander: «Pourquoi Me repoussez-vous? Qu'ai-Je fait pour vous déplaire? Ai-Je jamais insinué que Je suis fâché contre vous?

---

49. Jésus me fait comprendre que je ne suis qu'un exemple de l'Amour qu'Il porte également à tous Ses autres enfants.
50. Il Se réfère à mes moments d'incertitude au sujet de ce message.

Pourquoi craignez-vous de Me faire face?» Bien-aimés, Je ne vous blâmerai pas pour vos péchés. Je vous pardonne maintenant. Je ne vous fermerai pas la porte au visage. En vérité, Je vous le dis, Je peux pardonner un million de fois et, Mes Bras ouverts, Je Me tiens devant vous en vous demandant de revenir à Moi pour sentir cet Amour que J'ai à vous donner. Laissez-Moi enflammer votre cœur.

Venez faire connaissance avec Moi! Venez, vous tous qui M'évitez et qui avez peur de Moi, vous tous qui ne Me connaissez pas, venez à Moi et vous comprendrez que Je suis un Dieu plein d'Amour, plein de Pitié et plein de Miséricorde. Ne Me rejetez pas avant même de Me connaître.

Mon Amour Surabondant vous offre une Grâce efficace pour savoir choisir entre le Bien et le Mal. Je vous ai donné la liberté de choisir, mais Je vous ai donné aussi des qualités pour faire de vous des êtres supérieurs. Je vous ai accordé des dons. Utilisez les dons que Je vous ai accordés et avec votre intellect et le cœur que Je vous ai donnés, comprenez et avancez en M'acceptant pour mieux Me connaître. J'ai illuminé vos cœurs, pour que vous puissiez M'aimer. C'est Moi qui vous ai donné cette Grâce. Accepterez-vous cette Grâce?

(Je me suis rappelée celle que j'étais avant de recevoir cet enseignement.)

— Mais Seigneur, certains n'ont pas eu la chance de Te connaître; personne ne leur a enseigné. Ce n'est pas vraiment de leur faute, n'est-ce pas? Alors, comment est-il même possible qu'ils pensent à Toi?

— Vassula, comme c'est vrai! Ma fille, Mon Eglise a besoin d'être vivifiée... Je suis venu pour consolider Mon Eglise, autrement des multitudes sont vouées à se perdre.

Vassula, Je reviendrai pour donner un message à Mes âmes dévouées. Laisse-Moi compléter Mes désirs auprès de Mes enfants qui se sont détournés de Moi.

Je suis la Source d'Amour et de cette Source S'écoule cet Amour Infini qui couvre toute la Création. Tout ce que Je vous demande est un retour d'amour. Beaucoup d'entre vous croient que Je suis un Dieu prompt à la colère et ainsi ont peur de Moi. Vous avez peur de M'approcher. D'autres croient que Je suis hors d'atteinte, jouissant seulement de Ma Gloire sans jamais Me soucier de vous et que Mes Yeux ne sont tournés que vers Mes dévots, se faisant ainsi une image d'un Dieu rempli de prédilection.

Ne savez-vous pas que plus vous êtes faibles et misérables, plus Je vous cherche et vous aime? Je suis Saint, mais Je veux aussi que vous compreniez que Je désire devenir intime avec vous et que vous M'ayez pour Saint Compagnon.

Vassula, connais-tu la parabole du fils prodigue?

— Oui, en partie.

— **Il a péché, mais comment son père l'a-t-il reçu?**

— Avec grande joie?

— **Plus que cela. Il l'a reçu avec un grand amour et il a célébré cet événement.**

Ne M'attristez pas, Mes bien-aimés, et revenez à Moi. Je ne vous refuserai pas. Je vous accueillerai dans Mes Bras. Revenez à Moi sans peur.

19 mars 1987

— **Je suis là. C'est Moi Jésus. Vassula, élève-toi vers Moi. Je veux que tu sois parfaite. Réjouis-Moi et deviens parfaite. Es-tu disposée à devenir parfaite?**

(J'étais interdite...)

— Je veux que tu sois parfaite, Je te le demande, Vassula.
— Mais, Seigneur, devenir parfaite est impossible dans l'état où je suis actuellement! Etre proche d'être bonne est déjà passablement pour moi...
— Vassula, Je t'apprendrai à être parfaite. Je te dis en vérité que ce n'est pas impossible, mais tu dois Me laisser te façonner. Abandonne-toi entièrement à Moi, et Je te formerai en ce que Je désire que tu sois.
— Jésus, je ne crois pas que je puisse jamais l'être! Je suis si difficile à modeler. Ce serait comme vouloir modeler un roc!
— Vassula, ah! Vassula, n'as-tu pas confiance en Moi? Je suis Dieu et Je peux façonner même les rocs, en toutes les formes que Je désire. Sais-tu pourquoi Je t'ai choisie?
— Oui, Seigneur.
— En voilà encore une raison: Je t'ai choisie parce que tu es faible et ta faiblesse Me ravit. Mon enfant, viens sentir Mon Cœur. Mon Cœur désire être aimé. Viens sentir Mon Cœur par ton esprit. Vassula, es-tu prête? Sens-Moi.

(J'étais pétrifiée.)

— Ne M'attriste pas. Viens Me sentir...
Tu ne Me sens pas.
— Non, je ne T'ai pas senti. Je n'ai pas eu le courage de le faire.
— Veux-tu Me confier ton problème?
— Maintenant, c'est pire.
— Pourquoi?
— Je ressens de la gêne, je me sens embarrassée, je me sens humiliée.
— Vassula, pourquoi? Ne M'attriste pas et dis-Moi ton problème.

— Je me suis sentie gênée de toucher Ton Cœur. Je me vois comme une lépreuse venant toucher une personne saine. Qui suis-je pour T'approcher ainsi?
— Chaque fois que tu te sens embarrassée, Je t'aime davantage. Ma fille, puisque nous sommes unis pour l'Eternité et que tu es Mienne, Je Me permettrai de pénétrer profondément dans ton cœur. T'épouser Me glorifie et te purifie. Nous sommes unis.
— Oui Seigneur, mais regarde à quoi Tu es uni!
— Je t'aime. Viens et appuie-toi sur Moi maintenant.

(Plus tard)

— Vassula, sens Mon Cœur.

(J'ai senti Son Cœur, qui était très chaud et palpitait du désir d'être aimé.)

— Tu ne dois pas être embarrassée de sentir Mon Cœur. C'est ton Dieu qui te demande ceci. Permets-Moi de t'utiliser comme Je le désire. Permets-Moi de t'embrasser.

(Je suis devenue soupçonneuse, pensant que ce pouvait être le démon qui voulait me faire tomber dans un de ses pièges.)

— Je suis le Seigneur Jésus-Christ. N'aie pas peur!

(J'étais toujours sur mes gardes. Je n'ai pourtant pas senti le démon autour de moi, mais je restais quand même soupçonneuse.)

— N'aie pas peur.

(Je ne pouvais pas me libérer; ce sentiment d'être une lépreuse me revenait. Je n'ai pas bougé.)

— Sais-tu combien Je t'aime?
— Oui, je sais, Jésus.

— Alors, pourquoi refuses-tu Mon Baiser?
— Parce que je ne suis pas digne d'un baiser de Toi.
— Vassula, ne t'ai-Je pas dit auparavant que tu ne dois rien Me refuser? Que M'as-tu répondu?
— Que je ne Te refuserai jamais rien.
— Oui. Alors pourquoi refuses-tu Mon Baiser? Vassula, ne Me refuse jamais. Si Je te demande quelque chose, c'est par Amour. Permets-Moi de t'embrasser, permets-Moi de le faire! Vas-tu Me le permettre, maintenant? Viens à Moi sentir Mon Baiser, un Baiser divin sur ton front. Es-tu prête?

(Jésus a baisé mon front. Il m'a laissée dans une sorte de ravissement de l'esprit. Comment pourrais-je l'exprimer? Il m'a laissé un extraordinaire sentiment de paix dans l'âme. Ma respiration paraissait traverser les poumons et envahir entièrement mon corps, me donnant le sentiment que j'étais transformée en air pur.
Jésus m'a alors dit:)

— Je t'aime.

(Les deux jours suivants, je me suis sentie vide, transparente comme du verre, du cristal.)

20 mars 1987

— Vassula, laisse-Moi te dire une chose: Aime-Moi jusqu'à la fin, car la fin sera douce et Je serai avec toi.
— Comme Tu as dû souffrir!
— Mes Souffrances n'ont pas été en vain, Je vous ai délivrés du Mal.
— Je désire tellement que Tu sois heureux, au moins quelquefois.
— Je suis heureux quand Je suis parmi Mes bien-aimés.

— Te rendent-ils heureux?

— Oui, ils soulagent Mes Peines.

— C'est dommage qu'on ne soit pas deux mille ans plus tôt, pour pouvoir être avec Toi.

— Je suis toujours parmi vous, Ma fille.

— Jésus, depuis que j'ai reçu Ton Baiser sur le front[51], je me sens dissoute en Toi, comme rendue transparente, et je me sens incroyablement apaisée!

— Je suis Paix. Je te donnerai toujours Ma Paix. Intègre tout ton être en Moi et Je te dissoudrai en Moi. Ah! Vassula, viens toujours vers Moi sentir Ma Paix. Es-tu toujours disposée à Me laisser te former?

— Oui, Jésus, toujours.

— Oui, laisse-Moi libre de faire ce que Je veux de toi. Je te façonnerai en un être pur et dévoué uniquement à Mes intérêts. Tu résisteras à des épreuves avec Ma Force et uniquement pour Mes intérêts. Ma Parole sera comme un ruisseau qui coule, qui s'amplifie, se précipite et déborde jusqu'à se transformer en un océan, un océan de Paix et d'Amour.

(Plus tard)

— Vassula, pourquoi ne Me loues-tu jamais? Je suis le Seigneur qui t'ai sauvée des ténèbres. Réalise qui tu es: parmi les plus misérables créatures, tu es de loin la pire d'entre elles.

(J'ai soupiré.)

— Je t'aime quand même. Vassula, loue-Moi pour t'avoir libérée.

---

51. La veille, au soir.

(Je réfléchissais à ce que je devais dire...)

— Dis ceci:

Mon Dieu, je T'aime.
C'est par l'abondance de Ton Amour
et de Ta Miséricorde
que Tu m'as montré Ta Lumière.
Béni soit Ton Saint Nom. Amen.

J'ai répété Ses paroles.

21 mars 1987

— C'est Moi Jésus. Vassula, veux-tu t'entraîner, bien-aimée, à Me discerner par ton esprit? Vassula, regarde-Moi.

(Je L'ai regardé.)

— Oui, c'est bien.
— Tu as posé Tes Mains sur le bureau?
— Oui.
— Maintenant, Tu as croisé les Bras?
— Oui.
— Maintenant Tu as levé un Bras, Tu as approché la Main de Ton Visage et posé Ton index sur Ta Joue, sans bouger l'autre Bras, comme si Tu réfléchissais?
— Bien! Je vais intensifier Ma Présence. Vassula, regarde-Moi.
— Tu as un livre que Tu as sorti du côté gauche de Ta cape avec Ta Main droite?
— J'ai un livre.
— Il n'est pas très grand.

— Exactement. Tu discernes bien, Vassula. Regarde à l'intérieur et lis ce qu'il dit.

(J'essaie mais je n'y arrive pas bien.)

— Il y est écrit: «Mon autel, c'est toi...»

Jésus, je n'y arrive pas; je ne peux pas lire le reste!

— Essaie encore.

— «...Mon autel sur Lequel...» — Je n'y arrive pas, je crois que je lis faux.

— Petite, que ferais-tu sans Moi? Tu dois élever davantage ton âme vers Moi. Vassula, Je vais t'aider. Abandonne-toi entièrement à Moi, ne te décourage jamais. Je reviendrai plus tard avec Mon livre.

(Je me sentais découragée, croyant L'avoir déçu de n'avoir pas élevé suffisamment mon âme. J'avais peur que Sa Patience ait des limites, qu'Il Se lasse de moi et me remplace par une autre âme!)

— Vassula, tu ne dois plus jamais penser que Je te remplacerai; Me crois-tu? Viens, nous essaierons une autre fois. Essaie de Me discerner davantage par ton esprit comme tu l'as fait maintenant. Vassula, laisse ton être entier pénétrer en Moi et se dissoudre complètement en Moi. Aime-Moi et répare pour d'autres. Elève-toi. Je t'enseignerai à élever ton âme. Allons.

22 mars 1987

— La sérénité, c'est ce que J'aime. Tu travailleras avec sérénité et non avec hâte. Je suis revenu avec Mon livre.

— Qu'y a-t-il dans ce livre?

— J'y ai écrit des noms d'âmes, des âmes qui doivent ranimer Ma Flamme, la Flamme d'Amour. Veux-tu lire là où Je t'indique?

— Oui Seigneur. Je me suis tracassée au sujet de ce petit livre dans lequel je n'arrivais pas à lire.

— Je sais.

— Je peux voir la couverture. Est-elle souple et dorée, n'est-ce pas?

— Oui, sa couverture est dorée.
Regarde à l'intérieur et lis.

(J'ai lu:)

«Je ferai de toi Mon autel
sur lequel Je poserai
les brûlants désirs de Mon Cœur.
Ma Flamme vivra en toi.
Puise dans Mon Cœur pour remplir ton cœur.
Moi le Seigneur,
Je garderai Ma Flamme embrasée à tout jamais»

— Maintenant, veux-tu baiser Mon livre, Ma fille?

(J'ai baisé le Livre.)

— Je vais te le dire[52]: c'est une direction spirituelle pour Mes âmes choisies. Maintenant, tu le sais.

(Plus tard, la vague d'incertitude et de doutes m'a à nouveau envahie.)

— Vassula, n'aie pas peur. C'est Moi Jésus. Ecoute, Ma bien-aimée, toutes les formations ont aussi leurs souffrances. Pour

52. J'avais une question à l'esprit.

ta part, c'est l'incertitude qui te fait souffrir. Ne t'ai-Je pas dit que la souffrance purifie ton âme? Accepte-la et laisse-Moi libre de faire ce qui est mieux pour toi. Laisse-Moi agir en toi. Tu veux bien?
— J'accepte, du moment que c'est Toi, Jésus.
— **Je suis Jésus, ton Sauveur. Nous souffrirons ensemble et ensemble nous peinerons. Tiens, appuie-toi sur Moi. Viens, lisons ensemble.**

(Plus tard)

— **Je suis ici! Vis pour Moi, glorifie-Moi en M'aimant. Viens, tout cela est pour Mes intérêts d'Amour et de Paix, ne Me renie jamais.**
Le démon essaiera toujours d'interférer pour arrêter Mes Desseins, mais Je prévaudrai; alors aie confiance en Moi.
— Seigneur, puis-je me plaindre de certaines choses?
— **Sens-toi libre avec Moi, Vassula.**
— Je voudrais Te dire ce qui me trouble. Probablement tout ce que je pense ou dis est faux, aussi quoi que je fasse, je le ferai mal. En fait, je n'ai vraiment aucun soutien solide sur lequel m'appuyer; je suis là et j'écris des messages que je reçois de Toi. Toutefois, d'autres personnes que moi ont eu des révélations ou des messages venus de Toi, et ces personnes se trouvaient le plus souvent dans des monastères ou dans des couvents. Elles étaient entourées de religieux, de prêtres, d'évêques. Quand le surnaturel est intervenu dans la vie de ces personnes, elles ont été observées et suivies de près. Il leur a ainsi été facile de passer leurs écrits à leur supérieur et, de là, à l'évêque, puis au Pape. Ils se sont tous accordés à reconnaître que cela venait de Toi. J'ai probablement tort, mais il me semble qu'il était plus facile pour ces derniers d'accepter cela de quelqu'un de leur milieu, quelqu'un qu'ils connaissent bien. Alors ces écrits peuvent être

plus facilement édités, du moins en partie. Ces personnes sont agréées et sont ainsi soulagées, car un mot peut peser lourd.

Moi qui suis orthodoxe grecque, j'ai approché des prêtres qui se sont avérés être catholiques, sans y avoir attaché de l'importance, puisque nous sommes tous chrétiens. A l'heure actuelle, plusieurs prêtres ont pris connaissance de cette révélation et leurs avis sont tous très divergents.

L'un d'entre eux, jusqu'à ce jour, dit que c'est le démon, autrement dit, que je suis possédée, puisque cela vient d'un esprit. Mais moi, je sais que c'est de Toi, le Dieu Tout-Puissant. Il a lu quelques petits extrait, s'est fait une opinion et ne veut plus en démordre. Quand il comprendra que je ne suis pas possédée, peut-être me dira-t-il alors que c'est l'œuvre de mon subconscient. Tout, sauf que c'est de Toi.

La réaction d'un autre prêtre a été celle-ci: «Oui, continue à écrire, car c'est divin». Ce prêtre paraît donc croire que ce sont bien Tes Paroles, mais il est cependant trop occupé pour s'y intéresser réellement et suivre Ton Message.

C'est cela qui m'étonne: s'il croit que c'est de Toi, que cela vient de notre Dieu, pourquoi alors ne s'y intéresse-t-il pas passionnément?

J'ai mis au courant un troisième prêtre, qui m'a écoutée d'un air distrait tout en regardant sans cesse sa montre pour me dire ensuite: «Très bien, très bien, continue. C'est merveilleux!» Je l'ai invité à revenir me voir pour en discuter plus longuement: je ne l'ai jamais revu.

Un autre prêtre encore, après avoir lu deux pages, s'est contenté de dire qu'il ne voulait pas formuler d'opinion et que les catholiques doivent se méfier de ces choses car elles pourraient venir du diable[53]; non pas qu'il affirmait que c'était le cas, mais qu'il y avait lieu d'être «prudent».

Puisque tous ces prêtres sont unanimes sur au moins un point: que ces manifestations sont surnaturelles, pourquoi alors ne pas prendre ces écrits au sérieux, en essayant au moins de comprendre le phénomène, pour l'expliquer? Et pourtant eux aussi, surtout eux, sont à la recherche de Dieu!

Pourtant, enfin un autre prêtre m'a dit que ce sont des révélations du cœur et qu'elles viennent de Dieu. Il m'a conseillé de rechercher un prêtre mystique, pour me guider.

Ce que je crois comprendre, c'est que si j'avais été une des leurs, cela aurait été plus facile. N'étant pas de leur milieu, tout est plus compliqué et de plus, mon aspect physique et vestimentaire doit les choquer.

— Je suis Jésus. Vassula, appuie-toi sur Moi et repose-toi.

Ere, O ère! As-tu donné ton avis avant même de jeter un regard sur Ma Parole? Me glorifiant en apparence, ne Me ridiculises-tu pas involontairement, tout en croyant assurer Ma défense?

Vassula, Je t'aime, appuie-toi sur Moi, Ma bien-aimée.

— Seigneur, autre chose, encore. Lorsque j'ai des sentiments de doute envers tout cela, je suis certaine que je Te blesse. Si j'acceptais cela sans douter, alors que cela ne viendrait pas de Toi, je Te blesserais également. Quoi que je fasse, que je doute ou que je croie, je Te blesse! Je suis la dernière à vouloir Te blesser et cette incertitude me fait souffrir aussi.

— O Ma fille, ne t'afflige pas. Ne crois jamais que l'amour puisse Me blesser. Tu ne fais que te nourrir de Moi. Je suis Jésus, Jésus-Christ, et c'est Mon Pain que tu manges, âme!

---

53. Peut-être, mais pour combien de temps? Jusqu'à ce que les masses reviennent à Dieu? Car les masses bougent déjà et c'est le commencement.

O âme bien-aimée, ne t'afflige plus, crois-Moi, et sens-toi aimée de Moi.

— Pardonne-moi d'être aussi faible.

— **Je te pardonne pleinement. Sens combien Je t'aime. Ta faiblesse est ce qui M'attire le plus, ton ineffable faiblesse! Ta misère dépasse toute parole. Oh! viens là dans Mon Cœur, laisse ton âme s'annihiler entièrement en Moi. Sois Mon Ciel. Je t'aime. Aie maintenant Ma Paix.**

23 mars 1987

— **Rappelle-toi, Je suis Un, la Sainte Trinité est Une[54]. Je veux que notre union soit parfaite. Discerne-Moi attentivement. Oui, tu as bien vu, J'ai avec Moi deux alliances.**

— Elles sont argentées? Très brillantes!

— **Elles sont en pur or blanc.**

(Là j'ai cru que c'était le démon qui essayait de me tendre un piège. Comment cela se pouvait-il?)

— **Ecoute, Vassula, c'est Moi Jésus, n'aie pas peur. Bien-aimée, Je t'ai apporté cette alliance et maintenant Je veux que tu la portes. Reconnais-Moi.**

— Mais, est-ce possible?

— **Oui. Je bénis notre union! Bien-aimée, cet acte est un acte spirituel divin. En vérité, Je te le dis, ton âme est unie à Moi. Crois-Moi, Je sanctifierai notre mariage. Permets-Moi de mettre cette alliance à ton doigt[55]. Je t'aime, sens-Moi. Je t'aime et Je te bénis.**

54. Dans l'unité de l'essence.
55. Cette alliance n'est pas un objet matériel; cela est resté sur le plan mystique (n.d.t).

(Jésus a mis l'autre alliance à Son Doigt.)

— **Vois-tu? Que peux-tu encore discerner?**
— Je vois deux «cercles» attachés par un ruban.
— **Ces cercles, Je les pose sur nos têtes. Maintenant, nous sommes liés. Je couronne notre unité.**
— Jésus, beaucoup de personnes condamneront cela comme une fantaisie!
— **Pourquoi? Beaucoup viennent à Moi et M'épousent en Me glorifiant, et Je Me réjouis tellement d'être uni à elles! Vassula, Je t'ai relevée d'entre les morts, J'ai répandu Ma Lumière sur toi, J'ai fait attention à toi et t'ai consolée. Laisse-Moi donc libre de continuer Mes œuvres sur toi, Ma fille. Sois comme du plâtre mou, désireux d'être formé comme Je le désire. Laisse-toi libre dans Mes Mains et ne Me résiste pas.**
— Seigneur, je suis si heureuse, même trop, et j'ai si peur de me tromper!
— **Non, tu as bien discerné: Je t'aime au point que Je suis prêt à venir te chercher tout de suite. Je soupire à l'idée de te délivrer et de t'avoir près de Moi, mais Je t'ai créée pour ce message.**
— Seigneur, j'ai peur d'avoir peut-être mal compris et d'avoir offensé Ton Nom en pensant que Tu m'as donné une alliance, et que Tu nous as unis. Pourtant je suis sûre que...
— **Mon épouse, Ma misérable épouse, pourquoi as-tu peur de Moi? Ne Me fais pas de peine et approche-toi de Moi. Je t'aime. Appuie-toi sur Moi et rappelle-toi que c'est bien Moi qui ai sanctifié notre mariage. Ne t'inquiète pas, car c'est Moi Jésus. Laisse tes peurs et approche-Moi. J'ai senti ta main[56].**

56. Jésus a réagi aussitôt.

(En touchant Sa Sainte Face sur l'image du Saint Suaire, dans mon esprit, j'avais poussé gentiment Ses Cheveux du côté gauche, en arrière. Sa réaction immédiate m'a surprise!)

— Jésus, as-Tu vraiment senti ma main?
— Oui, Vassula. Réalises-tu que Je suis Dieu?
— Je suis désolée d'avoir fait cela.
— Ne le sois pas, sois intime avec Moi comme tu l'es. Viens, donne-Moi ta main et Je la garderai dans la Mienne.

(Là, Dieu m'a donné une vision.)

26 mars 1987

— Réjouis-Moi, Vassula, et comprends que Moi Dieu, Je suis Un. Je voudrais tellement te montrer un peu plus de Ma Gloire. Mon enfant, sais-tu comment le Ciel a été créé?
— Par Toi, à travers Toi.
— Oui, J'ai mesuré chaque largeur, hauteur et profondeur, et toutes dimensions sont parfaites. Chaque petite créature vivante vient de Moi et elle est vraiment Mienne. Toute vie vient de Moi, Mon Souffle est Vie.
Désires-tu apprendre davantage sur Mes œuvres divines?
— Oui, Seigneur.
— Alors faisons une promenade dans Ma Gloire.

(Je me suis trouvée en Présence de Dieu, me promenant dans un jardin splendide, très coloré, inondé de lumière, mais pas d'un soleil normal. En marchant, j'ai aperçu une énorme boule de lumière affleurant l'horizon. C'était comme un grand soleil, mais on pouvait le regarder sans se brûler les yeux.)

— Comment te sens-tu, Ma fille?
— C'est merveilleux et si étrange!

— Que vois-tu?
— Une sorte de soleil.
— Oui, c'est Ma Sainte Demeure. Et que vois-tu autour de cette Lumière?

(D'abord il me semblait voir des taches qui se déplaçaient autour de cette Lumière; puis elles se sont avérées être toute une légion de petits anges qui l'encerclaient. Il y en avait des millions.)

— Ce sont des chérubins qui encerclent Ma Gloire. Que vois-tu encore?
— Quelques marches qui conduisent à l'intérieur du «soleil»?
— Entrons dans cette Lumière. Es-tu prête? Enlève tes chaussures, car nous entrons sur un terrain sacré. Maintenant, nous sommes à l'intérieur de la Lumière.

(En entrant, je pensais que je me trouverais dans une lumière éclatante; mais non, tout était d'une reposante couleur bleue. Ce qui m'a frappée le plus, c'était le silence, un sentiment de paix et de sainteté. Nous étions à l'intérieur d'une sphère.)

— Oui, c'est une sphère.

(La «paroi» qui nous entourait n'était pas vraiment une paroi, mais était constituée d'êtres vivants, c'était des anges, c'était tapissé d'anges. Le «plafond» formait comme une voûte constituée d'anges tous bleus. Il y en avait des millions, des milliards, collés les uns aux autres, c'était de grands anges, les uns au dessus des autres, formant une «paroi» compacte.)

— Mes séraphins gardent ce lieu saint et M'adorent sans cesse. Peux-tu les entendre?

... Saint des Saints,
Saint est notre Dieu le Très-Haut...

— Combien y en a-t-il, Seigneur?
— Des milliers, Mon enfant. Sais-tu qui est celui-ci, si beau, avec l'épée en or?
— Je ne sais pas.

(J'en ai vu un qui différait des autres, car il avait un teint normal, des cheveux blonds jusqu'aux épaules, vêtu d'une longue robe étincelante et de la plus pure blancheur. Il tenait à la Main une très belle épée en or.)

— Vassula, l'épée est Ma Parole. Ma Parole est pure, Elle transperce et illumine.

(Soudain, le «plafond» arrondi s'est ouvert comme une fleur.)

— Regarde, petite, essaie de discerner. Je suis près de toi et Je t'aide. Maintenant, tu vas voir, au-dessus de toi, la Bataille Sainte qui est encore à venir. O Ma fille, regarde avec vigilance autour de toi et sache que le Mal existe. Vois-tu quelque chose?

(Quand ce «plafond» s'est ouvert comme une fleur, j'ai vu tout d'abord des chevaux aux yeux noirs, veloutés et féroces. Ensuite l'image s'est éloignée et j'ai vu le déroulement d'une bataille.)

— Mon Armée combattra Satan et ses suppôts, y compris tous ceux qui ont essayé de détruire Ma Loi. Rappelle-toi que Je suis l'Alpha et l'Oméga, le Premier et le Dernier; Ma Parole est Eternelle. Maintenant que vois-tu?
— Un reptile, comme un grand serpent, qui a été désarçonné d'un cheval.
— Ce dragon, sous la lance de Mon Saint, sera vaincu. Quand cela sera accompli, tous ses suppôts tomberont aussi. Vassula, Je vais maintenant te montrer Ma Cour de Jugement.

(J'ai vu une grande salle vide. Tout à coup, j'ai vu un groupe d'âmes dans un coin. C'est le bruit de leurs chaînes qui a attiré mon attention. Ces âmes paraissaient hagardes au-delà de toute description, tachées de noir comme par du charbon. Elles ne nous ont pas vus et paraissaient étonnées de leur environnement.)

— **Ecoute les trompettes; ce sont Mes anges qui M'annoncent. Donne-Moi ta main, car tu es Ma petite visiteuse. Oui, tout ange tombe prosterné devant Moi. As-tu vu cette multitude d'âmes? Elles viennent de sous terre[57]. Ce sont des âmes tourmentées qui ont été délivrées; elles étaient aux portes de Satan.**
— Qui les a délivrées?
— **C'est Moi, par Mes œuvres divines et par tous ceux qui réparent et M'aiment. Vois-tu pourquoi Je veux que tu M'aimes? Plus tu M'aimes profondément, meilleures sont leurs chances d'échapper aux griffes de Mon ennemi. Veux-tu savoir ce qu'il adviendra de ces âmes?**
— Oui, Seigneur, que deviendront-elles?
— **Laisse-Moi te le dire. Je les baptiserai de Mon Saint-Esprit et Je les libérerai complètement, car tant qu'elles n'ont pas été baptisées par le Saint-Esprit, elles ne pourront pas partager Mon Royaume.**
— Veux-Tu dire que ces âmes n'étaient pas baptisées?
— **Non, elles ne l'étaient pas.**
— Et elles le voudraient maintenant?
— **Oui, elles le veulent. Viens, Je vais t'expliquer; asseyons-nous. Ce que tu as vu n'était qu'une image. Elles n'étaient pas vraiment dans Ma salle. Les âmes ne sont jugées qu'à la Fin.**
— Si ces âmes n'étaient pas dans Ta salle, où étaient-elles alors?

57. Du purgatoire le plus proche des portes de l'enfer.

— Ces âmes étaient dans l'Hadès. Etant dans l'Hadès, elles sont impuissantes.
Lorsque vous Me choisissez et désirez Me suivre, vous êtes sauvés, mais si vous refusez de Me reconnaître, à cause de votre obstination, vous tomberez. Là où vous irez, ce sera un martyr sans fin. Je dois vous avertir tous, non que cela n'a pas été dit auparavant, mais quiconque blasphème le Saint-Esprit, ne sera jamais pardonné, car telle est Ma Loi. Baisse les yeux devant Moi, Mon enfant.

(J'ai baissé les yeux.)

— Laisse-Moi te bénir, Je pardonne tes péchés. Répète ces paroles:

Que le Seigneur et Dieu Tout-Puissant
soit Béni,
que Son Royaume règne en Eternelle Gloire,
que Son Saint Nom soit glorifié,
que Sa Parole pénètre
et repose dans chaque cœur. Amen.

Vassula, n'en fais pas davantage aujourd'hui, repose-toi. Demain, Je dicterai Mon message[58] au sujet de ceux qui Me représentent sans Me donner assez d'amour et sans puiser dans Mon Amour Infini. Ma fille, viens, tiens-Moi compagnie. J'ai besoin de Me reposer, rapproche-toi de Moi, partage Ma douleur.
— Mon Dieu, je ferai ce que Tu voudras, mais n'oublie pas qu'il y en a aussi beaucoup qui T'aiment profondément et n'oublie pas leurs sacrifices qui démontrent l'amour qu'ils ont pour Toi.

58. Soudain, j'ai senti Dieu rempli d'amertume.

— Oui, ils soulagent Mes chagrins et adoucissent Mes Plaies, mais J'ai besoin d'un plus grand nombre d'âmes comme celles-ci, prêtes à réparer et à diffuser Mon Amour Infini et à l'étendre comme la brume. Je désire qu'ils ouvrent leur cœur et Me reçoivent. Je remplirai leurs cœurs de Mon Amour et quand leur cœur débordera d'amour, ils pourront répandre cet amour et nourrir Mes agneaux. Bien-aimée, veux-tu Me laisser reposer en toi?

— Oui, mon Dieu.

— Veux-tu te reposer en Moi?

— Oui, mon Dieu, je le ferai.

— Alors viens, Je t'aime.

— Je T'aime aussi, mon Dieu.

CAHIER 10

27 mars 1987

— **Vassula, Je t'aime.**

— Je T'aime aussi, Jésus.

— **Comme Je désire que tous Mes prêtres soient saints, puisqu'ils Me représentent! Je leur souhaite de devenir purs, saints, humbles et miséricordieux. Je veux qu'ils Me permettent de verser dans leur cœur l'Amour surabondant du Mien. Je veux qu'ils puisent davantage des Richesses de Mon Cœur et remplissent leur cœur, l'imprégnant afin qu'il déborde, diffusant ainsi Mon Cœur partout dans le monde.**

Il est nécessaire qu'ils cherchent à comprendre et à aimer Mes agneaux[59] pour les guérir. Mais pour pouvoir le faire, ils doivent apprendre à M'aimer autant que Je les ai aimés. Ils doivent apprendre à aimer Mes enfants comme Je les aime; ils doivent honorer Mon Eglise. Je désire l'amour, Vassula, dis-leur, fais-leur savoir que Mes Lèvres sont desséchées et assoiffées d'amour.

A quoi servent sacrifices et rituels si leurs cœurs sont pétrifiés et arides! Je désire fertiliser ce désert par l'Intégrité. J'ai besoin de chaleur, J'ai besoin d'une flamme vivante, de la pureté, du zèle et d'un amour ardent. Alors, n'hésitez pas à

59. Les agneaux symbolisent les laïcs et les brebis, les prêtres.

puiser dans Mon Amour Infini et à remplir vos cœurs. Tout ce que Je vous demande c'est de la fidélité, de la pureté et de l'amour. Venez, venez et repentez-vous à Moi. Venez changer vos vies. Je vous exalterai et vous Me recevrez. Je veux vous rappeler Mes Voies.

Je vous ai donné tant de messages et de signes; signes que vous ignorez. Avez-vous oublié Mes Paroles? Ne soyez pas surpris des faibles instruments dont Je Me sers pour faire connaître Mes Paroles. Je pourrais prendre n'importe quelle pierre et la changer en un de Mes serviteurs dévoués! Certains d'entre vous chercheront des preuves que c'est Moi Jésus, qui donne ce message. N'ai-Je pas dit que Je répandrai Mon Esprit sur toute chair et que Mes fils et Mes filles prophétiseront tous, que Je produirai des signes dans le Ciel et sur la terre? Mes Voies ne sont pas vos voies et Mes Signes ne sont pas vos signes.

Je révèle à nouveau Ma Face, mais combien parmi vous croiront? Je gémis de douleur, J'étouffe, Je suffoque en regardant Ma semence remplie de paroles mortes.

Fidélité! Est-ce ceci que vous appelez être fidèle, quand vos cœurs sont morts? Venez, venez absorber de Mon Cœur. Je vous demande solennellement de vous repentir et de réparer. Aimez-Moi purement et honorez Ma Sainte Eucharistie. Oui, vous tous, qui vous estimez justes et pieux, venez changer vos cœurs, ouvrez vos cœurs pour Me recevoir et, quand vous l'aurez fait, J'ôterai le voile de vos yeux et J'ouvrirai votre ouïe.

Vassula, Je te dicterai demain. Tu peux te reposer. Bien-aimée, M'as-tu discerné quand J'écrivais?

— Oui, Seigneur. Tu étais derrière mon épaule droite, n'est-ce-pas?

— Oui, J'étais là. Oui, maintenant Je suis en face de toi, Vassula. Oui, sens Ma Présence comme tu le fais. N'aie pas peur, Je serai près de toi. Viens, reposons-nous l'un en l'autre.

30 mars 1987

— C'est Moi Jésus-Christ. Toutes les révélations sont de Moi. Puise en Moi. Une fleur est en train de grandir près de Moi, en puisant de Moi. Ma fleur, puise tandis que tu grandis, absorbe de Moi, viens, Je t'aime.

— Jésus, sans le vouloir, j'utilise un langage qui n'est pas respectueux quand je Te parle. C'est mon langage de tous les jours et je n'en connais pas d'autre. En lisant des écrits de religieuses, la façon dont elles Te parlent est très différente de la mienne. Peut-être avaient-elles été enseignées? Je ne veux pas être vulgaire, mais c'est mon cœur qui parle.

- Vassula, Je pardonne ton ignorance. Je t'enseignerai, tu es en train d'apprendre. Tu es en train de réaliser combien tu es misérable, néanmoins Je t'aime. La misère M'attire, puisque Je peux t'offrir Ma Miséricorde. Je t'ai choisie pour montrer au monde Ma Clémence.

— Je ne suis pas fière d'avoir été choisie en raison de mes mauvaises qualités et non pour mes mérites. Je me sens un peu comme Judas... Je représente sûrement le monde moderne.

— Lo[60], Vassula, tu n'es pas comme Judas. Tu es faible, ignorante et misérable au-delà des paroles; tu es Ma bien-aimée que J'ai sanctifiée. J'ai pris soin de notre union, puisque tu étais incapable de le faire. Mon désir est de te former, Je t'ai unie à Moi en te demandant d'être Mon épouse.

60. «Lo» signifie «non» en hébreu.

— Jésus, j'ai appris que les religieuses T'«épousent» vraiment.

— Oui, elles viennent à Moi et deviennent Mes épouses. Je Me réjouis en elles! Tu ignorais que tu pouvais être Mon épouse et être unie à Moi, alors, J'ai pris soin de notre union, tu vois? J'ai sanctifié notre mariage en mettant une alliance à ton doigt. Travaille avec Moi et rappelle-toi que Je suis Saint. N'oublie jamais cela[61].

3 avril 1987

— Je te regarde. Rappelle-toi que nous sommes unis. Je suis Yahvé et Je t'aime.

— Je T'aime aussi, Seigneur!

— Nourris-toi de Moi. Je vous aime tous. J'ai dit que Mon Royaume sur terre sera comme Il est dans le Ciel. Je déracinerai tout mal et Je fortifierai Mes serviteurs dévoués. Je suis Yahvé et Ma Parole est sûre, n'aie pas peur, petite, car c'est Moi qui guide. Je suis le Très-Haut. J'offrirai Mon Pain à toute l'humanité, apaisant ainsi sa faim, mais Je veux d'elle un retour d'amour. J'ai soif d'amour. Dis-leur, fais-leur savoir combien Mes Lèvres sont desséchées par la soif.

(J'ai discerné Jésus. Sa Présence était nette, Ses Lèvres étaient sèches, fendues et boursouflées. Il avait de la difficulté à parler, parce que Sa Bouche était sèche et Sa Langue pouvait à peine articuler. On aurait dit qu'Il revenait d'un désert où Il avait été privé d'eau pendant plusieurs jours. C'était une image pitoyable.)

61. Jésus a tout arrangé pour que je sois à Lui.

4 avril 1987

(Pendant mon séjour en Suisse, je regardais les gens et leur façon de vivre. Beaucoup, comme partout ailleurs, ont des problèmes quotidiens, certains plus que d'autres. Beaucoup semblent mécontents et en pleine lutte. Je n'avais jamais remarqué cela avant l'approche de Dieu.)

— Oui, Vassula, Je veux que tu voies tout, Je veux que tu regardes et que tu écoutes tout ce qu'ils disent. Je suis triste d'entendre et de regarder Mes agneaux. Pourquoi M'ont-ils oublié alors que Je suis leur Consolateur? Je peux les consoler. Ils peuvent se tourner vers Moi.

(Ici, je me demandais si c'était Yahvé ou Jésus.)

— Vassula, Je suis Un. Je suis Un[62]! Vassula, Je suis Dieu qui vous ai donné la Vie. J'ai établi Ma Parole. Je suis venu sur terre en chair. Je suis Un. La Sainte Trinité est Une. Je suis Un[63].

(Je pensais justement interroger des prêtres à ce sujet.)

— Avec Moi tu apprendras.

(Plus tard)

— Ma fille, quand tu comprendras combien le monde est devenu indifférent envers Moi, tu comprendras Mon amertume. Mon Calice de Miséricorde est plein et Mon Calice de Justice l'est aussi. Ils Me peinent, ils M'abreuvent d'amertume en créant des révolutions[64] et en se rebellant contre

62. Cela est également vrai pour Sa Parole.
63. Dans l'unité de l'essence.
64. J'ai pensé qu'il pouvait s'agir de révolutions sur le plan religieux.

Moi et contre Ma Loi. Je suis le même Dieu Vivant, mais Mon peuple ne connaît plus la crainte, il Me défie, il Me provoque! Les créer a été pour Moi un délice. Pourquoi se rebellent-ils contre Moi? Vers qui peuvent-ils se tourner? Je souffre. Où croient-ils se diriger? Mon Corps est fatigué et blessé, Mon Corps a besoin de Se reposer et d'être apaisé.

— Te réfères-Tu à l'Eglise, Seigneur?

— Oui, Mon Corps est l'Eglise. Vassula, Je veux consolider Mon Eglise, Je veux unir tous Mes prêtres, comme une armée, une armée de salut. Mes brebis sont dispersées, tous les prêtres doivent s'unir.

— Mon Dieu, personnellement, j'ai été baptisée dans l'Eglise orthodoxe grecque. A qui Te réfères-Tu, mon Seigneur? Aux catholiques, aux protestants, à d'autres religions ou à des sectes? Si j'ose Te le demander, c'est parce que cela existe.

— O Vassula, Vassula, Je suis Un. Moi Dieu, Je suis Unique. Mes enfants sont tous créés de Ma Main. Pourquoi sont-ils tous dispersés? Je désire l'Unité[65]. Je veux que Mes enfants s'unissent. Je suis Un Dieu Unique et ils doivent comprendre que la Sainte Trinité est toute en Un! Le Saint-Esprit, le Père Saint et Jésus-Christ le Fils, tous Trois sont Un[66].

Vassula, accroche-toi à Moi, apprends de Moi.

— Mon Dieu, et qu'en est-il de la Lumière?

— Je suis la Lumière, Je suis Un.

65. L'Unité! Je n'ose même pas évoquer tout haut ce que sont les désirs de Dieu! J'ai compris...
66. Dans l'unité de l'essence.

5 avril 1987

— Vassula, Je t'aime infiniment. Je vais te faire sentir Mon Amour en te faisant sentir Mon Cœur.

(J'ai posé ma main sur la Poitrine de Jésus et j'ai senti Son Cœur palpiter très fort.)

— Chaque battement de Mon Cœur est un appel pour une âme. J'ai soupiré pour que Mes bien-aimés M'entendent et M'approchent.
Aujourd'hui, J'ai pris l'essence de ton amour pour Moi, pour l'utiliser à guérir une âme.

(Je L'ai senti...)

— Créature, vis dans Ma Lumière[67]**.**
— Je T'aime, Seigneur.
— Femme, vis en Moi[68]**.**
— Apprends-moi à T'aimer davantage.
— Bien aimée, viens, laisse-Moi te cacher dans Mon Cœur[69]**. Travaille avec Moi, ne te lasse jamais d'écrire. N'oublie pas Ma Présence.**

6 avril 1987

(Deux semaines avant Pâques.)

— Vassula, prépare-toi à Mes tourments, dévoue-toi à Moi. Tu sentiras Mes souffrances. Je te prépare pour Ma Crucifixion. Je souffrirai, mais tu partageras Mes Souffrances,

67. Le ton du Seigneur était sévère.
68. Le ton du Seigneur s'est fait plus doux.
69. Le ton du Seigneur était devenu très tendre, plein d'amour.

bien-aimée, tu sentiras Mon angoisse et Mes Plaies. Souffriras-tu pour Moi?
— Je ferai Ta Volonté.
— Viens, reposons-nous l'Un en l'autre.

7 avril 1987

(Je sens que le message m'écrase et que je suis seule avec la Parole de Dieu, qui pèse lourdement sur moi, sans savoir où m'en décharger. Je ne sais que faire! Je me sens démunie au-delà de toute expression, et seule, seule avec ce fardeau.)

— Vassula, t'ai-Je jamais abandonnée? Je suis Dieu. Appuie-toi sur Moi; aie confiance en Moi.
— Je le devrais, oui, mais il y a des moments où cela me dépasse. C'est plus fort que moi, je me sens responsable.
— Mon enfant, aie de la patience, aie confiance en Moi, viens vers Moi, Je te réconforterai.
— Je T'aime, Père, au-delà des mots.

(J'ai senti à quel point Il était prêt à me consoler.)

— Je t'aime, Ma fille. Mes Souffrances, Je te les ferai sentir quand Ma Crucifixion approchera. Je viendrai à toi et te laisserai Mes Clous et Ma Couronne d'Epines. Je te donnerai Ma Croix. Bien-aimée, partage Mes Souffrances avec Moi. Ton âme sentira les angoisses que J'ai eues, tes mains et tes pieds sentiront les douleurs atroces que J'ai subies. Vassula, Je t'aime et, puisque tu es Mon épouse, Je désire partager tout ce que J'ai avec toi. Crois-Moi, tu seras avec Moi. Vassula, n'aie pas peur, car Moi Jésus, Je suis avec toi. Viens, tu comprendras par étapes, comment J'œuvre. Aie Ma Paix, bien-aimée. J'ai préparé une place pour toi.

8 avril 1987

(Aujourd'hui j'ai une foule de choses à faire, mais je ne peux m'empêcher de venir à Dieu. Alors j'ai vite demandé à Jésus:)

— Un mot, Jésus, juste un mot!
— Un mot, Vassula?
«AMOUR».
— Je T'aime!

(Quand je Lui ai dit «un mot», je m'attendais quand même à une petite phrase...)

9 avril 1987

(Pendant mon séjour en Suisse, je me demandais où serait un jour mon foyer; nous cherchions toujours, hésitant longuement.)

— Sens Ma Présence.

(J'ai vu Jésus qui me montrait Son Cœur)

— Ta demeure est là... juste au milieu de Mon Cœur! Ma fille, glorifie-Moi en attirant à Moi des âmes.
(Ma sœur aînée a lu les messages pour la première fois. L'effet a été tel qu'elle a réparé une querelle familiale qui durait depuis huit ans. A son retour chez elle, à Rhodes, elle a montré les messages à son mari. La nuit, il a lu les cahiers 5 et 6. Ne pouvant dormir, il a fait une prière pour demander à Dieu de lui pardonner ses péchés.
C'est alors qu'il lui a été donné une vision semblable à celle que j'ai eue le 26 mars 1987. Il s'est alors soudain senti transporté dans un très beau jardin. Il a vu une petite lumière avancer vers lui, comme une chandelle. Cette lumière grandissait de plus en plus, jusqu'à devenir ce «soleil» formé de millions d'anges. Dieu l'y a

fait entrer, comme moi. Lorsqu'il a senti si proche la présence de Dieu, il a été pris d'un tremblement et s'est mis à pleurer. Ensuite, la lumière l'a enveloppé et il a demandé: «Jésus, est-ce Toi?»
Il a réveillé ma sœur pour lui raconter ce qui lui est arrivé. Elle était stupéfaite. Ils étaient impatients d'être au matin pour pouvoir me raconter cela.
Plus tard, en Suisse, j'ai trouvé un livre qui avait pour titre «Le livre d'Enoch». Avant d'offrir ce livre à ma sœur, je l'ai ouvert au hasard par curiosité et suis tombée sur un passage où Enoch parle d'une de ses visions, celle de la Lumière. La description qu'il en faisait était identique à ma vision du 26 mars 1987. Dieu a ainsi voulu me confirmer la réalité de ma vision!)

— J'aime Mes agneaux. Unis Mes agneaux. Celui qui lira Mon message, mangera de Mon Pain. Ceux qui auront un signe de Moi seront ceux que Je désire éclairer par Ma Grâce[70].

 **Dessine Mon Signe:**

ΙΧΘΥΣ ichthys

Vassula, commence à résumer l'enseignement et à recopier Mon message[71]. Je te guiderai en t'éclairant. Tout ce qui a été répété l'a été pour ton éducation; tu en avais besoin. Mon message doit s'appeler Paix et Amour.

(C'est terrible, je suis trop réaliste, trop sceptique. Aujourd'hui, je ne peux pas m'empêcher d'avoir à nouveau des doutes. Pourquoi suis-je si inconstante? Pourtant je sais très bien que je ne peux pas contrôler ma main et que je perds tout pouvoir quand Dieu en

70. Dieu m'a fait comprendre qu'à ceux qui lisent Son message et qui ont des doutes, Il leur donnera un signe de Sa Grâce, pour les attirer à Lui, parfois par un parfum d'encens, ou par une vision.
71. C'est ce que j'ai fait; et pourtant, j'ai été critiquée pour avoir fait cela.

«prend» possession. Il peut jeter le crayon hors de ma main, comme Il peut le guider en l'effleurant à peine! Tout cela m'arrive à moi! Il m'a donné tant de preuves et, pourtant, voilà que j'ai des doutes, encore, et maintes fois! Avec la crainte de conduire tout le monde dans l'erreur!)

— Bien-aimée! Je suis Yahvé, donne-Moi tes faiblesses et laisse Ma Force les annihiler.

(Quelle patience Dieu doit avoir avec moi pour me supporter... Je crois que je suis la cause principale de mes propres doutes parce que je me connais et je me compare à ceux qui ont connu l'approche surnaturelle de Dieu et ont reçu des messages: comme ils étaient bons et dévoués! C'est ce qui me frappe. C'est comme si on comparait la nuit avec le jour. J'admets pourtant une chose positive: au moins j'aime Dieu profondément et sur ce point personne ne pourra me dire que c'est le fruit de mon imagination, ou, comme un prêtre me l'a dit, que même cela le démon peut nous le mettre dans la tête! Si j'avais la faiblesse de prendre au sérieux tout ce que j'entends, je craquerais.
Aujourd'hui, une dame, qui commence à étudier Freud, m'a dit que tout ceci pourrait se trouver dans mon subconscient: un complexe d'amour pour Dieu! Aimer Dieu signifie donc être malade psychiquement!
Sa théorie ou celle de Freud ne m'affecte pas du tout. Dieu m'a avertie à propos de ces théories par lesquelles je serai accusée. De plus, je n'aime pas particulièrement Freud, qui était athée et pour qui nous ne sommes que matière. Même Jung l'a abandonné!)

— Mon enfant, les gens ont toujours jugé de façon humaine; Je suis un Dieu plein de Miséricorde et d'Amour, mais si peu compris...

— Mais, Seigneur, Tu as choisi quelqu'un qui n'est pas bon, c'est la raison pour laquelle j'ai parfois des doutes!

— Tu es Ma fille, aussi! J'aime même les plus misérables parmi vous.

10 avril 1987

— Souviens-toi, Ma Crucifixion a duré des heures. J'ai souffert plusieurs heures; beaucoup de Mon Sang a coulé. Je t'aime, viens Me consoler en M'aimant.

(Jésus semblait triste et aspirait à être consolé. Ces jours, Jésus m'a constamment rappelé Sa Crucifixion en m'en donnant des visions. Je sens parfois si pleinement Sa Présence que j'ai l'impression concrète de Le toucher et même de sentir le déplacement d'air produit par chacun de Ses mouvements!)

16 avril 1987

(Jeudi-Saint, j'ai assisté à la liturgie orthodoxe de la vénération de la Sainte Croix. Après la procession, la Croix est dressée au milieu de l'église et tous les fidèles défilent pour la vénérer d'un baiser. Cela faisait 15 ans que je n'étais pas retournée à l'église. Après la liturgie, Jésus m'a dit:)

— Vassula, J'étais Présent dans Mon église; Je marchais devant Ma Croix. Je Me suis arrêté quelques secondes devant toi[72]. Ma fille, toutes ces années, J'ai attendu que tu sois dans Mon église tant aimée[73].

— Seigneur et Sauveur, Tu m'as vraiment cherchée, trouvée et amenée à Toi et à Ton église. Cela fait des années... Tu as attendu des années!

— Je suis resté devant Ma Croix et chaque personne qui est venue M'adorer, Je l'ai bénie.

17 avril 1987 - *Vendredi-Saint*

(A la fin de la Divine Liturgie du Vendredi-Saint, le prêtre a distribué aux fidèles les fleurs qui recouvraient la Tombe de Jésus. Alors qu'il a donné des bouquets, je n'ai reçu, quant à moi, que trois fleurs. J'ai interprété cela comme un signe de Dieu pour me rappeler le Mystère de la Sainte Trinité.
Deux jours se sont écoulés sans que j'écrive avec Dieu et cela m'a terriblement manqué, parce que lorsque j'écris, comme dans une méditation, je suis en contact avec Dieu et je Le sens intensément.)

— Mon Dieu, il y a si longtemps!
— Combien de temps?
— Deux jours!
— Deux jours, Vassula? Et Moi qui t'ai attendue pendant des années, que devrais-Je dire alors?
— Je suis sans paroles, Jésus. Je regrette de T'avoir blessé. Pardonne-moi!
— Viens, Je te pardonne. Tout ce que Je désire de Mes âmes bien-aimées, c'est de Me laisser saisir leur cœur rien que quelques minutes et Me permettre d'y verser Mon Amour surabondant.

72. Pendant la procession de la Croix, le prêtre devait faire le tour de l'église en portant une grande Croix de près de deux mètres de hauteur. Comme il faisait très sombre dans l'église, le prêtre ne voyait pas bien où il marchait. Etrangement, il s'est arrêté quelques secondes devant moi avant de continuer; ma cousine, qui était avec moi, a bien remarqué cela.
73. Je n'étais pas retournée dans cette église, ni dans aucune autre, depuis le baptême de mon fils aîné, il y a 15 ans.

*(Jésus a dit cela avec tant de tendresse et d'amour!
Quand Dieu m'approche pour me donner un important et long message, le démon ou les esprits mauvais m'attaquent. Je ne le sens pas physiquement, mais tout ce qu'il lui est permis de faire, c'est d'interférer par écrit. Il m'insulte et me maudit de cette façon. Depuis que Dieu m'a enseigné à distinguer la différence et à reconnaître Ses Paroles, je peux même empêcher le démon d'achever les siennes, ce qui le met en fureur. Si quelque chose échappe à mon attention, Dieu me bloque la main et je ne peux pas l'écrire. Ces attaques sont d'autant plus fortes que le message que Dieu S'apprête à écrire est important. J'ai compris maintenant les façons d'agir du démon... Aussi je ne renonce pas, bien qu'il m'arrive de me sentir désespérée.)*

Paris, au temps de Pâques.

(Quand, en regardant le message, l'Archimandrite m'a dit «C'est un miracle», j'ai également pensé combien c'est magnifique, merveilleux, que Dieu nous donne un Message. Mais, d'un autre côté, combien cela est terrible. Terrible, parce que ce Message nous révèle un Dieu affligé, un Dieu souffrant. Dieu nous donne un message où Il agonise, où Il est malheureux et abandonné de la plupart. C'est un message triste.)

— Mon âme a-t-elle fait quelques progrès auprès de Toi, Jésus?

— Vassula, Moi, Jésus, Je suis devant toi et, en effet, tu grandis. Je t'ai relevée d'entre les morts et Je t'ai nourrie. Tu manges Mon Pain. Ma Lumière brille sur toi. Je suis ton Maître et tu apprends de la Sagesse.

— Jésus, Tu me rappelles souvent de rester petite et n'être rien. Maintenant, Tu me dis que je grandis?

— Oui, tu dois grandir en esprit, en amour, en modestie, en humilité, en fidélité; laisse toutes les vertus grandir en toi. Néanmoins, reste exempte de vanité, de méchanceté et de toutes les pratiques répugnantes et détestables à Mes Yeux. Je veux que tu deviennes parfaite.

23 avril 1987

(Parfois je me demande ce qu'est la liberté. Avant l'appel de Dieu, je me considérais aussi «libre». J'avais une vie familiale harmonieuse et n'avais aucune sérieuse responsabilité, aucun souci tel que ce message qui m'écrase, mais j'étais alors très éloignée de Dieu. Soudain, Dieu m'a saisie. Au début, cela ne m'a pas plu, puisque je n'avais pas d'amour pour Lui, mais en peu de temps, en trois mois, Il m'a prêchée et m'a enseigné à L'aimer. Maintenant, huit mois plus tard, le message est presque entièrement achevé[74]*. Cette révélation me pèse et je cherche comment je pourrais m'en décharger; elle est si lourde à assumer! Qu'est-ce que la liberté? Le poids en est intolérable!)*

— Moi le Seigneur, Je vais t'apprendre ce qu'est la liberté. Ecris: La liberté c'est quand ton âme se détache des sollicitudes du monde et s'envole vers Moi, vient à Moi.

Moi Dieu, Je suis venu te libérer. Tu es libre maintenant. Quand tu étais attachée au monde, Vassula, tu étais prisonnière de toutes ses tentations. Mais ton âme, maintenant, comme une colombe, a été libérée. Tu étais en cage, bien-aimée, en cage... Laisse ton âme voler librement, laisse-la sentir cette liberté que J'ai donnée à toutes Mes âmes, mais que beaucoup d'entre elles refusent comme une Grâce offerte

74. Je le croyais alors!

par Moi. Ne te laisse pas attraper pour être à nouveau liée et mise en cage; Je t'ai libérée. Tandis que Je passais, Je t'ai vue dans ta cage, dépérissant et près de t'éteindre, Vassula. Comment Mon Cœur pouvait-Il voir cela et ne pas te racheter? Je suis venu briser ta cage mais, tu étais incapable d'utiliser tes ailes, tant étaient graves tes blessures! Alors, Je t'ai portée dans Ma Demeure, te guérissant tendrement pour te permettre de voler à nouveau. Et maintenant, Mon Cœur Se réjouit tant de voir Ma petite colombe voler librement et être où elle aurait dû être depuis le début[75]!

Moi le Seigneur, Je t'ai délivrée, Je t'ai restaurée, Je t'ai libérée de ta misère. Mes Yeux ne te perdent plus de vue. Je surveille Ma colombe qui vole librement, sachant que tu retourneras toujours vers Moi, car tu reconnais ton Sauveur et Maître. Ton âme a besoin de Ma chaleur et, tu sais que ta demeure maintenant est au centre de Mon Cœur, où J'ai depuis toujours désiré que tu sois. Tu M'appartiens maintenant et Je suis ton Maître qui t'aime.

(La pensée de me trouver en Suisse me fit craindre de rechuter.)

— Vassula, Je ne te laisserai pas te souiller de nouveau. N'aie pas peur, Je serai toujours près de toi pour te purifier. J'ai Mes raisons pour que tu sois là-bas.

(J'essayai de deviner les raisons de Dieu, puis je les Lui demandai.)

— Je veux que Mes Graines soient semées en Europe. Sois Ma semeuse, Vassula. Vis, Vassula, parmi des gens qui Me blessent. Que tes yeux voient tout et observent ce que Ma

75. Jésus disait tout cela avec une immense joie, en respirant profondément.

Création est devenue; que ton cœur sente comme Je compte peu pour eux; que tes oreilles entendent combien Ma Création Me profane et Me blesse. Ton âme ne se révoltera-t-elle pas? Resteras-tu sans te récrier pour Moi, quand tu verras et comprendras comme Mon peuple M'a oublié?
Vassula, ton âme sera exposée à la méchanceté, à l'indifférence, aux profondeurs de l'iniquité et aux abîmes infâmes du péché du monde. Comme une colombe tu les survoleras, tu observeras le monde et verras toute action avec amertume. Tu seras Ma victime, tu seras Ma cible. Comme des chasseurs à la poursuite de leur gibier, ils te chasseront et dégaineront leurs armes à ta poursuite. Ils te mettront à haut prix pour quiconque te détruira.
— Seigneur! Que m'arrivera-t-il?
— **Je vais te le dire, Ma fille: tout ne sera pas en vain. Les ombres sur terre se dissipent et s'éloignent. L'argile sera toujours emportée avec les premières gouttes de pluie, mais ton âme ne mourra jamais.**
Moi le Seigneur, Je te rappelle quelle fut ta réponse à Ma question. Je t'ai demandé une fois: «Quelle maison est plus importante, ta maison ou Ma Maison?» Tu as répondu correctement en disant que Ma Maison est plus importante.
— Oui, je l'ai dit.
— **Je te garderai toujours dans Mon Cœur, Je t'aime.**
— Je T'aime aussi.
— **Allons, n'oublie pas Ma Présence!**

26 avril 1987

— **Laisse-Moi te dire, Ma bien-aimée, que J'ai conçu Mes Desseins avant que tu naisses. Nous travaillerons toujours ensemble, le veux-tu?**

— Je le veux, si Tu m'acceptes, dans mon incapacité, mon Dieu.

— Je t'aime Vassula, Je t'aiderai. Cette dernière semaine, tu as été attaquée et tourmentée par le démon. Néanmoins, J'ai écrit avec toi chaque parole que J'ai voulue. Je t'ai protégée.

— Lorsque le démon m'injuriait?

— Oui, pendant qu'il t'injuriait d'une façon infamante, Moi Je te bénissais; Je t'ai protégée.

(Plus tard)

— Laisse-Moi te dire, Vassula, que moins tu es, plus Je serai. Permets-Moi d'agir en toi et de faire Ma Volonté en toi. Ne sois rien. Ne te sens rien et laisse-Moi être tout, pour que Ma Parole atteigne les extrémités du monde, et que Mes œuvres de Paix et d'Amour séduisent chaque cœur. Permets-Moi de te rappeler ta misère, afin qu'en te la rappelant, cela t'empêche de t'exalter des Grâces que Je te donne.
Sois Mon autel pur... Pêcheur d'hommes, étends Mon Filet de Paix et d'Amour partout dans le monde, ensuite tire-le et laisse-Moi Me réjouir de Sa prise! Quand J'étais en chair sur la terre, J'ai enseigné à un petit groupe d'hommes à devenir pêcheurs d'hommes. Je les ai laissés dans le monde pour répandre Ma Parole à toute l'humanité. Moi le Seigneur Jésus, Je t'instruirai et te montrerai comment ce travail a été fait.

(Que pourrais-je dire, comment pourrais-je faire quoi que ce soit, à plus forte raison une mission pareille! Je sens que le message pèse de plus en plus chaque jour. J'aimerais satisfaire Dieu, mais avec quels moyens? Je n'entrevois qu'une montagne devant moi, et tout le poids de l'enseignement sur moi.)

— Je porte Ma Croix ensemble avec toi. Oui, en effet, Elle est lourde mais ne te lasse pas, car Moi le Seigneur, Je t'aide. Reste près de Moi, Je ne t'abandonnerai pas.

(C'est quand même beaucoup. Jésus m'encourage à continuer.)

— Vassula, ne t'ai-Je pas aidée jusqu'ici? Alors, pourquoi t'abandonnerai-Je? Appuie-toi complètement sur Moi, aie confiance en Moi. Ce que J'ai commencé et béni, Je l'achèverai.

27 avril 1987

— Vassula, Je suis le Seigneur, debout devant toi.

(Jésus était là, souriant et me faisant discerner Son apparence: De Ses deux Mains, Il tenait ouverte Sa cape pour me montrer Son Cœur. Sa Poitrine était illuminée.)

— Entre dans Mon Cœur, pénètre, et laisse-Le t'engloutir. Laisse Mon Cœur ravir ton cœur, l'enflammant pour qu'il demeure ardent et rayonne Ma Paix et Mon Amour. Viens, soyons ensemble, permets-Moi d'être ton Saint Compagnon. Le veux-tu, Ma fille?

(Je me sens incapable de L'approcher. Qui suis-je, moi, pour L'approcher?
Je réalise à quel point je suis indigne. Comment peut-on même se permettre d'oser parler à Dieu? Nous qui sommes une bande de pécheurs ingrats! Oser Lui demander des faveurs, n'en parlons pas et encore moins de s'entretenir en conversation avec Lui! Nous sommes si misérables et indignes! J'en suis malade! J'ai bien envie de me mettre un bâillon, et là, en Sa Présence, j'ai mis un voile entre Lui et moi.)

— Ma fille, qu'as-tu fait? Pourquoi, Ma fille, pourquoi?
— Pour Te respecter, mon Seigneur.

(Je vis du Pain dans Sa Main.)

— Je veux que tu manges. Prends Mon Pain, petite. Tu dois retirer ce voile pour prendre Mon Pain[76]. Viens, Je vais enlever cette séparation... Tiens, prends Mon Pain, approche!

(J'ai pris le Pain de Sa Main.)

— Réalises-tu comme Je Me réjouis de te nourrir?

(Jésus était heureux et plein d'Amour.)

— Peux-tu sentir Ma joie, Vassula? Donne-Moi tes faiblesses et ta misère pour que Je les anéantisse dans Ma Force et Ma Miséricorde. Petite colombe, vole librement, mais reviens-Moi toujours et prends Mon Pain, Je t'aime.
— Je T'aime aussi, Seigneur.

(Après cela, pendant toute la journée, j'ai senti Son Amour sur moi. Comment pourrais-je le définir? Un état d'extase? Dans cet état, j'ai senti Sa Présence plus profondément que d'habitude.)

Plus tard:

— Tu as vu Mon Saint Sanctuaire où nous avons pénétré et J'ai permis à tes yeux de voir Mon Saint Sanctuaire gardé par Mes Séraphins. Aujourd'hui Je vais te montrer ce que J'ai à l'intérieur de Mon Saint Sanctuaire. Vois-tu ce rayon puissant dirigé sur Mes Saintes Ecritures?
— Oui, Seigneur!

---

76. Sa Parole évangélique. Tout est symbolique.

— Ce sont Mes plus Saintes Ecritures, écrites avant de vous avoir créés. Mon Saint Livre contient les secrets et les clefs de Mes Cieux et de toute Ma Création. Près de Mon Saint Livre, J'ai placé deux Archanges qui gardent ardemment Mes Saintes Ecritures. Viens, Je vais te montrer davantage Ma Gloire, petite.

(Dieu m'a amenée à un endroit où je me suis sentie mal à l'aise.)

— Vois-tu cette montagne de feu?

(Elle paraissait belle mais menaçante.)

— De son flanc, coulent deux rivières; elles sont toutes les deux de feu.

(Cela ressemblait à des rivières de lave, mais d'un rouge plus clair.)

— Moi le Seigneur, Je séparerai, au jour de Mon Jugement, les mauvaises âmes des bonnes âmes. Puis, tous les serviteurs de Satan seront jetés dans ces deux rivières de feu et périront sous les yeux-mêmes des justes.

Vassula, Je permettrai à tes yeux de voir plus de Mes Cieux, car il y en a encore plusieurs derrière Mon Saint Sanctuaire. Créature, Ma Volonté sera faite, car Je suis Dieu Yahvé Sabaoth. Laisse-Moi libre d'agir en toi, nous travaillerons ensemble avec amour jusqu'à ce que J'établisse Mes œuvres et, quand Je l'aurai fait, Je reviendrai avec Mon Saint Livre, et Je t'en ferai lire un passage que tu écriras, scellant ainsi Mon Message de Paix et d'Amour.

(Au milieu de la nuit, j'ai été réveillée par un grand cri qui venait de Jésus sur la Croix. Cet appel était chargé d'angoisse, de

souffrance, et de peine, il était douloureux et amer. C'était comme un très fort et long gémissement!)

29 avril 1987

(Le lendemain matin.)

— Je suis le Seigneur Jésus. Tu as entendu Mon Cri; c'était Moi. Il t'a réveillée[77]. J'ai crié de Ma Croix. C'était Mon dernier grand cri, que J'ai poussé quand J'étais encore en chair; un cri chargé de souffrance, de peine et d'amertume, résonnant des profondeurs de Mon Ame, perçant les hauteurs des Cieux. Il a ébranlé les fondations de la terre et a fendu en deux les cœurs de ceux qui M'aimaient, comme il a déchiré le voile du Temple. Il a suscité de dévoués serviteurs à Ma suite, comme il a réveillé les morts de leur tombe, balayant la terre qui les couvrait, comme il a renversé le Mal. Un grand tonnerre a secoué jusqu'aux Cieux mêmes, et chaque ange, en tremblant, est tombé prosterné et M'a adoré dans un silence total. Ma Mère, debout, toute proche de Moi, en entendant Mon Cri, est tombée à genoux sur le sol, couvrant Son Visage en larmes. Elle a porté en Elle ce dernier Cri jusqu'au jour de Sa mort... Elle a souffert... Je suis abreuvé d'amertume, souffrant toujours des nombreuses iniquités du monde, de la méchanceté, de l'irrespect de la loi et de l'égoïsme. Mon Cri s'amplifie de jour en jour. J'ai été laissé seul sur Ma Croix, seul à porter les péchés du monde sur Mes Epaules, seul à souffrir, seul à mourir, versant Mon Sang qui a couvert le monde entier, vous rachetant, Mes bien-aimés. Ce même Cri est maintenant sur terre comme

77. Au sens matériel, mais aussi au sens symbolique.

un écho du passé. Est-ce que Je vis dans les ombres du passé? Mon Sacrifice a-t-Il été en vain? Comment pouvez-vous alors ne pas entendre Mon Cri de la Croix? Pourquoi fermez-vous vos oreilles et Le faites-vous disparaître?

— Seigneur, pour qui est ce message?

— Pour tous ceux qui ont des oreilles pour entendre Mon Cri.

(J'ai été émue d'apprendre comme Il a souffert tout seul et combien Il souffre encore.)

— Mon Dieu, j'accepte d'être comme Tu m'as dit dans Ton message du 23 avril: Tu désires que je sois Ta victime, Ta cible; laisse-moi porter Ta Croix pour Toi et laisse-moi Te donner du repos. Laisse-moi Te réconforter. Je ne suis pas seule, contrairement à ce que j'ai dit[78]. Je suis avec Toi!

— Je t'aime, petite colombe. Je t'ai gâtée avec toutes Mes Grâces. Permets-Moi de t'utiliser pour Mes propres intérêts et pour Ma propre Gloire. Ne retiens rien pour toi même, et ne considère que Mes propres intérêts. Glorifie-Moi, travaille pour Moi, ajoute Mes Souffrances à tes souffrances.

— Je voudrais tant que le monde entier loue Ton Nom et que sa voix T'atteigne.

— L'Unité fortifiera Mon Eglise. L'Unité Me glorifiera. Vassula, aime-Moi.

— Enseigne-moi à T'aimer comme Tu le veux, Seigneur.

— Je le ferai. Je ne t'abandonnerai pas. Ne te lasse pas de porter Ma Croix; Je suis près de toi, bien-aimée, La partageant.

---

78. Je retire ce que j'ai dit (au début du message du 7.04.87).

30 avril 1987

— Jésus, aujourd'hui je voudrais Te demander, si Tu veux, de me donner un message spécial pour une personne qui est mourante.

— Mourante[79]? Elle n'est pas mourante. Son âme sera libérée; elle sera libérée et elle vivra! Elle viendra à Moi. Son âme sera libre. Ecris-lui et dis-lui comme Je cherche chaque âme, comme Je nourris des âmes affamées, comme Mon Pain donne la Vie Eternelle, comme Je restaure les malades. Qu'elle sache que Je suis l'Elixir de Vie et la Résurrection.

(Jésus m'a donné un message personnel pour cette personne.)

1er mai 1987

— Moi Dieu, Je te donnerai assez de Force pour te permettre d'accomplir Mes œuvres. Ne Me renie jamais, ne cherche pas tes propres intérêts, mais les Miens. Laisse-Moi libre de t'utiliser et de descendre sur terre par toi, pour faire connaître Ma Parole, jusqu'à ce que Je vienne te délivrer. Vassula, Je te prédirai ta fin. Jamais aucune de Mes âmes choisies n'a eu peur de la mort. Je te révélerais encore cinq de Mes Mystères. Viens, maintenant, et baise Mes cinq Plaies.

(J'ai baisé Ses Plaies, d'abord celles de Ses Mains, ensuite celles de Ses Pieds, puis la Plaie de Son Côté. Mais je ne comprends pas ce que Jésus entend par les «cinq mystères», en rapport avec Ses Cinq Plaies. J'ai appris à ne pas poser de questions superflues; je sais que, le moment venu, Il me le fera savoir.)

79. Jésus paraissait un peu étonné de mes paroles.

— Vassula, Je te dirai Mes secrets quand tu seras un peu plus avancée. Implore Mes faveurs et Je te les accorderai.

— Mon Dieu et Père, je voudrais Te demander une chose, et cela seulement pour Tes intérêts et Ta Gloire. Que Ton message atteigne les extrémités du monde et attire à Toi beaucoup de cœurs, que Ta Volonté soit faite et Ton Saint Nom glorifié. Que le Mal perde son emprise et soit écrasé à jamais. Voilà ce que je désire maintenant, et chaque fois que Tu entendras ma voix pour une faveur, que ce ne soit que pour Ta Gloire. Que toute faveur demandée par moi soit pour Tes intérêts, sans rien pour moi. Que toute la force que je demanderai soit pour Tes intérêts, Dieu Tout-Puissant.

— Petite, place tes pieds dans Mes empreintes et suis-Moi.

(Plus tard)

— C'est Moi Jésus.

— Jésus?

— Je suis. Bien-aimée, appelle-Moi «Epoux», et aussi «Père». Je t'aime. Viens, mettons-nous au travail[80]. Aime-Moi avec ferveur et répare pour d'autres qui Me blessent.

— Mon Dieu, j'étais en train de penser, comment pourrais-je être semblable à une colombe, volant au-dessus du monde méchant, si moi-même je suis mauvaise, pleine de péchés et dans le même état que tous les autres! Je serai incapable de tout voir et de tout entendre comme Tu me l'as dit, car je ne suis pas meilleure que ceux qui Te blessent...

— Vassula, sois en Moi. Tâche d'atteindre la pureté; puise dans Ma Pureté que J'offre; puise, aspire de Moi, absorbe-

80. Jésus a prononcé ces paroles avec une grâce et une sérénité dont Dieu seul est capable.

Moi. Je suis Abondance Infinie et toute âme peut puiser en Moi.

— En ayant reçu tant de Grâces, je pourrais devenir vaniteuse et le démon pourrait me tenter facilement!

— Je te rappellerai toujours ta misère et les ombres de ton passé, Je te rappellerai comme tu M'avais renié et comme tu avais rejeté Mon grand Amour quand Je t'ai approchée, comme Je t'ai trouvée morte parmi les morts, dans l'obscurité et comme, par Ma Miséricorde et Mon Amour, Je t'ai ranimée, en te portant sur Mon Cœur. Viens, nous allons prier:

Mon Père,
guide-moi où Ta Volonté veut que j'aille,
permets-moi de vivre dans Ta Lumière
et de réchauffer mon cœur
pour qu'il soit brûlant
et donne de la chaleur
à ceux qui m'approchent.
Béni soit Ton Nom
pour me donner toutes ces Grâces,
malgré mon néant.
Béni soit Ton Nom
pour le bien que Tu m'as fait
et la Miséricorde que Tu m'as montrée
en m'élevant près de Ton Cœur. Amen.

Répétons. Rappelle-toi que toutes les Grâces que Je te donne sont pour Mes propres intérêts; ne retiens rien pour toi. Glorifie-Moi en partageant Ma joie.

— Je voudrais pouvoir Te glorifier. Je voudrais que le monde loue Ton Nom. Puissent ses prières T'atteindre en s'élevant

comme de l'encens, et ses louanges résonner dans le Ciel, comme des coups frappés à Ta porte.
— **L'Amour vaincra le Mal. Aime-Moi de toute ton âme et de tout ton esprit. Laisse-Moi être Tout. Moi le Seigneur, Je te pourvoirai jusqu'à la fin.**
— Alors, prends-moi, bien que je ne sois rien, et fais de moi ce que Tu désires. Je suis à Toi.
— **Viens, laisse-Moi toujours Me réjouir en entendant ces paroles de total abandon. Je t'aime, Ma fille.**
— Je T'aime, Père.

2 mai 1987

— **Je suis Jésus!**
— Jésus, aux attaques du démon qui essaie de me décourager d'écrire, je sens que Tu es sur le point de me donner un important message!
— **J'ai un message pour ceux qui M'aiment**[81] **et immolent leur âme pour Moi; Je désire les encourager en leur donnant de la Force.**
Moi le Verbe, Je ferai connaître Mes Paroles à travers ce faible instrument, Je descendrai sur terre par ce message, pour faire briller Ma Lumière sur vous tous. Je vous bénis, bien-aimés de Mon Ame. Je vous aime!
Dans les profondeurs intimes de Mon Ame, J'ai une Flamme vivante et inextinguible. Je suis Pureté et Dévotion et un Abîme de Richesses. Mes bien-aimés, venez puiser en Moi et saturer vos cœurs, venez aspirer de Moi, venez pénétrer dans Mes Plaies ouvertes, venez immerger vos âmes dans Mon Sang! Buvez de Ma Source Vive pour que vous puissiez en

81. Toutes les âmes consacrées, celles qui L'aiment vraiment.

être submergés et irriguer ainsi ce désert désolé et guérir Mes agneaux. Puisez à cette Flamme vivante et laissez-la consumer vos cœurs!

Je vous aime à un degré que vos esprits ne pourront jamais saisir. Venez. Ne vous lassez pas de porter Ma Sainte Croix, car Je suis avec vous, La portant avec vous. Suivez-Moi et restez près de Moi; placez vos pieds dans Mes empreintes. Ne vous lassez pas de peiner et de souffrir. Glorifiez-Moi et que vos voix s'élèvent jusqu'au Ciel comme le doux arôme de l'encens.

Louez-Moi. Laissez-Moi Me réjouir et faire de vous Mes délices; laissez-Moi Me délecter de votre amour pour Moi. Remplissez votre cœur de cet Amour Infini et laissez-Le Se déverser sur Mes agneaux pour les guérir.

Que chaque créature vivante sur terre puisse sentir Ma chaleur, que chaque cœur froid et pétrifié fonde et se dissolve dans Ma Pureté, s'intégrant dans Mon Corps et devenant un avec Moi! Que chaque ombre du passé se ranime en une âme vivante, remplie d'Intégrité, de Paix et d'Amour. Faites un Eden de Ma Création!

Unissez-vous! Unissez-vous et ne soyez qu'un, car Moi Dieu, Je suis Un. L'Unité donne de la Force; unissez-vous. Soyez Mes semeurs dévoués, qui sèment Mes Graines de Paix et d'Amour. J'ai créé des Graines qui produiront un Ciel sur terre car Mon Royaume sur terre sera comme Il est au Ciel. Prenez Mes Graines qui se trouvent dans Mon Cœur, purifiées par Mon Sang, et dispersez-les partout. Je porte ces Graines, bien-aimés, et Je désire que vous entriez dans Mon Cœur pour les puiser. Recherchez l'Unité.

Je guérirai Mes fleurs, Je les parfumerai, Je les fleurirai, J'embellirai Mon Jardin, J'irriguerai vos cœurs, Je vous ranimerai. Création! Je vous aime! Je brillerai sur vous et laisserai Mes

chauds rayons dissoudre ces lourds nuages sombres, et les disperser au loin.
Ma Lumière les percera et toute obscurité et tout mal qui pesaient lourdement sur vous disparaîtront, cette obscurité qui ne vous apportait que faiblesse, misère et méchanceté.
Mes chauds rayons ranimeront toutes Mes fleurs et Je verserai du Ciel Ma Rosée de Droiture, de Sainteté, de Pureté, d'Intégrité, de Paix et d'Amour.
Je suis votre Dévoué Gardien avec un œil vigilant sur vous, rappelez-vous que Je suis la Lumière de ce monde. Je suis le Verbe. La Paix soit avec vous tous.
Glorifiez-Moi, appuyez-vous sur Moi, persévérez et ne vous lassez pas de porter Ma Croix, guérissant Mes enfants.
Ma Vassula, ne te lasse jamais d'écrire. Je t'aime. La Sagesse t'instruira.
— Je T'aime, Seigneur. Que Ta Volonté soit faite.

CAHIER 11

5 mai 1987

(Quand je sens l'Amour de Dieu sur moi, je chavire! Quand Il me dissout dans Son Corps et que Son Corps anéantit le mien, c'est alors que je me sens comme de l'air, comme étant vraiment esprit sans chair! Est-ce un état d'extase? Même ces mots ne peuvent pas expliquer complètement dans quel état me met Son Amour. Sa Grâce et Sa Bonté sont indescriptibles, comme sont indescriptibles la grandeur et la splendeur de Sa Sainteté. Et dire que moi, avant Son approche, je Le rejetais!)

— Vassula, viens à Moi. Mes cinq Plaies sont ouvertes. Vassula, pénètre dans Mes Plaies et sens Ma douleur. Viens et laisse Mon Sang te sanctifier dans Mes Plaies, glorifie-Moi. Je te guiderai, Ma fille. Je donne gratuitement, alors donne gratuitement aussi. Moi le Seigneur, Je reviendrai avec Mon Saint Livre.

(Jésus avait un petit livre avec Lui.)

— Discerne et lis où Je t'indique: Fiancée, bénie de Mon Ame, Ma fille, nourris Mes agneaux. Eparpille Mes Graines pour qu'elles produisent une récolte abondante, moissonne-la et donne Mon Pain gratuitement. Je suis le Pain de Vie. Nourris Mes brebis. Je suis toujours avec toi, jusqu'à la fin des temps.

(A ce moment, alors que j'étais en train de traduire en français ce cahier, que je reçois en anglais, Jésus a «pris» ma main pour écrire: «Bien-aimée, Je t'aime à la folie. Chaque fois que tu te donnes de la peine dans ta misère, Je te regarde, rempli d'Amour».)

— Mon Dieu, je Te remercie pour Ton enseignement. Je me sens aride avec un langage si démuni, mais je dois le mettre sur papier. Loué soit Ton Nom à jamais!

— Je t'aime, Je ne t'abandonnerai pas; nous travaillerons ensemble. Ne te lasse pas d'écrire. J'ai maintenant scellé Mon Message de Paix et d'Amour. Je te guiderai, Vassula. Viens à Moi.

— Je Te suivrai, Seigneur. Je T'aime.

— Laisse-Moi libre d'agir en toi.

— Seigneur, que Ta Volonté soit faite.

— Je t'instruirai par la Sagesse.

(Après ce message, j'ai senti Dieu en moi, et me suis sentie si fort en Lui que je ne pouvais plus me séparer de Lui.)

(Plus tard)

— Ma compagne, Je t'aime. Vassula, donne-Moi tout, donne-Moi tout ce que tu as.

— Je T'ai donné mon amour, je me suis donnée, j'ai détaché mes sentiments de la terre, je me suis livrée à Toi. Puis-je encore Te donner quelque chose?

— Ma fille, J'aime t'entendre te livrer à Moi. Permets-Moi d'être ton Ravisseur.

(Ce soir, je sentais Jésus si fort, que je pouvais voir distinctement Son Visage. Auparavant, il ne m'était pas facile de Le voir. Ce soir c'était intense. Il était plein d'une ardente ferveur, comme

quelqu'un animé de la fervente détermination de convaincre une personne hésitante.)

— Veux-tu baiser Mes Plaies?

(J'ai baisé Ses Plaies mystiquement. Puis, j'ai demandé à Jésus de S'asseoir sur la chaise près de moi. Toujours mystiquement, j'ai senti qu'Il l'a fait aussitôt. Il était en face de moi, Son Bras étendu sur la table, touchant ma main, sur mon cahier.)

— Ma fleur, dévoue-toi entièrement à Moi. Es-tu prête à M'écouter?
— Oui, Jésus.
— Fiancée, bénie de Mon Ame, J'ai donné gratuitement, alors donne gratuitement; unis-toi à Moi. Sois un avec Moi, regarde dans Mes Yeux.

(Je L'ai regardé dans les Yeux.)

— Jésus, que puis-je faire de plus?
— Aime-Moi.
— Mais je T'aime, je l'ai dit déjà plusieurs fois, et Tu sais que je suis sincère. Mon âme soupire pour Toi. Tu voulais que je sois détachée et je le suis devenue.
— Et Moi, Vassula, Je ne soupire pas pour toi[82]? Et Moi ton Dieu, Je ne souffre pas pour toi[83]? Bien-aimée, vis en Moi et Moi en toi, toi en Moi et Moi en toi, nous. Adapte-toi à Moi, unis-toi.
— Mais Tu nous a unis, Jésus, Tu l'as dit!
— Oui, Je l'ai fait.

---

82. C'est là que j'ai compris ce que cela veut dire: l'âme qui soupire pour son Dieu et Dieu qui soupire pour cette âme.
83. Dieu souffre de nous voir séparés de Lui par la chair qui emprisonne notre âme.

(Soudain je me suis sentie physiquement épuisée et j'ai demandé la permission de me retirer.)

— On s'arrête, Jésus?

— Ma fille, pourquoi?

— Je suis épuisée, Jésus.

— Bien-aimée, Je veux que tu restes, veux-tu rester?

(C'était la première fois que Jésus insistait.)

— Alors je reste...

— Mon Cœur est déchiré quand on Me laisse seul.

— Mais Tu es avec moi, nous sommes ensemble...

— Je suis avec toi maintenant, mais tu M'oublies très souvent. Laisse-Moi libre et laisse Mes Mains Divines te façonner comme Je le désire. Je te formerai à Mon Image. Laisse-Moi libre d'agir en toi. Je suis Jésus, et Jésus veut dire Sauveur! Ma fille, Je t'aime jalousement, Je te veux toute à Moi, Je veux que tout ce que tu fasses soit fait pour Moi, Je ne tolère pas de rival. Je veux que tu M'adores et vives pour Moi. Respire pour Moi, aime pour Moi, mange pour Moi, souris pour Moi, immole-toi pour Moi. Tout ce que tu feras, fais-le pour Moi. Je veux te consumer, Je veux t'enflammer à ne désirer <u>que Moi</u>. Pare-Moi de tes pétales, Ma fleur, couronne-Moi de ton amour, retire Ma Couronne d'Epines et remplace-La par tes pétales délicats, embaume-Moi de ton parfum, aime-<u>Moi</u> et Moi Seul. J'ai donné Ma Vie pour toi par un Amour Sublime; n'en ferais-tu pas autant pour Moi ton Epoux? Fiancée, réjouis ton Epoux, rends-Moi heureux! Attache-toi à Moi par des liens éternels. Vis pour Moi et pour Moi seul, sois Ma victime, sois Ma cible, sois Mon filet! Créature, M'aimes-tu?

— Comment pourrais-je ne pas T'aimer, mon Dieu? Oui, je T'aime!

— Dis-le, dis-le très souvent. Permets-Moi de l'entendre, J'aime l'entendre. Dis-le mille fois par jour et tous les matins, après ton repos en Moi, mets-toi en face de Moi et dis-Moi: «Mon Seigneur, je T'aime».

— Jésus je T'aime, mais pourquoi deviens-Tu si sévère? Peut-être je n'en fais pas assez?

— Allons, ne M'interprète pas mal! C'est l'Amour qui parle, ce sont les désirs de l'Amour, c'est la Flamme de l'Amour, c'est l'Amour Jaloux de l'Amour, Je ne peux tolérer de rivaux. Appuie-toi sur ton Père Saint, Epoux, Compagnon et Dieu. Viens, reposons l'un en l'autre.

Aime-Moi aussi, Ma fille, d'un amour jaloux.

6 mai 1987

(Je suis en train d'apprendre et de comprendre ce que Dieu veut dire par «s'abandonner complètement à Lui»; être détachée, c'est tout abandonner pour Le suivre. Ses paroles sont symboliques, et non matérielles.

<u>S'abandonner</u>: c'est ce que j'ai fait en Lui donnant la première place, en Le plaçant au-dessus de toute chose, en acceptant qu'Il fasse de moi ce qui Lui plaît.

<u>Etre détachée</u>: oui, au point d'être détachée de mon propre corps, ce qui signifie que je réalise que j'ai une âme désireuse de se détacher de son corps pour Le suivre Lui Seul.

<u>Souffrir</u>: oui, la souffrance de ne pas être avec Lui, d'être encore matériellement sur terre, me sentir comme veuve ici-bas. Souffrir de sentir que je suis contrainte de mener cette vie quotidienne, cette vie matérielle...

Je souffre de vivre parmi des non-croyants, des sceptiques et des gens qui se moquent de moi à cause de ma foi. Je souffre de devoir suivre le programme commun qui ne m'intéresse point.
J'aurais voulu me dissocier de ce monde pour être seule avec Dieu mon Père: Lui et moi sans rien ni personne d'autre pour me distraire. Filer, disparaître, et me trouver dans un désert...
Pour écrire cela, Dieu m'a aidée à m'exprimer ainsi, car je ne suis guère douée. Dieu me veut dans le monde pour Son message. Etre dans le monde est, pour moi, une Croix sur mon dos.
Mon corps me fait mal...)

— **Le Mien aussi. Tout ce que tu sens, Je le sens aussi. Ma fille, bénis-Moi.**
— Je Te bénis, mon Dieu Bien-Aimé.
— **Je t'aime, tu vois? L'Amour fait souffrir, l'Amour attache[84], l'Amour offre une abondante fidélité, l'Amour Se sacrifie sans restriction.**
Vassula, les heures fuient, ton temps est proche. Offre-toi, grandis en humilité, mange de Ma Main, Ma bien-aimée, Je détacherai tes chaînes et ton âme volera très bientôt vers Moi.
— Je T'aime, mon Dieu...

7 mai 1987

— **Je t'aime. C'est Moi, ton Epoux. Ma fleur, Je te purifierai, Je continuerai à te saturer, à te vivifier par Ma Lumière, et à te nourrir de Ma Force. Vassula, Je t'honorerai en te faisant porter Ma Couronne d'Epines.**
— Jésus, comment peux-Tu me faire confiance?

84. L'amour attache à Dieu.

— Je t'aime. En portant Ma Couronne, tu comprendras la moquerie que J'ai subie, car bientôt on se moquera aussi de toi. N'oublie pas: Je souffrirai autant que tu souffriras, car Je suis en toi et toi en Moi. Je Me suis uni à toi, nous sommes un. Viens, maintenant, bien-aimée, nous allons continuer Mes œuvres. Je te donnerai assez de force jusqu'à la fin.

(Comme je l'ai compris plus tard, dans ce message, Jésus me prépare. On se moquera et on rira de moi. Au moins Il est avec moi, ensemble nous subirons les moqueries.)

(Plus tard)

— Jésus, sais-Tu que je ne suis même pas arrivée à Te dire cent fois «je T'aime» et Tu m'as demandé de le dire au moins mille fois par jour!

— Vassula, ah! Vassula, ne sais-tu pas que chaque acte fait avec amour Me dit «je T'aime»? Tu Me montres ton amour de cette façon aussi. Chaque chose que tu fais dans ta vie, tu le fais pour Moi.

Viens, embellis! Fleuris! Irradie! Parfume! Pare-Moi de couronnes d'amour, que chacun de tes pétales remplace une Epine de Ma Couronne. Plus il y aura de pétales, moins il y aura d'épines qui Me transpercent. Je t'aime. Aime-Moi, enseigne aux autres à M'aimer, révèle-leur Mon appel.

— Avec Ton aide, je le leur révélerai. Je ne peux pas faire grand-chose.

— Aime-Moi et guéris Mes Plaies, que les larmes versées pour Moi soient un baume apaisant pour Mes Plaies. Vassula, les couronnes ne sont pas faites seulement pour des funérailles, elles sont aussi faites pour les mariées. Permets-Moi de poser une couronne sur toi en août.

8 mai 1987

— Jésus, aujourd'hui j'ai tant à faire à la maison, mais deux mots de Toi me rendraient heureuse!

— Seulement deux? «Aime-Moi».

9 mai 1987

(En regardant un film documentaire sur le «Miracle de Fatima», je me disais que, malgré cela, beaucoup de gens restaient sceptiques, en donnant diverses explications, comme par exemple hypnotisme de masse, etc. Autrefois, ce genre de miracle aurait été cru et figurerait dans la Bible, mais, de nos jours, des années doivent s'écouler avant qu'il soit reconnu.)

— J'ai peur que Ton message ne soit pas reconnu comme venant de Toi, puisqu'il ne comporte ni preuve physique, ni prédiction. Les responsables hiérarchiques, s'il va jusqu'à eux, ne prêteront pas attention à Ton appel, et je sais qu'à présent, Ta Coupe de Justice est pleine! Le monde T'offense beaucoup. Ils n'écouteront pas.

— Y-a-t-il une plus grande autorité que ton Dieu?

— Non, mon Dieu, aucune, mais s'ils n'écoutent pas? Certains pourraient bien croire que c'est une propagande pour l'Eglise, j'entends ceux dont l'influence est hostile à l'Eglise. Ils pourraient croire que tout cela est une invention! Une invention de l'Eglise!

— Vassula, Je suis le Très-Haut et toute autorité vient de Moi.

— Et s'ils ne croient pas?

— Je n'écrirai pas ce qui arrivera si, dans leur obstination, ils refusent de M'écouter. As-tu peur de Moi, petite?

(Dieu a dû sentir en moi la peur qui m'a traversée, au moment où Il écrivait le mot «arrivera». J'ai senti une pointe de tristesse dans le Cœur de Dieu.)

— Oui, j'ai peur de Ta colère!
— Je supporterai et Je pardonnerai vos péchés, mais Je ne supporterai plus votre haine contre Moi. Je suis votre Créateur, et votre souffle vient de Moi. Je tiens toute Ma Création dans Ma Main. Je déteste le paganisme. Vassula, laisse-Moi te guider, viens, Mon enfant, repose en Moi.

(Plus tard)

— Ton soupir, fiancée, est comme un million de paroles d'amour pour Moi. Oui, Je parle du soupir que tu M'as donné ce matin.

(C'est vrai, ce matin j'ai pensé à Jésus avec amour. Je voulais Lui dire beaucoup de choses, mais je ne trouvais pas les mots. J'ai seulement soupiré, mais Il semblait bien comprendre mon soupir.)

— Vassula, aime-Moi aveuglément et laisse-Moi t'utiliser comme Je le désire. Sois absolument rien, pour qu'en étant rien, Je puisse être Tout et Je puisse achever ainsi Mes œuvres. Te créer a été une joie pour Moi.
— Mon Dieu, j'ai peur de Te décevoir en devenant infidèle. Je ne sais même pas si j'ai commencé à être un petit peu fidèle, alors, que dire de rester fidèle.
— De toute Eternité, Je te savais faible et misérable, mais Je t'aime. J'ai pris Mes mesures pour que tu demeures fidèlement Mienne. As-tu imaginé que Je ne savais pas tout cela? Je savais tout, et c'est pour cette raison-là que Je t'ai choisie. Je t'ai dit que ta faiblesse ineffable et ta misère M'attirent. Viens, cet enseignement restaurera Mon honneur. Je Me

réjouis de ce qu'il remédiera à vos injustices. Vassula, couronne-Moi de mots tendres!

— Mes paroles, Seigneur? Quelle valeur peuvent-elles bien avoir pour une Présence si Majestueuse!

— Toute parole tendre et aimante, venant même de toi, devient divine en Ma Présence. Elle devient grande à Mes Oreilles. Ne te lasse jamais d'écrire, Mon petit instrument. Tout ce que tu fais vient de Moi, Je te suspends par Ma Force et Je t'appelle quand Je le désire. Je t'aime, aime ton Seigneur aussi.

(J'ai encore senti que Sa Grandeur m'annihilait complètement. C'était comme si je plongeais dans le plus profond des océans, un merveilleux sentiment de vouloir être possédée par Dieu et pleinement heureuse de l'être.)

10 mai 1987

— Vassula, te rappelles-tu quand J'ai nourri Mon peuple avec la manne? Je l'avais jetée du Ciel, elle venait de Mes Réserves du Ciel. Sais-tu que c'est Moi qui ai soulevé les mers pour que Mon peuple puisse passer au Sinaï?

— Oui, Seigneur.

— Je suis Tout-Puissant, petite, Je suis Celui qui assemble cet enseignement pour nourrir un grand nombre. Vassula, J'ai communiqué avec toi tout ce temps! Tu vois?

— Mon Dieu, et j'ai encore peur que ceci soit l'œuvre de mon subconscient...

— Permets-Moi de te dire tout de suite que tu n'aurais jamais fait tout ce travail de toi-même! Crois-tu aux miracles?

— Oui, j'y crois.

— Considère alors cela comme un miracle. Je t'aime.

— Je T'aime, Père. Au gens qui me le demanderont, comment pourrai-je expliquer comment je Te vois? Je sens très fort Ta Présence et ce n'est pas de l'imagination.

— Dis-leur que tu Me vois avec les yeux de ton âme.

— Jésus, parfois je crois que je m'imagine Ta Présence, et je veux détourner mes yeux de la vision pour me convaincre que ce n'est pas Toi...

— Ce faisant, tu M'offenses, Vassula. Je t'ai donné cette Grâce; accepte Mon Don, accepte ce que Je te donne!

— Seigneur, parfois, avec la chaleur — et surtout au Bangladesh — je me sens épuisée. Je désire tant pouvoir travailler davantage. Parfois, je désire être comme une amibe, partagée en plusieurs morceaux!

— Je te donne assez de Force pour achever Mes œuvres. Luc[85] **a dit une fois: «Je ne m'épuiserai jamais, puisque je travaille pour le Seigneur, car le Seigneur Lui-Même est ma Force». Petite, Je t'ai guidée comme un père guide par la main son petit enfant à l'école.**

Apprécies-tu ce que tu as gagné avec Moi?

— En effet j'ai beaucoup gagné. Comme je ne pratiquais aucune religion, ni n'avais de Bible à la maison depuis l'âge scolaire, et que je n'étais pas retournée à l'église depuis le baptême de mon fils aîné, qui maintenant a quinze ans, Tu m'as en effet enseigné beaucoup de choses. Non pas que je me considère comme savante, mais Tu m'as au moins enseigné qui Tu es et combien Tu nous aimes, et comment T'aimer.

— Je t'ai donné des fruits de Mon propre jardin. Je souhaite remplir vos réserves de Mon Fruit.

(Je Lui ai demandé quelque chose que je ne désire pas écrire.)

---

85. L'Evangéliste.

— Je sais, Vassula. Qu'il en soit comme Je le désire.

(Je ne pouvais me retenir de faire un grand sourire. C'était si agréable d'avoir eu cette petite conversation avec Jésus. C'était comme si je parlais à un vrai ami, je n'ai pas pu m'empêcher de sourire, je riais presque, j'étais heureuse!)

— Je suis joyeux, Moi aussi...

(Oui, Il paraissait joyeux et c'était merveilleux!)

— Vassula, sais-tu combien Je Me réjouis et goûte ces moments, ces moments où tu Me parles comme à un compagnon? Vassula, nous avons encore du travail à faire. Sois bénie. Je te donnerai un signe de Ma Présence, bien-aimée.
— Jésus, quel signe...? Je veux dire où?
— Dans ta maison. Je te prouverai que Je suis présent.
— Je T'aime, Jésus. Je désire tant Te faire plaisir.
— Autel! Continue à puiser de Moi, et que Ma Flamme en toi brûle d'une vive ardeur.

13 mai 1987

(Hier, dans la soirée, alors que je montais les escaliers, je me suis soudain arrêtée au premier niveau car j'ai senti un intense parfum d'encens. Le parfum se répandait jusqu'au premier étage. J'ai été surprise et j'ai demandé à mon fils s'il n'avait pas allumé un fumigène anti-moustiques. Il m'a répondu non. D'ailleurs, l'odeur de ce dernier n'a rien à voir avec le parfum que je sentais, qui était pareil à l'encens des églises. Sans plus m'occuper de l'incident, j'ai fait autre chose. Une heure plus tard, passant au même endroit, j'ai été à nouveau envahie par cet intense et merveilleux parfum! Dès que je quittais ce lieu, je ne le sentais plus. Je ne le sentais qu'à l'endroit précis où j'avais vu Jésus sur la Croix.)

— O bien-aimée! Quand Je t'ai couverte de Mon parfum, en même temps, Je t'ai bénie.

— O Jésus, c'était Toi?

— Oui, tu as senti Ma Présence. C'était Mon Signe[86]. L'encens vient de Moi.

— Si seulement, ce soir, j'avais été certaine que cela venait de Toi!

— Je te donnerai d'autres signes de Ma Présence, Ma fleur, cependant sois vigilante.

— Jésus, mon Amour, mon Souffle, ma Vie, ma Joie, mon Soupir, mon Repos, mon Saint Compagnon, mon Sauveur, ma Vue, mon Tout, je T'aime!

— Vassula, aime-Moi avec ferveur, anéantis-toi dans Mon Corps, pare-Moi de paroles tendres, de paroles aimantes, fais que Mes peines diminuent, apaise Mes Plaies en Les imprégnant de paroles aimantes.

(Aujourd'hui, en lisant Sainte Thérèse d'Avila, j'ai découvert confirmation que les parfums et odeurs surnaturels existent. S'ils viennent du démon, dit-elle, ce sont des odeurs de puanteur. C'est étonnant qu'il m'ait ainsi été donné aujourd'hui cette confirmation que l'odeur de l'encens venait bien de Jésus. J'étais heureuse!)

14 mai 1987

(Aujourd'hui, quelle joie! En lisant Sainte Thérèse d'Avila, j'ai lu sa description de sa vision de l'enfer. Elle correspond tout à fait à la vision que Dieu m'a donnée. Ste Thérèse décrit l'enfer: «...sombre et restreint; le sol paraissait recouvert d'eau, comme d'une boue

86. Jésus m'avait dit qu'Il me donnerait, dans ma maison, un signe de Sa Présence.

malodorante... Oui, tout cela ressemblait à une grotte au plafond bas...»
J'ai vu la même chose le 7 mars 1987 et j'en ai fait la description dans le cahier 8.)

15 mai 1987

— Viens, rends-toi. Je Me délecte de t'entendre te rendre, car en te rendant, cela réjouit Mon Cœur, petite! Demande-Moi de t'utiliser...
— Père, si je Te suis de quelque utilité, utilise-moi donc!
— Je t'aime. Viens. Désires-tu écrire?
— J'écrirai, si c'est Ton désir.
— Alors écris!
Que l'on sache que Moi Yahvé, J'ai voulu t'éclairer. Ton seul recours, c'est Moi. Mon Cœur est un Abîme de Pardon et de Miséricorde. Petite, comme Je t'ai éclairée, ainsi J'éclairerai ceux qui se tourneront vers Moi. Vassula, viens, sois plus près de Moi, veux-tu Me recevoir?

(Silence de ma part...)

— Ne Me fais pas de peine...

(Silence de ma part...)

— Sois avec Moi, purifie-toi, aime-Moi...

(Silence de ma part...)

— Bien-aimée, ne M'afflige pas...

(Silence de ma part...)

— Veux-tu Me recevoir?... Remplis-Moi de joie et sois avec Moi, aime-Moi. Je t'aime. Viens à Moi plus souvent, reçois-

Moi plus souvent. Je t'aime. Veux-tu prier avec Moi[87]? Ne Me blesse pas!

(J'ai consenti)

Père Bien-Aimé,
purifie-moi par le Sang de Ton Fils;
Père,
purifie-moi par le Corps de Ton Fils;
Père Bien-Aimé,
éloigne l'esprit mauvais qui maintenant me tente.
Amen.

(Cette prière, je la découvrais en la disant, au fur et à mesure que Jésus l'écrivait.
Soudain, j'ai réalisé. C'était comme si je m'étais réveillée après la prière de Jésus. J'ai réalisé ce qui s'était passé depuis le début du message d'aujourd'hui. Jésus m'appelait à la Sainte Communion, mais je faisais comme si je ne comprenais pas et j'aurais même voulu dire non. Je Le blessais, j'étais réticente à Lui répondre, ce qui L'a amené à le dire explicitement. J'avais l'impression que j'allais tomber. Jésus est accouru à mon secours. Mais, juste après Sa prière, qu'Il a priée avec moi, je me suis aperçue qu'un esprit mauvais me tentait. Quel étrange sentiment j'ai éprouvé quand cet esprit mauvais m'a lâchée lorsque j'ai prononcé ces mots: «Père Bien-Aimé, éloigne de moi l'esprit mauvais qui maintenant me tente». En écrivant cela, Jésus a alourdi ma main, en l'appuyant avec force sur la page. J'ai senti en même temps Sa Force extraordinaire et toute-puissante, comme celle d'un géant tout-puissant qui me soutenait et, après la prière, j'ai eu l'impression de me réveiller.)

87. Ici, j'avais envie de dire: «Oh! non; encore!»

— Approche-toi de Moi, sanctifie-toi. Je t'aime et Je te soutiendrai dans tes chutes. Je ne te laisserai pas te perdre. Une fleur a besoin d'être arrosée et fertilisée pour entretenir sa beauté. Je suis ton Gardien Dévoué. Je t'aime.
— Je T'aime aussi.

(Jésus avait vu le mauvais esprit qui me tentait. Je ne m'en étais pas aperçue tout de suite. Je me sentais étourdie. Jésus a très vite réagi pour me secourir. Ce n'est qu'au moment où l'esprit mauvais m'a lâchée que j'ai compris que j'avais été près de tomber!
J'ai de la peine à croire ce qui vient de se passer!)

16 mai 1987

— Vassula, quand tu sens l'odeur de l'encens, c'est Moi Jésus-Christ. Je désire que tu sentes Ma Présence. Vassula, Je t'aime à la folie et au-delà de toute mesure. Hélas! cet Amour qui déborde de Mon Cœur, cette Flamme Ardente d'Amour qui brûle est si mal comprise; si peu viennent y puiser... si peu...
— Jésus, beaucoup de personnes ne savent pas comment T'approcher, j'en suis certaine.
— Elles peuvent venir Me parler. Je les écoute. Je peux prendre plaisir des heures durant à n'importe quelle conversation. Elles Me procurent tant de joie quand elles Me comptent parmi leurs amis.
— Hier soir, un homme m'a dit que toutes les femmes désirent être des Marie-Madeleine.
— Lo[88], pas toutes.
— Alors, celles qui T'aiment, probablement.

88. Lo signifie «non» en hébreu.

— C'est Moi qui les veux ainsi.
— Jésus, je crois qu'il nous faut y aller!
— Où?
— En bas, pour contrôler le four qui est allumé!
— Alors viens, allons-y.
— Jésus, avant que Tu viennes vers moi, j'avais entendu parler de Toi comme d'un mythe. Je n'avais jamais réalisé que Tu es une REALITE; Tu étais si loin à mes yeux! Une histoire dans un livre!
— Je sais, Vassula, Je sais. Pour beaucoup Je suis encore un mythe.
Trouve-Moi à Gethsémani la prochaine fois que nous nous rencontrerons. Je te révélerai Mes angoisses, Mes Souffrances et Mes peurs de cette nuit-là. Viens, permets-Moi de Me reposer en toi, Ma fille.

17 mai 1987

— Viens, trouve-Moi où Je t'ai dit.
O Gethsémani! Qu'as-tu à dévoiler sinon des peurs, des angoisses, des trahisons et des abandons? Gethsémani, tu as enlevé aux hommes tout courage. Tu as retenu Mes agonies pour toute l'Eternité dans ton air silencieux. Gethsémani, qu'as-tu à dire qui ne fut pas dit? Tu as été témoin, dans la tranquillité de la Sainteté, de la trahison envers ton Dieu; tu M'as porté témoignage. L'heure était venue, les Ecritures devaient s'accomplir.
Ma fille, Je sais que beaucoup d'âmes croient en Moi, comme si Je n'étais qu'un mythe. Elles croient que Je n'ai existé que dans le passé. Pour beaucoup, Je ne suis qu'une ombre passagère, éclipsée maintenant par le temps et l'évolution. Très

peu réalisent que J'ai existé dans la chair sur la terre et que J'existe maintenant parmi vous. Je Suis Tout ce qui fut, qui est et qui sera. Je connais leurs peurs, Je connais leurs angoisses, Je connais leurs faiblesses. A Gethsémani, n'ai-Je pas été Témoin de toutes ces faiblesses?

Ma fille, quand l'Amour a prié à Gethsémani, mille démons ont été ébranlés. Les démons, effrayés ont pris la fuite. L'heure était venue: l'Amour glorifiait l'Amour.

O Gethsémani, témoin du Trahi, témoin du Délaissé, lève-toi, témoin, et témoigne.

Ma fille, Judas M'a trahi, mais combien plus, encore maintenant, Me trahissent comme Judas! J'ai su instantanément que son baiser se propagerait parmi un grand nombre, dans les générations à venir. Ce même baiser Me sera donné sans cesse, renouvelant Mon chagrin, déchirant Mon Cœur. Vassula, permets-Moi d'être consolé, laisse-Moi Me reposer dans ton cœur.

(Plus tard)

— **Vassula, veux-tu écrire?**

— Oui, Jésus, si c'est ce que Tu désires.

— **Aime-Moi dans Mes tourments de Gethsémani. J'ai été trahi par l'un des Miens, un de Mes bien-aimés... et aujourd'hui, Je reçois encore des opprobres, Me rappelant Mes angoisses du passé. Mon Cœur fut gonflé, rempli d'amertume.**

(Ici, j'ai ressenti des difficultés et j'ai soudain manqué de confiance pour pouvoir continuer.)

— Jésus?

— Je suis. Ecris, Ma petite. Ma Sueur d'agonie coulait de Moi comme de grosses gouttes de sang.

(Soudain je me suis souvenue du moment où l'esprit mauvais m'avait presque fait tomber et je me suis sentie honteuse...)

— La faiblesse M'attire, car Je peux te donner Ma Force. Viens, apporte-Moi ton amour, appuie-toi sur Moi.

(Je me suis appuyée.)

— Oui!

(Jésus était content.)

— Tiens, mange de Moi, remplis ton cœur de Mon Cœur. Aime-Moi, pense à Moi, sois Mienne, entièrement Mienne. Adore-Moi et Moi seul. Je t'appelle pour Me recevoir, oui, dans la petite hostie blanche... Viens Me boire. Purifie-toi! Je t'aime, et Je veillerai à ce que tu Me reçoives. Ne Me renie jamais! Désire-Moi et Moi Seul. Je t'attendrai au Tabernacle. Tu Me verras comme Je te l'ai enseigné: avec les yeux de ton âme.

— Jésus, c'est ma faute de T'avoir interrompu; veux-Tu continuer?

— Oui, Je le veux; écoute-Moi. Le sol a absorbé ces gouttes, mais, aujourd'hui, ce sol, plus sec que jamais, a besoin d'être irrigué. Il désire la paix et a soif d'amour.

(Soudain, Jésus S'est arrêté.)

— Ne Me peine pas, mais veux-tu prier de nouveau avec Moi? Aime-Moi Vassula. Viens.

O Père,
accomplis ce qui doit être accompli.
Que Tes Paroles pénètrent, bénissent
et purifient les cœurs de Tes enfants.
Père, fais ce que Ton Cœur désire
et que Ta Volonté soit faite.
Amen.

Veux-tu continuer à travailler pour Moi?

— Je continuerai à travailler pour Dieu, si telle est Sa Volonté.

— **C'est Ma Volonté.**

— Alors je continuerai à travailler, mais n'oublie cependant pas mon incapacité!

— **Appuie-toi entièrement sur Moi ton Jésus. Je sais combien tu es impuissante. Je n'ai voulu avoir qu'un simple enfant, qui devrait dépendre entièrement de Moi.**

— Jésus?

— **Je suis.**

— Ton message de Gethsémani est-il terminé?

— **Non, Je continuerai. Mes enfants doivent être ranimés, et Je dois leur montrer que Je suis parmi eux par Mon message que J'ai béni. Ils Me verront et Me sentiront. Beaucoup reviendront à Moi, Moi qui soupire pour Mes bien-aimés.**

— Jésus, comment pourrais-je faire quoi que ce soit?

— **Vassula, un père n'aidera-t-il pas son enfant à traverser la route quand il a besoin de son aide? C'est ainsi que Je t'aiderai jusqu'à la fin.**

— Je ne sais pas si j'ai raison de distribuer Ton message. Ai-je tort?

— **Non, tu donnes Mon Pain, comme Je te L'ai donné. Mon Pain doit être donné gratuitement!**

(Plus tard)

(J'ai lu la prière à Saint Michel Archange.
Saint Michel m'a dit:)

— Lis également la prière suivante.

(J'ai lu à la Sainte Vierge la prière de Saint Bernard, le «Souvenez-vous», et je Lui ai confié mon amertume: «Quand mes amis ont lu le message, ils se sont convertis et sont retournés à Dieu. Certains d'entre eux ont voulu partager leur bonheur avec un prêtre. Le prêtre, indifférent, les a mis en garde, disant que cela pouvait ne pas venir de Dieu.
J'ai moi-même fait l'expérience: sur les quatre prêtres qui connaissent ces messages, deux m'ont découragée et deux m'ont encouragée. J'aimerais pourtant que ceux qui me découragent et en découragent d'autres, ne donnent leur avis qu'après avoir lu entièrement ces messages. Ensuite seulement, s'ils continuent à croire qu'ils sont sans valeur, j'aimerais qu'ils m'expliquent pourquoi. Comment peuvent-ils exprimer une opinion sur une telle chose sans l'avoir examinée et sans en avoir parlé une seule fois avec moi?»)

(La Sainte Vierge:)

— Remplis ton cœur de la Flamme de Dieu. Je t'aime.
— Mère Bien-Aimée, j'ai peur que le message de Dieu soit piétiné par des gens qui ne l'examinent même pas, ni ne le lisent!
— N'aie pas peur, Mon enfant.
— Je suis angoissée.
— Je sais. Reconnais-tu, Vassula, les œuvres de Jésus?
— Oui.
— Vassula, J'ai prié pour toi, agapi mou[89], sois patiente. Appuie-toi sur Jésus.

(J'ai prié Jésus.)

— Appuie-toi sur Moi.
— J'ai peur que Ton message soit écrasé par ceux qui ne l'ont même pas lu!
— N'aie pas peur, aime-Moi. Purifier ton âme Me glorifie[90]. Viens. Allons, rappelle-toi, nous... ne t'afflige pas.

(Hier, Jésus m'a emmenée à la Messe. Je n'arrive pas bien à suivre la Messe car je n'en connais pas le déroulement ni les chants puisque je ne les ai jamais appris. Je me tiens toujours un peu en arrière, mais je sais que Jésus est là et Il me parle. L'Eucharistie m'a consolée.)

18 mai 1987

(A 6h30 du matin, je suis allée recevoir la Sainte Communion, comme Jésus me l'a demandé. Pendant la Messe, Jésus a commencé à me parler. J'ai reçu le Pain et, dans ma bouche, je L'ai senti comme un lambeau de chair déchiquetée par la Flagellation. C'est impressionnant, tout ce que Jésus me fait ressentir!)

(Plus tard)

— Jésus?
— Je suis. Aime-Moi. Viens près de Moi. Je te donnerai différentes impressions chaque fois que tu Me recevras. Vassula, J'ai de la peine quand tu restes distante avec Moi.

(C'est vrai, quand la vague de doutes m'envahit, je refuse de Lui parler et de Le voir, me disant en moi-même que ce n'est pas Lui.

89. Mon amour», en grec.
90. N'importe quelle souffrance purifie l'âme. Par exemple, la souffrance de ne pas être cru et compris.

J'évite Son Image, j'évite de parler avec Lui, j'évite tout ce qu'Il m'a enseigné. J'essaie de me convaincre que tout cela est le fruit de mon imagination.)

— Tu Me fais de la peine, bien-aimée. Tu M'offenses quand tu Me fais obstacle et sembles si lointaine. Comprends que le démon est derrière tout cela; il est désespéré et il veut te faire croire que toutes les Grâces que Je t'ai données, tu les imagines, seulement. Il veut que tu oublies tous Mes Enseignements Célestes; il veut t'attirer de nouveau à lui. Quand tu sembles si loin de Moi, J'ai peur, J'ai peur pour toi. Quand un berger voit qu'un agneau de son troupeau s'éloigne, va-t-il s'asseoir? Un bon berger accourra vers lui, le prendra et le ramènera. Quand Je te verrai t'éloigner, Je n'attendrai pas, Je M'élancerai à ta recherche. Je t'attirerai encore plus près de Moi, petite. Je te couvrirai avec Ma Cape quand tu auras froid. Je te nourrirai. Je te porterai près de Mon Cœur quand tu seras dans la détresse. Que ne ferais-Je pas pour toi!

— Jésus?

— Je suis.

— Pourquoi toutes ces Grâces pour moi? Pourquoi?

— Laisse-Moi libre de donner à qui il Me plaît.

— Mais, je ne veux pas être différente des autres.

— Vassula, tu Me recevras. Laisse-Moi t'utiliser. Ne t'ai-Je pas dit que Je vous libérerai?

— Je ne comprends pas.

— Je désire libérer beaucoup d'âmes de leurs chaînes, des chaînes du démon. Je t'utilise comme instrument. Ne te méprends pas sur Mes œuvres. Mon appel n'est pas pour toi seule. Mon appel de Paix et d'Amour est pour toute l'humanité!

— Oui Seigneur, mais je me sens mal à l'aise quand mes amis me regardent et me considèrent privilégiée. Je me sens mal à l'aise!

— Sens-toi mal à l'aise, Ma fille, d'être choisie à cause de ta misère. Je ne t'ai pas choisie pour tes mérites. Je t'ai déjà dit que tes mérites sont nuls, et ce qui sort de la Bouche du Seigneur n'est que Vérité. Viens souvent vers Moi te repentir. Rappelle-toi, Je ne te favorise pas plus que le reste de Mes enfants.

— Je sais Jésus. C'est pour cette raison que je me sens gênée que Tu me donnes cette Grâce de pouvoir T'appeler à tout moment.

— Vassula, Vassula, Je donne même au plus misérable. Que tes amis voient quel Abîme de Miséricorde et de Pardon est Mon Cœur. Qu'ils voient que Je ressuscite même les morts[91]. Qu'ils voient combien J'aime même ceux qui M'ont renié[92].

— Jésus?

— Je suis, bien-aimée.

— Je ne sais pas quoi dire!

— Dis-Moi que tu M'aimes.

— Je T'aime, et Tu le sais.

— Je t'aime Ma fille, oui, malgré ta misère. N'oublie pas, parle-Moi. Je suis ton Epoux, partage avec Moi. Souris-Moi quand tu Me vois.

— Oui Jésus. Je sens que ma présence T'offense, et je sais que je me répète. Comment peux-Tu me supporter?

— Je t'aime.

— Je T'aime aussi.

— Sens-Moi. Regarde-Moi dans les Yeux.

---

91. Moi, j'étais morte spirituellement.
92. Au début, je L'avais repoussé.

(Je L'ai regardé. Ses Yeux étaient graves, mais remplis d'amour.)

— **Oui, rappelle-toi, Ma fille, que Je suis ton Père Saint. Allons maintenant.**

19 mai 1987

— Jésus?
— **Je suis. Vassula, rappelle-toi que ce message vient de Moi.**
— Jésus, sais-Tu ce que je désire?
— **Je sais, Ma fille.**
— Parfois je désire que la Grâce que Tu m'as donnée de pouvoir Te rencontrer par cette voie, de Te voir par les yeux de mon âme, puisse n'être que pour moi seule. Toi et moi, moi et Toi. Et je me sentirais parfaitement bien, sans rien qui puisse m'inquiéter, et je garderais cette Grâce dans mon cœur comme un secret.

(J'ai soupiré.)

— **Ma fille, Je t'ai demandé si tu voulais travailler pour Moi, et ta réponse M'a fait plaisir. Laisse-Moi te rappeler que tu es Mon âme bien-aimée, à travers laquelle Je Me manifesterai, Moi et Mes désirs, car c'est Ma Volonté.**
— Mais, mon Dieu, sans vouloir T'offenser: Ta Parole peut être lourde à porter si elle ne peut pas être déchargée. Que puis-je faire?
— **Bien-aimée, ne t'aiderai-Je pas? Je suis le Seigneur.**
Frères, lisez Mon message, remplissez-Moi de joie et souvenez-vous de Mes œuvres. Croyez en Ma Richesse et en Ma Miséricorde Infinies!
Vassula, suis-Moi, Je te guiderai. Petite, Je te donnerai Ma Force. Ne lâche jamais Ma Main.

— Mon Dieu... que veux-Tu de moi...?

— Vassula, Je veux de l'amour, de l'amour, de l'amour. Mon Corps Me fait mal à cause du manque d'amour. Mes Lèvres sont desséchées par la soif d'amour. J'aimerais t'utiliser, petite, comme Mon instrument pour Mon enseignement.

— Mon Seigneur, que Ta Volonté soit faite. Puisses-Tu accomplir Tes désirs.

— Bien-aimée, appuie-toi sur Moi. Ecoute Ma Voix. Ne te sens jamais seule, car Moi Dieu, Je suis avec toi.

(Jésus a repris ma main pour écrire: «Vassula, Je t'aime à la folie, Je ne t'abandonnerai jamais. Viens, travaillons».
Je me suis sentie quelque peu consolée.)

— Seigneur, allons-nous commencer la journée?

— Viens, Je vais la commencer. Appuie-toi entièrement sur Moi, Je te guide.

(Plus tard, Babette, une de mes amies, est venue chez moi. Elle a parlé à Jésus. Nous étions tous les trois ensemble. Babette n'avait pas besoin de poser ses questions à haute voix. A peine formulait-elle ses pensées, qu'elle obtenait immédiatement les réponses de Jésus. Jésus lui a prouvé Sa Présence, que c'est vraiment Lui qui nous appelle à être plus intimes avec Lui, pour que nous nous rappelions toujours Sa Présence en L'aimant.
Je dois admettre que j'étais impressionnée de voir Jésus Se manifester de cette manière à Babette!)

— Appuie-toi sur Moi.

— Jésus, mon amie m'a prié de Te demander pourquoi Tu ne nous reviens pas de nouveau comme autrefois, en chair, pour que les gens puissent changer.

— Ah! Vassula... Je reviendrai. Chaque aube qui point vous rapproche de Mon Retour. Vassula, sais-tu ce que cela veut dire?

— Dis-moi, Seigneur.

— L'Amour reviendra de nouveau, l'Amour sera une fois de plus parmi vous. L'Amour vous apportera de nouveau la Paix. Mon Royaume sur terre sera comme il est au Ciel. L'amour glorifiera l'Amour. Je serai bientôt avec vous, Mes bien-aimés. Priez, car ce temps est proche. Veux-tu, petite, encore travailler pour Moi?

— Je désire entendre Ton Nom.

— Je suis l'Amour.

— Oui, je travaillerai pour l'Amour, avec mon incapacité, dépendant entièrement de Toi.

— Je sais que tu es perdue sans Moi, bien-aimée. Tu es Ma fleur qui a besoin de Ma Lumière.

— Je suis si heureuse!

— O Ma fille, Je t'aime à la folie! Appuie-toi entièrement sur Moi. J'augmenterai ta capacité de discernement.

— Mon Dieu! Vas-Tu augmenter ma capacité de Te voir, de T'entendre et de Te sentir?

— Oui, tu Me sentiras et tu pourras Me discerner davantage.

— Mon Dieu! Pourquoi toutes ces Grâces sur moi? Je n'ai rien fait pour mériter cela!

— Je sais, mais Je t'aime. N'oublie cependant pas qui tu es.

— Je T'en prie, aide-moi en me le rappelant, Seigneur.

— Je t'empêcherai de devenir exaltée par toutes les Grâces que Je te donne, en te rappelant ta misère. Je te rappellerai que toutes les Grâces que tu reçois de Moi sont pour Ma propre Gloire. Chaque Grâce que tu recevras de Moi sera pour Mes intérêts à Moi et non les tiens. Alors, puise dans Mon Cœur et remplis le tien. Je veux que Mon Autel soit

constamment embrasé. Vis pour Moi, respire pour Moi, sois Mienne pour toute l'Eternité.

— Je le ferai. Mon Dieu?

— **Je suis. Aime-Moi et veille à Mes intérêts.**

— Seigneur!...

(J'ai soupiré)

— Moi qui suis un zéro, et Tu le sais, mon Seigneur, n'aie pas confiance en moi, je T'en prie!

— **Laisse-Moi agir librement en toi. Viens, Je vais satisfaire ta question. <u>L'Amour retournera parmi vous comme Amour.</u> Prions ensemble.**

O Père Céleste,
Père de l'Amour,
reviens à nous, nous délivrer du mal;
Père, aime-nous et permets-nous
de demeurer dans Ta Lumière;
fais ce que Ton Cœur désire,
que Ton Nom soit glorifié.
Amen

Permets-Moi de t'utiliser.

— Permets-moi d'entendre encore Ton Nom.

— **Je suis Jésus-Christ, le Fils Bien-Aimé de Dieu. Tout ce que Je demande de toi, Vassula, c'est de l'amour et de partager ensemble avec Moi Ma Croix de Paix et d'Amour.**

— Oui, Seigneur.

— **Ma fille, ne lâche jamais Ma Main. Aime-Moi, Ma fille.**

— Enseigne-moi à T'aimer, comme Tu désires être aimé de nous. Si Tu le veux, permets que je sois celle qui T'aime le plus au monde...

— Tu souris!

(Jésus souriait.)

— Je suis si heureux! Veux-tu faire cela pour Moi?
— Oui.
— Ma bien-aimée, avec Moi tu apprendras. Acceptes-tu aussi de souffrir pour Moi?
— Pour le Seigneur, oui, si c'est également Son vœu...
— Alors tout sera fait selon Ma Volonté.
— Toi, Tu sais ce qui est mieux pour l'âme, alors, je me confie à Dieu.
— Je suis Dieu. Viens maintenant demeurer en cette place spéciale que J'ai pour toi dans Mon Cœur.

CAHIER 12

20 mai 1987

(Parfois je m'étonne moi-même de la raison qui me pousse à rencontrer Jésus de cette manière. Pourquoi, comment et pour quels motifs suis-je si ardente à écrire et à entendre Ses messages? Tous ces derniers mois, cela m'est devenu indispensable.)

— Je t'aime. C'est Moi Jésus qui te donne ce besoin de Me rencontrer. Vassula, aime-Moi toujours. Je vais te dire Mes désirs, Ma sœur.

(Jésus était très tendre, mais Son beau Visage était triste.)

— Je désire unir tous Mes prêtres, Je désire d'eux qu'ils M'aiment davantage. Je veux d'eux la pureté, le zèle, la fidélité. Les prêtres doivent comprendre que l'Unité renforce l'amour, l'Unité favorise l'amour. Pour combien de temps la discorde régnera-t-elle parmi eux? L'amour c'est l'Unité. Mon Amour les unit à Moi. Mon Eglise est faible à cause de leurs dissensions. Mon désir est l'Unité. Je désire que Mon Eglise devienne Une.

— Mais Seigneur, Tu dis qu'il y a de la discorde, quelqu'un doit donc se soumettre. Comment le sauront-ils?

— Ils doivent prier pour être éclairés, ils doivent venir à Moi et puiser dans Mon Cœur.

— De qui parles-Tu, quand Tu dis «ils», Jésus?

— Je parle de toute Mon Eglise. Je désire qu'ils s'unissent et qu'ils deviennent un. Mon Eglise s'est affaiblie à cause de cette différenciation. Elle s'est énormément affaiblie.

— Mon Seigneur, cela me paraît être un nouveau message.

— Je t'éclairerai, Vassula, en te montrant petit à petit comment J'œuvre.

— D'abord, le catéchisme pour moi.

— Oui Vassula, et maintenant Mes désirs. Mes désirs d'unir Mon Eglise. Comment un corps peut-il fonctionner si un ou deux de ses membres sont paralysés, blessés ou arrachés? Aura-t-il la même capacité et la même force qu'un corps sain? Mon Eglise est Mon Corps. Comment Mon Corps fonctionnera-t-Il, s'Il a été mis hors d'état de fonctionner?

Ma fille, dessine Mon Signe:

 ΙΧΘΥΣ

C'était le signe des premiers Chrétiens. L'Amour n'était qu'un, l'Amour était uni.

— Jésus, je sais que Pâques se célèbre à des dates différentes. Peux-Tu me dire la date correcte, sur une feuille séparée?

— Alors va chercher une feuille.

— Merci Jésus.

(Il m'a donné la date correcte pour Pâques.)

— Viens maintenant, unissons-nous en prière, une prière au Père pour l'Unité:

Père, je viens à Toi,
pour Te demander d'éclairer Tes brebis,
éclaire-les pour qu'elles trouvent
la Paix et l'Amour dans l'Unité.
Amen.

Unis Mes brebis, Vassula!

— Jésus! Qui suis-je pour unir et savoir quelque chose sur les prêtres, leurs discussions et ce qui se passe? Qui suis-je pour leur montrer ce qui est écrit sur un bout de papier et leur dire que c'est Toi qui l'as écrit? Jésus, Tu me donnes des messages, Tu me dis les désirs de Ton Cœur. Seigneur, ne serait-il pas plus facile de tout confier à quelqu'un qui, déjà au sein de l'Eglise, a accès à toutes les autorités, quelqu'un dont l'intégrité est reconnue et qui est digne de confiance? Seigneur, Tu as vraiment ramassé une estropiée découragée par la moitié des prêtres qui connaissent ces écrits et n'y portent aucun intérêt. Je suis fatiguée de vouloir les leur montrer, puisque je sais que cela les ennuie et les incommode. Que faire?

— **Vassula, ce que supportent tes épaules, c'est Ma Croix sur toi. Je La partagerai avec toi; ne te lasse jamais.**

— Seigneur, comment Ton message pourra-t-il atteindre les oreilles qu'il faut? Je suis une étrangère.

— **Il y arrivera. Il est comme un ruisseau qui coule lentement, s'élargit petit à petit, d'abord ruissellement, il se répandra, puis jaillira et se transformera en un vaste océan. Vassula, appuie-toi sur Moi quand tu es lasse. Je t'aime et Je t'aiderai à supporter Ma Croix avec Moi, bien-aimée. Ne te sens jamais abandonnée.**

(J'ai senti que Jésus me soutiendra toujours si je trébuche. Il m'a fait comprendre que je peux toujours m'appuyer sur Lui pour reprendre mes forces.)

— **Vassula, Je te guiderai.**

23 mai 1987

(Hier, je n'ai pas rencontré Jésus en écrivant, mais Il m'a fait sentir Sa Présence, ainsi que Ses Paroles. Il me parlait et je L'écoutais. Il me parlait en même temps que mon mari et mes amis. C'était comme s'Il me tirait par un bras, et les autres, par l'autre bras.)

— Jésus?
— **Je suis. Avoir la foi est aussi une Grâce, bien-aimée. Parle-Moi, Je suis ton Epoux.**

(Je Lui ai dit quelque chose. Il m'a répondu:)

— **Laisse-Moi faire ce que Je veux de toi, Vassula. Je suis Dieu et à présent, tu dois déjà avoir compris qu'en t'ayant élevée à Moi, enseigné à M'aimer et permis de Me rencontrer par cette voie, c'est parce que Je veux quelque chose de toi. Tu as appris à écrire par Ma Grâce. Cette Grâce t'a été donnée pour Me permettre de t'utiliser. Je t'ai accordé beaucoup de Grâces pour que tu puisses Me glorifier. Je t'ai unie à Moi, Je t'ai prise comme épouse. Moi et toi, nous sommes un maintenant. Ne vois-tu pas plus clair, Ma fille? Je vous aime tous, et Je t'ai approchée pour Mes intérêts.**
— Mon Dieu.
— **Je suis.**

(Je Lui ai rappelé quelque chose.)

— **Vassula, J'atteins toujours Mes buts.**
— Je sais, je sais. Si seulement Tu me parlais plus clairement!
— **Ma fille, Je t'aime bien au-delà de ta compréhension. Je sais que tu es ineffablement faible. Je sais que sans Moi tu es complètement insuffisante, incapable de bouger. Ne t'inquiète pas, Je te porterai comme un père porte son enfant invalide. Je veillerai sur toi, Je te donnerai le nécessaire, Je**

veillerai à ce que toutes Mes œuvres soient accomplies. Rappelle-toi, Je t'ai entraînée à devenir Ma messagère, Je ne te laisserai pas partir avant que tu aies accompli ta mission.
Je t'aime. Aime-Moi et Moi seul. Je ne veux pas de rivaux. Adore-Moi, car Je suis ton Dieu. Vassula, prêter attention à ton Dieu, c'est Le servir; sers-Moi. Viens, sois un avec Moi; Je t'accepte avec ton ignorance, Ma fille. J'ai vraiment autour de Moi des serviteurs loyaux, ils sont les bien-aimés de Mon Ame, ils sont très estimables à Mes Yeux. Je leur confie Mes œuvres, ils honorent Mon Nom en Me servant avec ferveur, M'adorant, immolant leur âme pour Moi et avec grande Grâce, ils bénissent Ma Parole. Je les aime et les regarde amoureusement.
Ne retiens pas ta question[93]...
— Pourquoi m'as-Tu choisie? Je ne suis pas bonne et je ne cause que[94]...
— La misère M'attire. Somme toute, tu n'es rien, rien du tout! Mais en étant rien, Je suis tout ce que tu n'es pas, car qui ai-Je comme rival? Je ne trouve pas de rival en toi, puisque tu n'es rien. Tel est Mon délice en toi, Ma fille!
— Je ne comprends pas.
— Non, tu ne peux pas comprendre, mais, quelle importance? Est-ce vraiment important? Je suis Souverain de toute la Création, vous êtes tous à Moi, et toi, petite, toi, sans le moindre intérêt, tu M'attires. <u>La petitesse retient Mon attention, le néant Me séduit.</u> Vassula, un jour tu comprendras complètement Mes Paroles. Si tu devais Me servir, Je ne révélerais en toi que la Passion.
— La Passion...

93. Jésus a dit cela soudainement et très vite.
94. Il ne m'a pas laissé terminer ma phrase.

— Oui, la Passion, veux-tu...

(Par faiblesse, j'ai voulu, en soulevant ma main du cahier, empêcher Jésus de poser Sa question. Mais je l'ai entendue... rien ne peut L'empêcher de me dire ce qu'Il veut.)

— Je peux demeurer en toi malgré ton impressionnante faiblesse[95]. Aime-Moi Vassula, n'aie pas peur de Moi, Je suis Amour et Je t'aime beaucoup. Je ne te demanderai jamais quelque chose qui te ferait du mal, Je suis Amour et Maître de l'Amour. Enfant, malgré tes doutes et tes échecs incessants, Je t'ai choisie pour être Mon autel. Puisque Je sais ton incapacité de puiser à Ma Flamme, Je déverserai Moi-Même en toi Mes brûlants désirs, gardant ainsi Ma Flamme embrasée. Bien-aimée, viens, tu es Ma fleur qui a besoin de Ma Lumière, vis sous Ma Lumière, Je ne veux pas te voir périr.
— Seigneur, Tu m'attires aussi, Tu le sais...
— Cela t'étonne-t-il? Ta misère est attirée par Ma Miséricorde, ton ineffable faiblesse par Ma Force, ton néant par tout ce que Je Suis. Vis pour Moi.

(Je Lui ai dit ce que je désire.)

— Mérite ton désir, Vassula.

(J'ai vu que Jésus essayait de me faire connaître Son désir.)

— Vassula, viens, viens près de Moi. Vassula...

(J'hésitais.)

— De nouveau, Je te demande de ne désirer que Moi. Vassula, ne Me renie pas! Ecoute les battements de Mon Cœur. Peux-tu Me résister?

---

95. Le ton de Jésus était très grave!

— Comment puis-je résister à Dieu?

(J'essaie pourtant de résister, car je ne sais pas comment tout cela finira.)

— Fleur, Je t'aime. Paix à ton âme, Je suis ton Sauveur! Oh! comme Je t'aime. Je ne repousse aucune âme. Pour Moi, vous êtes toutes égales. Je t'ai choisie parce que telle est Ma Volonté.

— Je T'aime, mon Dieu.

— Alors viens à Moi, n'aie aucun désir pour toi-même. Veux-tu Me voir là-bas?

(Je ne sais pourquoi est apparue dans ma pensée une image connue de Jésus en un lieu célèbre.)

— Si c'est Ton désir, Seigneur... Mais ne me réponds pas. Fais pourtant comme Tu le désires.

— Ma fille, que tout ton travail soit pour Ma Gloire. Mes désirs doivent être aussi tes désirs. Je vais écrire Mes désirs pour te guider.

— C'est au sujet de l'Unité?

— Oui, l'Unité de Mon Eglise. Je veux que Mon Corps soit renforcé. L'Unité renforcera Mon Eglise. Veux-tu te rappeler Ma Présence? Alors viens, allons.

24 mai 1987

— Je suis avec toi.

— Veux-Tu que je Te serve[96]?

---

96. C'est cette question qu'Il voulait me poser quand j'ai soulevé ma main pour qu'Il n'écrive pas.

— Je le veux, Je le veux ardemment, Vassula, viens, Je vais te montrer où et comment tu peux Me servir. Rappelle-toi tout ce que Je t'ai enseigné.

(Les enseignements mystiques qui ont éveillé mes facultés pour mieux L'entendre et Le ressentir.)

— Aie Ma Paix. Ecoute Ma Voix.
— Je désire pouvoir T'entendre net comme du cristal!
— Vassula, tu M'entendras suffisamment bien pour pouvoir écrire tout ce que Mon Cœur contient, tout ce que Mon Cœur désire. Bien-aimée, libère-toi, pour pouvoir Me servir. Sais-tu ce que signifie «libre», Vassula? Je vais te dire. Aie confiance.

(Je n'avais pas confiance en moi-même.)

— Etre libre, c'est détacher ton âme des sollicitations du monde. Libère ton âme et aime-Moi ainsi que Mes œuvres. Sers-Moi de cette manière, détache-toi.
— J'aurais des difficultés, Seigneur!
— Lo[97]**.**
— Oui, mon Seigneur, je vois des difficultés.
— Lo, lo, reste près de Moi.
— J'ai peur de Te décevoir et de faire échouer Tes désirs.
— Ma sœur, n'aie pas peur. Bien-aimée, aime-Moi.

(Je L'ai senti et L'ai aimé.)

— Amour pour amour, aime-Moi comme maintenant. Travaille et sers-Moi comme maintenant. Reste comme tu es. J'ai besoin de serviteurs qui puissent Me servir là où l'amour manque le plus. Travaille beaucoup, car là où tu es, tu es

97. «Non», en hébreu.

parmi le Mal, les non-croyants, tu es dans les viles profondeurs du péché. Tu serviras ton Dieu là où prévaut l'obscurité, tu n'auras pas de repos, tu Me serviras là où tout bien est déformé en mal. Oui, sers-Moi parmi la misère, parmi la méchanceté et les iniquités du monde, sers-Moi parmi les gens sans-Dieu, parmi ceux qui se moquent de Moi, parmi ceux qui transpercent Mon Cœur, sers-Moi parmi ceux qui Me flagellent, parmi ceux qui Me condamnent, sers-Moi parmi ceux qui Me recrucifient et crachent sur Moi. O Vassula, comme Je souffre! Viens Me consoler!

— Mon Dieu, viens! Viens parmi ceux qui T'aiment. Va vers eux pour quelque temps, là Tu seras aimé. Repose dans leur cœur et oublie. Ne peux-Tu pas oublier au moins pour un peu de temps?

(Jésus était si affligé!)

— Vassula, oublier? Comment puis-Je oublier, comment, quand sans cesse ils Me recrucifient[98]? Mes cinq Plaies restent ouvertes pour tous ceux qui veulent y pénétrer.

(Jésus a posé Sa Tête sur mon épaule. J'étais désolée. Il était inconsolable, épuisé.)

— Vassula, viens, tu es Ma petite fleur, Je veux de toi des pétales lisses et doux pour remplacer Mes Epines.

— Jésus, permets à ceux qui T'aiment de Te soulager, permets à ceux qui T'aiment de Te donner du repos et de Te remplacer dans Ta recrucifixion.

(Je ne savais comment consoler une telle détresse.)

98. Jésus me dictait si vite que j'arrivais à peine à suivre.

— Bien-aimée, ceux qui M'aiment luttent et souffrent avec Moi, ils partagent Ma Croix et Me reposent, mais ils sont peu nombreux. J'ai besoin de plus d'âmes qui s'unissent à Moi et portent Mes Souffrances. Fleur, aime-Moi, ne Me refuse jamais.

— Jésus?

— Je suis.

— Veux-Tu m'apprendre à T'aimer davantage?

— Je le ferai, bien-aimée.

(Je suis sans paroles. Que pourrais-je dire? Si on savait combien cela fait mal de Le voir si blessé! C'était comme s'Il mourait à nouveau. Comment consoler quelqu'un qui meurt de ses blessures? Et que lui dire? Que tout ira bien, alors même qu'on sait qu'il est blessé à mort?)

25 mai 1987

(Je commence à réaliser combien il m'est plus facile de rencontrer Dieu avec cette Grâce qu'Il m'a donnée de Le sentir, de Le voir et de Le laisser écrire, sans l'ombre d'un doute ni la moindre incrédulité. Je commence à comprendre qu'une foi forte met en fuite tous les démons qui se sentent évincés et sans pouvoir. Ils ont peur et sont exaspérés! Quand je deviens hésitante, prise par le doute, ils se sentent forts et m'attaquent en écrivant leurs insultes. Une foi forte et un cœur ouvert à Dieu peuvent déplacer des montagnes! Je sens Dieu comme une sensation électrique en moi, c'est merveilleux, et je voudrais ne jamais Le quitter, ni laisser passer cet instant où Dieu pose Son Doigt sur moi... Je voudrais que cela dure à jamais!)

— Aime-Moi, aime-Moi, sens-Moi, sens Mon Amour insatiable pour toi. J'ai soif de ton amour. Je demande de toi plus

d'amour, Vassula. Ecoute les battements de Mon Cœur[99]. Je ne tolère pas de rivaux, aucun! Si Je voyais ou rencontrais des rivaux, Je les détruirais[100]; rien ne Me remplacera, Je resterai Maître. Quitte ce monde en Me glorifiant. Ce soir, Je te purifierai par Mes œuvres divines pour la Paix et l'Amour.

(Jésus l'entend d'une façon mystique.)

— Prie, bien-aimée; bénie, unis Mon Eglise en dessinant Mon Signe que Je vous ai donné. Dessine maintenant:

 ΙΧΘΥΣ

Par ce Signe béni, Moi le Seigneur, Je te montrerai le chemin qui conduit à Moi. Crois, crois, crois. Fleuris et aide les autres, fleuris pour ramener l'Amour, fleuris pour ramener la Paix[101]. Je t'aime Vassula. Ne t'afflige pas, Ma bien-aimée, bénie, viens vers Moi ton père, ton époux, ton Dieu. T'abandonnerai-Je jamais? Par Amour Je te prendrai. Par Mon Amour éperdu et insatiable Je te libérerai. Prie avec Moi:

Père Céleste,
que je Te glorifie;
sauve Tes enfants du Mal,
qu'ils soient dans Ta Lumière,
que leurs cœurs s'ouvrent et
que par Ta Miséricorde
ils Te reçoivent.
Amen.

Vassula, veux-tu réaliser pleinement Ma Présence en baisant Mes Plaies?

99. Jésus était passionné.
100. Jésus Se réfère aux choses et aux plaisirs matériels du monde.
101. J'étais bouleversée.

— Oui Seigneur Jésus.

(Je L'ai discerné et je L'ai vu à nouveau en pleine Gloire. Par les yeux de mon âme, j'ai vu cette fois qu'Il était beau, avec une belle Couronne sur la tête. Il est venu à moi en Roi.)

— Seigneur, donne-moi Ta Main droite.

(J'ai baisé Sa Main droite.)

— Je t'aime.

(J'ai baisé les Plaies de Ses Mains, de Ses Pieds et de Son Côté.)

— Je T'aime mon Seigneur.
— Te guider a été une joie pour Moi.

(Je ne trouve pas de mots...)

— Viens avec Moi, Je vais te montrer quelque chose.

(De Sa poitrine illuminée, j'ai vu jaillir des étincelles.)

— Chaque étincelle qui part de Mon Cœur et touche ton cœur, enflammera ton cœur et le consumera. Mon étincelle t'embrase, puise dans Mon Cœur. Un jour J'enflammerai complètement ton cœur en laissant Ma Flamme envelopper entièrement ton cœur et l'engouffrer.
— Que m'arrivera-t-il si je me sens déjà ainsi avec une seule étincelle?

(C'était comme si Jésus prenait plaisir à m'avoir conquise.)

— Oui, Je Me délecte d'avoir prévalu et d'avoir conquis ton amour. Quand Ma Flamme enveloppera entièrement ton cœur, tu ne seras plus jamais séparée de Moi, tu seras Mon épouse au Ciel. Je t'ai créée pour Moi.
— Mais alors, pourquoi suis-je ici? Je ne comprends pas.

— Non, tu ne peux pas comprendre, Vassula, mais un jour tu comprendras...
Le temps est pour Moi un rival quand tu regardes ta montre alors que Je suis avec toi.

(Je L'avais offensé, car j'avais regardé ma montre.)

— Viens Ma fille, prends Ma Main et partons. Viens, nous avons tant de travail!
— Ce travail ou bien l'autre[102]?
— Les deux. Ma fille, où que tu sois, Je suis.
Autel, Ma Flamme doit rester allumée pour toujours. Anéantis-toi en Moi.

26 mai 1987

— Jésus, une amie m'a dit: «On ne voit jamais Jésus heureux, ni avec un grand sourire sur les images qui Le représentent, pourquoi?»
Je lui ai répondu que je T'ai souvent vu heureux et je ne peux pas oublier le grand sourire que Tu m'as fait ce matin, quand Tu m'as dit que Tu T'étais reposé dans mon cœur. Tout Ton Visage souriait.
— Vassula, Je souris dans les âmes pures. Je souris et Je Me délecte dans les hommes humbles, Je Me délecte dans les hommes saints.
— Jésus, mon Dieu, je ne comprends pas pourquoi j'aime quelqu'un que je n'ai jamais vu, ni rencontré dans mon état physique. Comment et pourquoi je T'aime?
— Ah! Vassula, M'aimer! Tout ce qui vient de Moi est Amour. Je vous ai créés pour M'aimer, Je vous ai créés par Amour.

102. Mon travail ménager.

Votre âme a soif d'amour, mais il y en a si peu qui comprennent et acceptent cette Grâce.

27 mai 1987

— Tout Ton message est facile à comprendre, Seigneur. Ce n'est pas un langage compliqué.
— **Le style pompeux Me lasse, apprends à être humble, simple, modeste, comme Moi! Vassula, si tu souhaites que Je sois ton Père, Je te traiterais comme Mon enfant, si tu souhaites que Je sois ton Epoux, Je te traiterai comme Mon épouse, si tu te révoltes contre Moi, Je te traiterais en Juge. Je suis ton Sauveur, favorise-Moi par-dessus tout et toute chose, ne Me renie jamais, viens souvent Me boire et Me manger. Je Me délecte en toi.**

28 mai 1987 - *Fête de l'Ascension*

— Seigneur, Tu veux faire de moi Ton sacrifice, as-Tu dit?
— **Vassula, oui, sois Mon sacrifice.**
— Mon Dieu, j'ignore absolument ce que «sacrifice» signifie. Je comprends cependant que cela implique des souffrances d'une manière ou d'une autre. Alors oui, puisque Tu me le demandes. Mais être un sacrifice qui glorifie Dieu implique avoir quelque valeur. Et quel sacrifice puis-je être, alors que je sais que je ne suis qu'un peu de poussière? Pour être un sacrifice digne de Dieu, il faut être dans un état qui L'honore. Que puis-je Te donner, à moins que Tu me rendes digne d'être Ton sacrifice? Alors, Seigneur, rends-moi digne d'être Ton sacrifice.
— **Vassula, te rappelles-tu quand Je suis venu te demander de M'aimer? Te rappelles-tu quand un ange est venu te remuer d'une manière inattendue[103]? C'est ainsi que Je viens,**

alors soyez vigilants, ne dormez pas! Je suis venu vers toi d'une manière inattendue et Je t'ai demandé de l'amour. Je souhaitais que tu M'honores, Je voulais M'emparer de ton amour et devenir ton Maître en régnant sur toi. Je voulais que tu aies besoin de Moi. Comme J'ai langui pour ton amour! «Lama sabachthani[104]?» J'étais venu vers toi, mais tu M'avais repoussé.

(Ce jour là, quand j'étais avec l'ange, Jésus est venu. Quand j'ai su que c'était Lui, je L'ai repoussé, car je n'éprouvais point d'amour pour Lui.)

— Vassula, Je t'ai détachée, mais Je te détacherai encore plus. Aie Ma Paix. Bien-aimée, répare, répare, répare. Je t'ai ressuscitée des morts pour pouvoir unir Mon Eglise.

(J'ai soupiré.)

— Laisse-Moi te montrer la Voie. Malgré tes doutes, J'exposerai les désirs de Mon Cœur. Ne te lasse jamais d'écrire. Je travaillerai en toi, appuie-toi complètement sur Moi.

— Jésus, un prêtre m'a dit que Tu avais dit aux Pharisiens que Tu ne donnerais plus de signes. Il m'a dit cela quand je lui ai dit que ce message vient de Toi.

— Vassula, quand J'ai dit cela aux Pharisiens, Je parlais de Mes miracles du temps où J'étais en chair parmi eux. Me condamner maintenant — car c'est condamner Mes œuvres Célestes —, montre combien leurs cœurs se sont fermés et sont devenus arides. Mes Signes ne finiront jamais. Ma Présence sera ressentie dans le monde, et Je continuerai à Me

---

103. La première fois que ma main a écrit indépendamment de ma volonté. Cela est arrivé soudainement.
104. «Pourquoi M'as-tu abandonné?», en araméen (Mt 27,46; Ps 22,2).

manifester par des signes. Croyez! Croyez, ô hommes de peu de foi! Ne déformez pas Ma Parole, car qu'avez-vous à dire sur Fatima? Redoutez-vous de croire que c'est Moi qui vous ai donné ce signe? O hommes de peu de foi, que ne déclareriez-vous pas, plutôt que d'accepter que les signes du Ciel viennent de Moi! Aimez Mes œuvres! Acceptez Mes œuvres! Croyez, croyez en Moi! Moi qui suis Richesse et Miséricorde Infinies. Mes Signes sont pour que tous les hommes voient que l'Amour ne vous a pas oubliés, que l'Amour ne S'est pas retiré pour Se glorifier seul dans Sa Gloire. L'Amour est parmi vous, sans jamais vous quitter.

29 mai 1987

— Bien-aimée, repens-toi. Créature, bénis-Moi.
Crois en ce que tu demandes.

(Je Lui avais demandé de me pardonner mes péchés, mais je me suis aperçue que je ne l'avais fait que du bout des lèvres. Quand Dieu a dit «Crois en ce que tu demandes», je Lui ai de nouveau demandé pardon et je L'ai béni.)

— Je te pardonne. Aime-Moi en M'honorant, en M'aimant et en Me glorifiant. Je suis Dieu. Créature, suis-Moi à Mes Stations du Chemin de Croix. A chaque Station, désire-Moi seulement; Je Me tiens à chaque Station, Je serai aux Stations de Mon Chemin de Croix et Je veux que tu y sois; Je veux que tu t'agenouilles à Mes Stations.

— Seigneur, je ne sais pas ce que Tu veux dire[105]! Seigneur, je ne sais pas de quelles stations Tu parles!

105. L'Eglise orthodoxe ne pratique pas le Chemin de Croix.

— Je t'attendrai là. Cherche ce que Je désire de toi, demande. Je te purifierai pour que tu puisses devenir Mon sacrifice. Désire-Moi, satisfais Ma soif insatiable, satisfais Ma Flamme brûlante d'Amour, satisfais-Moi, ton Dieu, en Me donnant une foi totale. Je retirerai entièrement ton voile, pour que tu puisses Me voir sans restriction. Tu as sûrement entendu parler de Ma beauté par d'autres qui M'ont vu avant toi!

Crois, crois totalement, approche-toi davantage de ton Père, et Je retirerai entièrement ton voile. Ma fille, ne t'ai-Je pas emmenée dans Ma Cour?

— Oui, Seigneur.

— Alors, aie foi en Moi. Ne laisse pas les hommes t'éloigner de Moi, Je t'ai fait ce don, emploie-le donc pour M'atteindre! N'aie pas peur de l'Amour, Je suis Tout-Puissant, crois à Ma Toute-Puissance. Ma fille, J'ai désiré que tu sois dans Ma Cour, alors combien plus Je désire que tu y demeures.

— Mon Dieu, peut-être allons-nous nous perdre l'un l'autre par ma faute?

— As-tu oublié nos liens? Je suis ton Epoux et tu habites dans Ma Maison, Je te nourris, Je t'enveloppe de Ma Lumière, Je veille sur ta fragilité, Je te traite comme un enfant à cause de ta misère. Que ne ferais-Je pas pour toi! Es-tu heureuse avec Moi, Vassula?

— Oui Seigneur. Béni sois-Tu à jamais, car c'est Toi qui me donnes le bonheur. Tu es mon Sourire.

— Aime-Moi malgré tes doutes.

— Seigneur?

— Viens, tu es faible, mais Je te fortifierai. Je te veux forte pour Mon Message. Voudrais-tu que Je retire complètement le voile de tes yeux pour que tu Me voies plus clairement?

— Je le voudrais si c'est Ton désir.

— Tu as besoin de faire encore quelques pas vers Moi, tu es presque arrivée! Je te dévoilerai les yeux et tu verras devant toi ton Sauveur! Mes cinq Plaies seront ouvertes pour que tu y pénètres. Je te ferai goûter à Mes peines, Je soupire après ce moment. Comble-Moi de paroles aimantes, Vassula, tu es liée à Moi, pourtant, ne t'es-tu pas sentie plus libre que jamais? Souris-Moi quand tu sens Ma Présence et Me vois, Je suis pleinement conscient de ce que sont ta capacité et ta sagesse. Je sais que J'ai avec Moi un néant, un rien du tout. Viens, ne M'interprète pas mal. Prendrais-Je un rien ou prendrais-Je plutôt une quelconque rivale? Je choisirai un rien, bien sûr, pour envoyer sur la terre Mes Paroles et Mes désirs, sans la moindre dénégation.

— Seigneur, Tu m'as tant donné que je me sens extrêmement redevable!

— As-tu quelque chose à Me donner Vassula?

(J'ai hésité... Que puis-je Lui donner?)

— Tu as sûrement un petit quelque chose à Me donner!... Même si tu n'as rien à Me donner, Je t'aime.

— Peut-être ai-je quelque chose à Te donner?

— Ne t'es-tu pas toi-même demandé si Je le voulais ou pas? Je suis Suffisant, Je Me suffis.

— Voudrais-Tu quand même que je Te donne quelque chose?

— Oui, Je le voudrais.

— Mais alors, quoi que je Te donne sera dérisoire à Tes Yeux.

— Pourquoi?

— Parce que Tu es Parfait!

— Je le recevrai et, même si cela est mauvais, Je le transformerai en bien! Je suis la Divinité.

— Ai-je alors quelque chose de bon à T'offrir?

— Oui, tu as quelque chose, mais tout ce qui est bon vient de Moi, c'est Moi qui te l'ai donné. Tout ce qui est bon est de Moi.

(Je suis un peu désappointée. Je ne peux pas Lui faire plaisir.)

— Alors, je n'ai rien de bon de moi-même à Te donner?
— Non. Je t'ai donné tout ce que tu as et qui est bon.
— Peut-être une belle peinture que je peindrais moi-même pour Te l'offrir[106]!
— Tes peintures Vassula? N'est-ce pas également Moi qui t'ai accordé ce don de l'art? Cela n'est-il pas aussi venu de Moi?
— Mais alors, que puis-je T'offrir?
— De l'amour. Adore-Moi. Adore-Moi. Offre-Moi ta volonté, en t'abandonnant à Moi. C'est la plus belle chose que tu puisses M'offrir.
— Tu sais, Seigneur, que je T'aime et aussi que je me suis abandonnée à Toi.
— Je suis ravi de l'entendre dire, petite!

(Plus tard)

(Soudain, j'ai senti sur moi Sa Croix. J'ai cru que je n'y arriverais jamais!)

— Soulève! Soulève Ma Croix! Fais un effort avec Moi! Ensemble... ensemble... Je t'aime. Soulève Ma Croix! Je dois Me reposer en toi, maintenant.

(Plus tard, avant de rencontrer un groupe charismatique catholique.)

106. Autrement dit, offrir une peinture à une église.

— Veux-tu nourrir Mes brebis? Prends Ma Main, Je te guiderai en te gardant.

(Ce soir-là, j'ai à nouveau senti l'encens.)

— Ne doute jamais de Ma Présence.

(Au groupe charismatique, on m'a signalé le cas d'un jeune aveugle qui refuse d'accepter Dieu. J'ai demandé à Jésus d'éloigner les mauvais esprits qui entourent ce jeune homme, et de lui rendre la vue.)

— Remplis-Moi de joie en M'invoquant pour tout ce que tu veux. Vassula, rappelle-lui son Frère. Je suis son Frère qui l'aime, qui prend soin de lui. Rappelle-lui Mon existence. Je l'aime à la folie. Je suis mort pour lui.
Veux-tu faire cela pour Moi, petite? Crois à Mon Amour Rédempteur.

Dimanche 31 mai 1987

— Vassula, viens Me recevoir[107]. Je serai là. Fais Mes délices, viens Me voir! Dis-Moi que tu es à Moi, permets-Moi de l'entendre.
— Je suis à Toi, Jésus, et je T'aime.
— J'ai attendu des années, Vassula, pour entendre ces mots. Aime-Moi, maintenant que tu es à Moi.
— Enseigne-moi à T'aimer comme Tu le désires.
— Aie confiance, Je le ferai.

(Plus tard)

(Cela m'étonne toujours de voir comme ma main est mue...)

---

107. Par la Sainte Communion.

— Tu le sais, Jésus?

— Je le sais, mais ne suis-Je pas Tout-Puissant? Vassula, sois en paix, sois calme, sois sereine, comme Moi.

(Alors que j'étais sous «dictée», j'ai été interrompue deux fois par mon fils qui est entré et ressorti en claquant la porte. J'étais contrariée. Trop de bruit autour de moi me dérange.)

— Aime-Moi, réponds-Moi!

— Je T'aime, je T'aime, Seigneur!

— Ne Me remplace jamais! Place-Moi en premier. Place-toi face à Moi, et demeure ainsi pour toujours en face de Moi. Sois comme un miroir, comme un reflet de Moi-Même. Ne recherche jamais personne d'autre que Moi. Ne recherche jamais les anciennes habitudes de ta vie passée. Je suis Saint et Seigneur. Moi et toi, nous sommes un maintenant, et J'entends te garder rien que pour Moi et pour l'Eternité. Humilie-toi, apprends de Moi, ne désire que Moi, respire pour Moi, ne te tourne maintenant ni à droite ni à gauche, continue à marcher tout droit. Bien-aimée, permets-Moi de t'utiliser. Tiens-toi à Moi, ravis-Moi par ta simplicité de paroles. La simplicité Me séduit. Dis-Moi tes paroles, permets-Moi de les entendre encore; dis-Moi: «je T'aime, Jésus, Tu es ma joie, ma respiration, mon repos, ma vue, mon sourire.»

Ma fille, tu Me ferais plaisir, par ailleurs, si tu avais le temps de réfléchir et de méditer. Dès maintenant, tu Me chercheras dans le silence. Aime-Moi dans le silence absolu, prie en silence, entre en silence dans Mon Monde Spirituel. Récompense-Moi maintenant. Je t'aime! Honore-Moi en te donnant à Moi. Ne Me fais pas de la peine... Sois à Moi, bien-aimée, parle!

— Comment, le faire en silence, Seigneur?

— En silence, en Me regardant. Je veux que tu demeures silencieuse, sans interférence d'aucune sorte. Cherche-Moi dans le silence[108].

— Sans aucune interférence?

— Aucune. Désire le silence.

— Jésus, comment pourrais-je trouver ce silence dans une famille? C'est presque impossible!

— Je te le donnerai. J'ai pitié de toi, Vassula! Mon reste, Ma myrrhe, Mon Amour, que ne ferai-Je pas pour toi! Mon Cœur Se remplit de compassion pour ta misère et tes chutes. Moi le Seigneur, Je t'aiderai. Ne te sens jamais abandonnée ou non-aimée. Sais-tu ce que J'ai ressenti cette fois où tu t'étais sentie si peu aimée?

— Où cela?

— Dans Mon église.

— Non, Seigneur.

— Ce jour-là, Je Me suis senti à nouveau crucifié, meurtri, flagellé, couvert de crachats, à nouveau cloué! Vassula, comme Je t'aime. Aide-Moi à faire revivre Mon Eglise. Aide-Moi en Me permettant de t'utiliser. Courage, Ma fille, courage!

(Jésus fait allusion à l'incident suivant:)

Après tant d'années que je n'étais plus allée à l'église, Jésus m'avait, par cet enseignement, encouragée à y aller et même à y recevoir la Sainte Eucharistie. Je m'étais donc rendue dans la seule église catholique existante au Bangladesh. En apprenant cela, un prêtre m'a fait comprendre que, ce faisant, j'avais gravement péché. Je lui ai dit que c'était Jésus qui me l'avait demandé, et que Jésus ne

108. Jésus entend par là: la contemplation, qui est la prière incessante, continuelle.

repousse pas ceux qui Le cherchent et vont à Lui. Le prêtre m'avait répondu que Jésus repousse parfois quelqu'un et lui ferme même Sa porte quand Il ne veut pas de cette personne. Pour me le prouver, ce prêtre m'avait fait lire dans la Bible un passage qui parle d'une femme cananéenne[109]*. Le prêtre m'avait fait lire seulement le début, mais pas le passage où Jésus exauce la femme, passage qui montre pourtant clairement que Jésus a voulu seulement éprouver la foi de cette femme, mais je ne le savais pas. Cette discussion avec ce prêtre, après que j'aie communié, m'avait fait croire que j'avais gravement transgressé les Lois de Dieu. Je me suis sentie comme une voleuse envers l'Eglise catholique. Je m'étais sentie indigne au point que, lorsque je me suis rendue à l'église le dimanche suivant, je suis restée près de la porte, pour être à moitié dehors, puisque je me sentais indésirable, mauvaise et que je croyais que Dieu était très en colère contre moi. Et de peur d'aggraver encore ma situation, je ne me suis pas avancée pour communier.*

— Jésus, je ne savais pas que tout cela Te blesserait, je veux dire, mon sentiment de n'être pas aimée de Toi.

— Non, tu ne le savais pas, comme tu ne savais pas non plus que Je ne refuse jamais quiconque vient à Moi. Je suis Amour et l'Amour est pour chacun, tout mauvais que vous soyez.

1er juin 1987

— Vassula, Mes deux Mains présentent des Plaies, Mes deux Pieds présentent des Plaies, Mon Côté est ouvert, grand ouvert, montrant Mon Cœur. Ils Me recrucifient.

— Seigneur!

---

109. Mt 15,21-28.

— Ils nuisent à Mon Eglise.

— Seigneur, est-ce si mal?

— Oui, le Mal les a aveuglés. L'amour manque parmi eux. Ils ne sont pas sincères, ils ont déformé Ma Parole, ils ont même mutilé Mon Corps. Ma Coupe de Justice est pleine; ne la laissez pas déborder! Je veux qu'ils arrêtent d'étouffer Mon Corps. Moi Jésus, Je suis Amour. Je veux qu'ils cessent de s'envoyer des flèches venimeuses les uns aux autres. L'harmonie parmi eux restaurera une partie du dommage causé, la sincérité démasquera le Mal. Pourquoi tant de cérémonies quand en vérité ils n'ont rien à M'offrir? J'ai besoin de pureté, d'amour, de fidélité, d'humilité, de sainteté. Cherchez en Moi tout ce que <u>Je</u> désire et Je vous le donnerai. Cherchez <u>Mes</u> intérêts et non les vôtres. Glorifiez-<u>Moi</u>, honorez-<u>Moi</u>. Les paroles ne suffisent pas. Des actes d'amour et de coopération vivifieront Mon Corps. Frères! Aimez-vous les uns les autres!

O bien-aimée, combien J'aurai à restaurer! Viens, Ma fille, repose en Moi. La Paix soit avec toi.

2 juin 1987

— Rencontre-Moi plus tard et Je te donnerai des conseils préliminaires, Vassula. Dessine trois barres; unis ces barres en les pliant.

Pour vous unir, vous devez tous plier. Vous devez tous être désireux de plier, en vous assouplissant.

(J'ai compris. Jésus m'a donné une vision nette et simple de 3 barres de fer. Elles étaient verticales, raides et proches l'une de l'autre. Il a dit: «Comment leurs têtes[110] se rencontreront-elles à moins qu'elles plient toutes?»
Plus tard, ce matin-là, je suis sortie, et plus je pensais à cette vision, plus grandissait la montagne devant moi. Je suffoquais en réalisant de quelle mission Jésus me chargeait.)

— Jésus!

— Je suis. Courage. Debout, Mon élève! Soulève! Soulève Ma Croix, bien-aimée! Debout maintenant! Ne t'afflige pas. Ensemble... ensemble... Ma Vassula, ensemble nous peinerons. Appuie-toi sur Moi quand tu es fatiguée et laisse-Moi M'appuyer sur toi quand Je suis fatigué.
Rencontre-Moi et laisse-Moi accomplir Mes désirs. Sois comme de la cire molle et laisse Ma Main graver sur toi Mes Paroles. Sois de bonne volonté, n'aie pas peur! Je t'aime, bien-aimée. Oh! viens! L'Amour ne te fera pas de mal.

(J'ai peur de ce travail. Quand j'ai compris que Jésus commence à creuser dans l'Eglise...)

— Viens, prions:

O Père, sois avec moi jusqu'à la fin;
je suis faible;
donne-moi Ta Force pour Te glorifier.
Amen.

Bien-aimée, viens, abandonne tes peurs et écoute-Moi, sers ton Dieu. Je veux unir Mon Eglise. Je t'ai formée pour Me recevoir. Bien-aimée, courage!

110. Plus tard j'ai compris: par «têtes», Il entendait les autorités, les chefs.

— J'ai besoin de Ton courage, je n'en ai pas.

— Je t'encouragerai et J'intensifierai ton amour pour Moi, tout pour Ma Gloire. Vassula, veux-tu écrire Mes Paroles? Puise en Moi, ne recherche pas ton confort, sois pauvre. Sois comme Moi quand J'étais en chair sur terre. Sois simple, pour que nous sentions tous les deux le contraste et la superbe de ceux qui Me flagellent! Permets-Moi de sentir ce contraste! Puise dans Mon Cœur, embellis Mon Eglise. Puise dans Mon Cœur et tu comprendras, Ma petite fille.

3 juin 1987

(Alors que j'écrivais, j'ai été de nouveau attaquée par les démons. Ils étaient comme des chats qui me sautaient sur le dos. J'en étais excédée. Il semblait que tout l'enfer s'était déchaîné. Ils m'ont harcelée, alors j'ai dit à l'un d'entre eux: «Au Nom de Jésus Christ, va-t-en et sois jeté dans le feu!» Il est parti. Ils étaient nombreux mais ils ont été traités un à un par ces mêmes mots.
Jésus m'a dit: «Demande en Mon Nom et cela te sera accordé. Mais tu dois avoir foi en ce que tu demandes. Travaille de cette manière, prie et demande. Prie en Mon Nom, travaille en Mon Nom, demande en Mon Nom. Ranime Mon Nom, sois Mon reflet, synchronise-toi avec Moi, lève la tête vers Moi. Crois en ce que tu demandes». Il m'a dit que les démons ont peur de moi, que je suis une menace pour eux. Plus tard, j'ai réalisé où j'étais. J'ai senti mes pieds dans de la boue gluante et, tout de suite, j'ai reconnu l'endroit et l'environnement de l'enfer. J'ai compris alors pourquoi il y avait eu tant de mauvaises influences aujourd'hui pendant que j'écrivais. Quand je le Lui ai demandé, Jésus m'a dit: «Cela pouvait-il être ailleurs? Nous étions ensemble, passant près des portes de l'enfer, guérissant des âmes[111]. Vassula, permets-Moi

de t'utiliser aussi comme cela. C'est aussi une partie de ton travail».)

4 juin 1987

(Aujourd'hui, Dieu m'a soulevée dans la paume de Sa Main. Il m'a fait me sentir toute petite. Il m'a demandé de Le regarder. Je L'ai regardé et j'ai vu un beau Géant souriant!)

— Vassula, regarde-Moi, regarde-Moi en face!

(Il souriait avec une grande beauté! Je me suis sentie comme un petit point, dans Sa Main.)

— Cela M'importe-t-il? Cela a-t-il de l'importance pour Moi si tu n'es qu'un grain de poussière? Sens comme Je t'aime!

(Il était beau et tout cela était magnifique!)

— Je suis Beau, Vassula. Quand tu penses à Moi, pense à Moi comme J'étais sur terre, avec les traits d'un homme, votre image. Pense à Moi ainsi.

— Mais Seigneur, quel est vraiment Ton aspect? Comment sont, quels sont Tes Traits Divins?

— Je suis Tout; Je suis l'Alpha et l'Oméga, Je suis l'Eternel, Je suis l'Elixir. Aime-Moi, reste en Moi, n'aie jamais peur de Moi. Que cette peur qui a été faussement enseignée par des hommes soit remplacée par l'amour. Vis en Moi sans peur. N'aie peur de Moi que si tu te rebelles contre Moi. Je suis l'Amour, dis-leur, dis-leur quel Abîme d'Amour est Mon Cœur!

111. Le Purgatoire le plus bas, aux portes de l'enfer.

5 juin 1987

— Vassula, viens Me trouver à Mes Stations du Chemin de Croix. Sois bénie, nous travaillerons ensemble.

(Je ne suis pas encore allée à Ses Stations du Chemin de Croix. Je vais y aller, mais j'attends le Père James, car Jésus lui a demandé de m'accompagner.)

6 juin 1987

— Jésus?

— Je suis. Regarder le Visage de Dieu, c'est avoir vu l'Amour.

(Je regardais Son Image, l'image du Saint Suaire.)

— Veux-tu que Je te domine entièrement, Vassula?

— Oui, mon Dieu, je le veux, si c'est Ton désir.

— Alors, laisse-Moi libre. Ne Me fais jamais obstacle. Vis pour Moi.

— Seigneur, comment Te fais-je obstacle? Dis-le moi pour qu'il n'y ait plus d'obstacle.

— Ce sont les péchés qui Me font obstacle, les péchés, Vassula. Me laisseras-tu vraiment travailler en toi comme Je le désire?

— Oui, mon Dieu, interdis-moi de pécher, pardonne mes péchés, agis en moi comme Tu le désires, ne considère pas ma lâcheté, n'y fais pas attention. Traîne-moi si Tu le dois. Sens-Toi libre avec moi. Accomplis Ton œuvre. Je ne veux être la cause d'aucun retard, je ne veux pas être un obstacle à Tes œuvres à cause de mes péchés. Aussi, ne fais pas attention à ma faiblesse, fais comme il Te plaît.

— Ma fille, Je suis content de tes paroles. Viens, Je vais continuer Mes œuvres. Laisse-Moi libre de faire Ma Volonté. Viens, permets-Moi de t'éclairer sur Ma façon d'œuvrer. Je

t'ai donné beaucoup de Grâces, Vassula, mais Je voudrais que tu reconnaisses Mes Grâces. Fais Mes délices en croyant davantage en Moi.

— J'ai peur que, si je Te déplais, Tu retires toutes ces Grâces.

— **Pourquoi retirerais-Je Mes Grâces?**

— Parce que si je ne fais pas de progrès pour Te suivre à temps, Tu pourrais les retirer.

— **Non, Je ne ferai jamais cela!**

— Cela me paraît juste que Tu retires Tes Grâces à quelqu'un qui ne Te satisfait pas.

— **Cela paraît juste à <u>tes</u> yeux, Mon enfant. Je te nourrirai jusqu'à ce que Je vienne te délivrer. Je ne retiendrai jamais Ma nourriture. Moi qui ai soupiré pour toi pendant des années, J'ai attendu des années pour te serrer près de Mon Cœur qui t'aime, te retirerais-Je maintenant Ma nourriture? Viens, appuie-toi sur Moi autant que tu le désires. Rappelle-toi, Je suis Amour, Je donne gratuitement, et Je ne reprends pas ce que Je donne. Je te rappellerai toujours Mes voies.**

CAHIER 13

7 juin 1987

(J'avais devant moi la photo du Saint Suaire et, alors que je la regardais, Jésus a écrit ce message:)

— Vassula, oui, regarde Ma Sainte Face. De M'avoir seulement regardé, cela Me console. Dis-leur qu'il faut si peu pour Me consoler. Viens Me louer en M'aimant.

8 juin 1987

— Vassula, J'aimerais établir Mes œuvres.

— Que devrai-je faire?

— Je te guiderai. Je te guiderai plus loin encore. Dépends de Moi, aie Ma Paix.

9 juin 1987

(Hier après-midi, j'ai vu dans le Ciel la Face de Dieu. Le Ciel était d'une très grande beauté! C'était comme une image peinte par un artiste doué. Là, j'ai reconnu la beauté de Dieu. Elle était évidente.)

— Oui, Vassula, regarde-Moi, reconnais-Moi et aime-Moi dans Ma Création.

Dacca, 10 juin 1987

(Hier, nous avons été très occupés aux derniers emballages de notre déménagement du Bangladesh pour la Suisse.)

— Seigneur, je pensais à cette théorie appelée «Conscience Christique», théorie qui, sauf erreur, propose l'idée de notre «sens intérieur du bien». C'est peut-être de là que proviennent mes écrits?
— Vassula, ne t'ai-Je pas dit que nous sommes unis? Nous sommes un, bien-aimée. Appelle cela «Vraie Vie en Dieu». Vis pour Moi. Voilà ce que Je veux que tu écrives.

(Je me demandais en moi-même ce que Dieu allait maintenant écrire...)

— Mes désirs, petite.

(Dieu m'a fait lire un passage de l'Ecriture.)

— Oui, élève-toi, écoute-Moi. Viendras-tu Me voir dans Mon Eglise? Vassula, viens à Moi.
— Quelle Eglise, Seigneur? De laquelle veux-Tu parler?
— Toutes sont Mes Eglises. Elles sont toutes à Moi, elles M'appartiennent toutes et à Moi seul. Je suis l'Eglise. Je suis la Tête de l'Eglise.
— Mais, à Ta façon de le dire, Jésus, c'était comme si Tu voulais que j'aille dans une église bien précise. C'est ainsi que je l'ai entendu et compris!
— Tu peux venir à Moi n'importe quand et dans n'importe quelle Eglise. Ne fais pas de distinction comme les autres. Elles M'appartiennent Toutes. Je suis Un Seul Dieu et J'ai un Seul Corps, un Corps que les hommes ont estropié. Des pierres de moulins ont endommagé Mon Corps!
— Mon Dieu, Tu parais si bouleversé!!

— **Bouleversé? O Vassula! Pourquoi, pourquoi M'ont-ils cruellement écartelé?**

(Jésus était très bouleversé. Il me rappelait le moment où Il a renversé les tables des changeurs dans le temple de Jérusalem. Jusqu'à présent, je ne L'avais jamais vu ni entendu AUSSI BOULEVERSÉ.)

— **Vassula...**
— Jésus?
— **Je suis.**
— Est-ce vraiment Toi, aussi bouleversé?
— **Oh! oui, c'est Moi. Oh! oui. Je peux enfin placer Mes Paroles sur toi, Vassula. Ce charisme ne t'est pas donné pour tes intérêts; il t'a été donné pour que Mes Paroles soient gravées sur toi.**
— Je ne T'ai encore jamais senti aussi bouleversé! L'es-Tu vraiment?
— **Je le suis. Mon Corps Me fait mal, Il a été déchiqueté.**
— Mon Dieu! Mais que puis-je faire? Je suis désemparée!
— **Ne sais-Je pas tout cela, Vassula? Je Me servirai de toi jusqu'à la fin. N'aie jamais peur de Moi, Ma fille. Unir Mon Eglise sera la Gloire de Mon Corps. Aie Ma Paix, bien-aimée.**
— Oui, Seigneur. Je ne regarderai ni à gauche, ni à droite, ni en arrière; je regarderai droit devant moi.
— **Oui, comprends comment J'œuvre, sois toujours comme maintenant. Sois disposée à Me faire plaisir. Sois un avec Moi.**
— Seigneur, suppose que ceux dont Tu veux qu'ils T'écoutent ne T'écoutent pas! Qu'arrivera-t-il alors?
— **Tu es maintenant un pas en avant de Moi! Enfant, marche avec Moi, ensemble. Oui, suis-Moi, aie confiance en Moi. Viens, Je te guiderai.**

(A ce moment là, j'ai été surprise en entendant soudain mon chien aboyer d'une façon inhabituelle. J'ai alors vu la porte de ma chambre s'ouvrir et j'ai reconnu le voleur qui, trois nuits plus tôt, était venu prendre de l'argent dans ma chambre puis s'était enfui. Il était de nouveau là. Dominant ma peur, d'un ton ferme, je lui ai ordonné de sortir. Il est parti et ce n'est qu'alors que j'ai donné l'alarme. J'ai senti que Dieu voulait absolument me dire quelque chose à ce sujet.)

— Vassula, Je veux te rappeler quelque chose: Lorsque le brigand[112] est entré dans ta chambre, t'y attendais-tu?
— Non!
— C'est ainsi que Moi aussi Je viendrai: soudainement. Personne ne l'a reconnu, lui non plus, car personne ne s'attendait à le voir ici.

(Jésus veut dire que les dix emballeurs et les hommes du bureau l'ont vu passer parmi eux, mais personne n'a cru que ce pouvait être un voleur.
J'ai le sentiment que la dernière phrase de Jésus est très importante et qu'elle cache beaucoup plus qu'elle ne paraît. Le mot «reconnu» est également très profond .)

— Cet incident ne te rappelle-t-il pas autre chose? Laisse-Moi te dire: il a péché, mais ceux qui l'ont jugé et puni en cassant un bâton sur son dos, n'ont-ils pas aussi péché?
— Je ne sais pas ce que Tu essaies de me faire comprendre. Oui, nous sommes tous pécheurs.
— Vassula, devrai-Je voir tout cela en gardant le silence?
— Prends-Tu la défense du brigand, Seigneur?

---

112. Jésus a employé le mot «brigand», ce qui s'est avéré exact, car, comme nous l'avons découvert plus tard, cet homme faisait partie d'une bande organisée.

— Non, Vassula...[113]
Nomme-Moi un seul homme qui n'ait pas péché!

(Je n'en connais aucun.)

— Grands péchés, petits péchés, tous sont des péchés. Pécher, c'est Me faire de la peine. Vassula, Je suis témoin de tant de péchés. L'Amour souffre, l'Amour a de la peine, de la peine... Création! Ma création, retourne à l'Amour...
Ma fille, imprègne-Moi d'amour, répare, bien-aimée, répare.

11 juin 1987

(Maintenant, la plupart des meubles ont été emmenés et je suis à la recherche d'une chaise pour pouvoir m'asseoir pour écrire. La maison est encore pleine de désordre après le départ des déménageurs. Des tas de papiers, de bouteilles, de chaussures, de ceintures traînent par-ci par-là sur tous les bureaux. Et cependant, au milieu de ce déménagement et alors que nous devions encore préparer pour nos adieux des dîners-buffets «l'un pour 80 personnes, l'autre pour 30,» la Main de Dieu ne m'a pas lâchée. J'ai toujours trouvé du temps, deux à trois heures par jour, pour écrire. Jésus me donne une incroyable résistance, et je ne ressens pas la moindre fatigue. Je suis dans une Paix totale: Sa Paix.)

— Vassula bien-aimée de Mon Ame, reste près de Moi. Regarde-Moi en face. Laisse Mon Doigt toucher ton cœur. Mon enfant, si tu savais combien Je t'aime. Je te guiderai jusqu'à la fin. Sacrifie-toi davantage pour Moi. Veux-tu souffrir pour Moi?
— Oui Seigneur, fais comme il Te plaît.

---

113. Jésus S'est interrompu pendant quelques secondes.

(Jésus m'avait déjà demandé cela auparavant, mais j'avais hésité, car j'avais peur.)

— Vassula, Je suis si heureux! Veux-tu te sacrifier pour Moi comme un agneau?

— Fais comme il Te plaît, Seigneur.

— Tout ne sera pas en vain, tout sera pour la Paix et l'Amour. Ma soif est grande, Vassula. Je te mènerai dans des terres arides où tes yeux verront ce que tu n'as jamais vu. Je te mènerai par une Force Céleste au plus profond de Mon Corps Saignant. Je te désignerai de Mon Doigt tous les pécheurs sacerdotaux, qui sont les épines de Mon Corps. Je ne les épargnerai pas. Je suis épuisé. Mes Plaies sont plus béantes que jamais, Mon Sang jaillit, Je suis recrucifié par les Miens, par Mes propres âmes sacerdotales!

— Mon Dieu, Tu me fais tant de peine. Pourquoi Te font-ils cela? Pourquoi?

— Vassula, ils ne savent pas ce qu'ils font. Bien-aimée, lutte avec ton Dieu, sois désireuse de faire face à Mes Souffrances et de les partager avec Moi.

— Je le désire, pour Te consoler. Souviens-Toi de ceux qui T'aiment!

— Ils sont les bien-aimés de Mon Ame. J'ai besoin de plus de ces âmes qui immolent leur cœur pour Moi. Je les aime, J'ai confiance en elles, elles mangent de Moi, elles sont Mon sacrifice, elles sont les doux pétales qui remplacent Mes Epines, elles sont Ma myrrhe. Vassula, n'aie pas peur, nous pénétrerons encore plus profondément, là où prévalent les ténèbres. Je te conduirai.

(Plus tard mon âme a commencé à sentir l'amertume de Dieu. Toute boisson, toute nourriture étaient amères dans ma bouche. Il

m'a fait boire de Son Calice. J'avais alors de la peine à respirer, mon âme et mon corps me faisaient mal.)

Dacca, juin 1987

(Le père James a volontiers accepté de faire avec moi le Chemin de Croix. Nous portions tous deux des cierges allumés et nous nous sommes agenouillés à chaque station. Le père James n'a pas vu qu'à chaque Station, Jésus et Marie étaient devant nous, nous bénissant.)

Bangkok, 14 juin 1987

(J'ai pris l'avion pour passer deux jours de vacances à Hong Kong. Alors que j'étais assise dans une rangée de fauteuils vides dans la salle de transit de l'aéroport de Bangkok, un arabe a déroulé un tapis devant mes pieds, m'ignorant totalement. Deux autres ont fait de même derrière lui, et ils se sont prosternés jusqu'au sol, louant Dieu d'une voix puissante, attirant l'attention de tous. Du fait que personne n'était assis à proximité de moi, je me sentais assez mal à l'aise et j'avais l'impression que je les dérangeais parce que j'étais juste en face d'eux. Je n'ai pas bougé. Leur voix s'amplifiait de plus en plus et quelqu'un, derrière moi, a pris une photo. Plus tard, Dieu m'a dit: «cet homme a dit ses prières assez fort... assez haut pour attirer l'attention de tous. Il a été entendu dans toute la salle de transit, mais il n'a été entendu que dans la salle de transit: les murs l'ont entendu; Mon Cœur n'a rien entendu du tout. Toutes les paroles sont restées sur ses lèvres. Par contre, J'ai entendu ta voix, bien que personne ne t'ait entendue ni ne sache ce que tu Me disais. Mais cela venait de ton cœur et non de tes lèvres.»

Je ne voulais pas écrire cette anecdote de crainte de paraître faire de la discrimination, mais Dieu m'a dit: «De quoi as-tu peur? Je suis la Vérité. Et cela n'arrive-t-il pas aussi avec les Chrétiens?»)

Hong Kong, 15 juin 1987

(Aujourd'hui nous avons fait, en autobus, un tour de la ville et de la banlieue de Hong Kong. Soudain, à la place des grands immeubles, j'ai vu d'immenses Croix noires[114]*. J'ai cru que c'était mon imagination, mais j'ai entendu la Voix de Dieu qui me disait: «Non, ce n'est pas ton imagination. Ce sont Mes Croix». En voyant ce «paradis des consommateurs», je pensai que si je devais y vivre, j'en mourrais, que ce serait pour moi une torture. Et dire qu'il y a une année, je pensais que c'était le paradis! Dieu n'a pas voulu m'épargner d'écrire encore ceci: Durant notre tour en bus, le guide nous a montré la somptueuse villa de l'homme le plus riche de Hong Kong. Il nous a dit qu'il y avait là deux célèbres millionnaires, connus de tout Hong Kong. La Voix de Dieu dit à mon oreille: «Mais Moi Je ne sais pas qui ils sont. Ils appartiennent au monde. Leurs richesses sont des richesses du monde, ils n'ont rien dans Mon Royaume.» Dieu a pris ma main pour écrire Lui-Même cette phrase.)*

— **Bien-aimée, Je te donne des signes, sois vigilante, Vassula, crois à ce que tu entends de Moi**[115]**.**

— Je pense à l'Arabe...

— **La sainteté lui manquait, même toi, tu pouvais le voir.**

(Plus tard)

— **O Vassula, est-ce que Je ne mérite pas plus de respect?**

114. Je me suis souvenue des mots «terres arides».
115. La voix intérieure.

(Comme je l'avais craint, je n'avais aucune possibilité de m'isoler pour écrire avec Dieu. J'ai donc essayé d'écrire dans la chambre d'hôtel, pendant que mon mari et mon fils regardaient la télévision. Pour m'isoler du bruit, j'ai placé sur mes oreilles les écouteurs d'un walkman. Je n'avais pas d'endroit où m'isoler.)

— **C'est à juste titre que Je te retire toutes tes commodités.**
— Pourquoi, Seigneur?
— **Pourquoi? Pour t'apprendre à désirer ton Dieu. Attends jusqu'à ce que nous soyons seuls.**
— Pardonne-moi...
— **Je te pardonne. Alors, Vassula, travaille pendant que tu es dans l'attente.**
— De quelle façon, Seigneur?
— **Permets-Moi de murmurer à ton oreille tous Mes désirs. Vassula, désire-Moi. Utilise les Grâces que Je t'ai accordées. Rappelle-toi que ce n'est pas seulement Ma Main qui utilise ta main. J'ai ouvert ton oreille, Je t'ai montré comment Me voir et comment Me sentir. Utilise donc aussi les autres Grâces. Je t'aime.**
— Jésus?
— **Je suis, Vassula.**
— Nous sommes de nouveau ensemble de cette façon[116].
— **Oui, mais pas pour longtemps. Ne Me réserve pas à plus tard simplement parce que tu n'as plus le même style de vie qu'auparavant. Tiens-Moi enfermé dans ton cœur, Mon enfant.**
— Seigneur, aurai-je de plus grandes épreuves?
— **Oh! oui. Tu auras à faire face à des épreuves beaucoup plus sévères.**

116. En conversation par l'écriture.

(J'ai soupiré.)

— Compte sur Moi, Je serai près de toi. Tu es Mon sacrifice, n'est-ce pas? Pourquoi t'aurais-Je alors au milieu des méchants? Je t'offre à eux, pour être parmi la méchanceté.

— Mais je suis méchante moi aussi. Quelle différence y a-t-il? Je suis comme eux.

— Tu es comme eux? Alors pourquoi veux-tu venir chez Moi, à la Maison[117]?

— Parce que je T'aime!

— Je t'ai façonnée à Ma ressemblance pour te permettre d'en attirer d'autres à Moi. Je te détacherai davantage encore des sollicitudes terrestres. Attends et tu verras, Vassula. Oui?

(Je L'ai vu soudain devant moi.)

— Aime-Moi. Viens, prends Ma Main comme tu l'as fait hier.

(Plus tard)

— Vassula, écris le mot Sida.

— Sida?

— Oui, remplace-le par le mot Justice[118]. Mon Calice de Miséricorde a débordé et Mon Calice de Justice est plein, ne le laissez pas déborder! Je vous ai déjà dit que le monde M'offense. Je suis un Dieu d'Amour, mais Je suis aussi connu comme un Dieu de Justice. Je déteste le paganisme!

(Plus tard)

117. Au Ciel, dans la maison du Père.
118. Lire Rm 1,18-32.

— Bien-aimée, tu pénétreras dans Mon Corps. Je te ferai voir Mes Epines et Mes Clous.

— Seigneur, comment verrai-je tout cela?

— Je te donnerai la vue afin que tu voies. Je te donnerai la Force de retirer Mes Epines et Mes Clous. Je suis recrucifié.

— Mais Seigneur, pourquoi T'es-Tu laissé recrucifier?

— Vassula, Vassula, pris par les Miens, négligé par Mes bien-aimés[119]. Viens, honore-Moi, aime-Moi!

— Je T'aime, je m'accroche à Toi. Quand cela arrivera-t-il?

— Ah! Vassula, ne cours pas devant Moi. Viens. Chaque chose en son temps.

— Mais Tu sais, Seigneur, que je suis une profane, un rien-du-tout qui ne connaît rien à ce qui se passe dans Ton Eglise. Alors, qui voudra examiner mes papiers, Tes écrits? S'ils parviennent jusqu'à eux, ils me les jetteront à la figure ou en feront probablement des confetti qu'ils répandront autour de moi en riant. Après tout, qui suis-je sinon une pécheresse invétérée!

— Rappelle-toi Qui te guide! Je suis Dieu. Te rappelles-tu de ce que tu as dit à ton ami, oui, le non-croyant? C'était Mes Paroles: «Tu es comme une souris cherchant à échapper à un Géant». Tu n'es qu'un grain de poussière.

(Dieu m'avait donné un message pour un ami athée. En trente secondes, ce message a détruit ses vingt-trois ans de convictions athées. Mon ami a dit: «Pourquoi moi, pécheur invétéré, ai-je reçu un tel message? Mais je lutterai pour en échapper». J'ai ri et je lui ai dit: «Tu es comme une souris cherchant à échapper à un

119. Il a dit cela avec une grande tristesse, comme quelqu'un qui se sait trahi par son meilleur ami.

géant; tu n'es qu'un grain de poussière». Ces paroles m'étaient en fait inspirées par Dieu.)

— Vassula, aie confiance en Moi.

— Seigneur, j'ai confiance en Toi mais le problème, c'est moi. Pourquoi as-Tu confiance en moi? Tu ne devrais pas, mon Seigneur. Je suis de bonne volonté, oui, mais très faible, comme Tu l'as dit. Ne me fais pas confiance! Je suis pécheresse!

— Vassula, tu es ineffablement faible, Je le savais de toute Eternité, mais sois rien. Je veux que tu sois rien. Sinon comment pourrais-Je Me manifester seul, si nous étions deux? Laisse-Moi toujours libre, et J'agirai en toi. Viens, appuie-toi sur Moi!

Dacca, 17 juin 1987

— Jésus, je sais que Tu utilises beaucoup le Père James. Tu T'en es d'abord servi pour chasser les démons[120], Tu en as fait ensuite l'instrument de mes tourments. Tu l'utilises maintenant pour me remettre de bons livres, pour me faire reconnaître Tes œuvres surnaturelles et me confirmer ainsi que c'est bien Toi. Tu m'as fait comprendre aussi ma misère, que Tu m'as choisie malgré ma méchanceté, n'ayant absolument aucun mérite pour que de telles Grâces me soient données. En comparaison avec les saints, cela est évident. Alors Tu comprends pourquoi il me vient une vague de doutes? Uniquement pour cela, à cause de mon indignité. Rappelle-Toi, Tu m'as tout appris depuis le début, et souviens-Toi comment je T'ai repoussé au début, en sachant que c'était Toi? Tu vois ce

120. Les trois premiers mois, le démon a essayé de me décourager de l'approche de Dieu, et de m'En tenir éloignée.

que je veux dire? Quand me vient cette vague de doutes à cause des raisons ci-dessus, je sais que je T'offense et Te blesse, comme Tu me l'as dit une fois: «tu Me blesses quand tu oublies Qui t'a sauvée de l'obscurité.» D'autre part, mon esprit chancelle presque lorsque je cherche à comprendre pourquoi Tu es venu confier une mission aussi importante à une âme comme la mienne, à quelqu'un qui avait tout à apprendre de l'Ecriture et qui est tant pécheresse! Plus Ta gouverne progresse, plus elle produit de miracles. De complets athées ont plié, mais Tu as béni Ton œuvre, Seigneur, alors je ne devrais pas m'en étonner. L'un après l'autre, chacun revient à Toi en la lisant.
Quelqu'un m'a dit: «Tu ne me feras JAMAIS lire une seule page de tout ça. Je ne crois qu'au concret: l'argent, les affaires...» Ces mots résonnent encore à mes oreilles. Et voilà aujourd'hui cet homme plus fervent que sa femme, elle qui, au début, avait essayé sans succès de le convertir. Il veut maintenant lire TOUT Ton message, me disant que cela lui apporte une Paix extraordinaire. Et pourtant, je ne lui avais jamais parlé, puisque je ne suis pas douée en paroles. C'est arrivé, tout simplement: C'est Toi, Jésus, bien sûr. Tu es merveilleux!
— C'est Moi Jésus, Fils Bien-Aimé du Père.
Je t'ai envoyé tous ces livres, afin que tu croies en Mes œuvres Surnaturelles. Je t'ai nourrie de Mon Pain. Ne doute jamais de Mes œuvres. Je désire que tu apprennes le détail de toutes Mes Grâces, aussi, sois attentive à toutes nouvelles manifestations. Tout viendra de Moi.

(De nouveau, il me semblait que la Croix m'écrasait. La «Croix», c'est le Message de Dieu.)

— Jésus?
— Je suis. Lève-toi! Soulève-toi! Ne tombe pas. Je suis près de toi pour t'aider. Soulève Ma Croix, ne sois pas comme le

Cyrénéen; sois de bonne volonté. Viens, bien-aimée, le chemin peut être rude, mais Je suis toujours auprès de toi, partageant Ma Croix. Vassula, regarde-Moi!

(Je L'ai regardé. Il était là, S'appuyant au coin du mur d'une manière pitoyable. Il portait Sa Couronne d'Epines et était presque nu, Son vêtement trempé de Sang. Il était couvert de Sueur et de Sang, plus de Sang que de chair... C'était juste après la Flagellation.)

— **Est-ce que Je mérite cela?**
— Non! Mon Dieu!
— **Honore-Moi, Ma fille.**
— Qui T'a fait cela, Seigneur?
— **Des âmes, Vassula. Ce sont elles, répliques**[121] **de Sodome.**

(Plus tard)

— **Ma fille, Je désire l'Unité dans Mon Eglise**[122]**! L'Unité!**

(Jésus a dit ces mots avec force et insistance.)

18 juin 1987

— Jésus?
— **Je suis. Je t'utiliserai, Vassula.**
— Utilise-moi jusqu'à la fin, Seigneur.
— **Bien-aimée, dis-leur de Me donner la liberté d'agir comme Je le désire. Dis-leur que dans leurs prières et dans toutes les demandes qu'ils M'adressent, ils ajoutent:**

121. Je ne savais pas ce que signifie le mot «réplique»; plus loin, Jésus m'a écrit que cela veut dire «copie».
122. Jésus m'a fait comprendre que c'est à cause de l'actuelle division de l'Eglise qu'Il m'est ainsi apparu flagellé.

«Cependant, que soit faite non pas notre volonté, mais la Tienne».

Apprenez de Moi, honorez-Moi.

19 juin 1987

— Vassula, des actes, des actes, Je veux voir des actes! Je Me délecte d'entendre tes mots d'amour qui sont un baume sur Mes Plaies, mais Je serai plus heureux encore de voir de toi des actes! Viens, Je vais te rappeler comment J'œuvrais sur terre lorsque J'étais en chair, et comment J'enseignais à Mes disciples à œuvrer de la même manière.

— Padre Pio travaillait comme Toi.

— Il travaillait pour Moi. Je lui ai donné toutes ces Grâces pour M'honorer et faire revivre Mon Nom; œuvrer en Mon Nom Me glorifie et vous purifie. Rappelle-toi, Je brille sur chacun.

— Y compris sur les gens comme moi?

— Oui, y compris sur les âmes comme la tienne.

Thaïlande, 20 juin 1987

(Sainte Marie)

— Comme J'ai été contente de recevoir ton cierge. Orne-Nous de ton amour. Aie Notre Paix.

(La Sainte Vierge m'a dit ces mots avec beaucoup d'amour. Avant de faire le Chemin de Croix, j'avais allumé un cierge pour Elle, pour La remercier de nous avoir donné Son Fils.)

21 juin 1987

— Seigneur, pourquoi tant de gens T'ont-ils oublié?
— O Vassula, Mon Corps est mutilé au point d'en être paralysé. Vassula, introduis la lumière[123] dans Mon Chemin de Croix et, à chaque station, mets-toi à genoux.

(Je suis restée silencieuse.)

— Vassula, J'ai parlé!
— Seigneur, que puis-je faire?
— Rien. Laisse-Moi tout faire.
— Oui, mais personne ne le fera puisque personne ne le sait!
— Avoir la foi, c'est aussi une Grâce donnée par Moi. Aie foi en Moi!

(Plus tard)

— Maintenant que Tu m'as séduite, qu'adviendra-t-il de moi?
— Tu veux savoir? Je te jetterai de Mes Bras dans cet exil que Ma Création est devenue!
— Mon Dieu, Tu ne m'aimes plus?

(J'étais très chagrinée...)

— C'était si merveilleux d'être dans Tes Bras! Et maintenant Tu me jettes!
— O Vassula, comment peux-tu dire cela[124]! Mon Cœur Se fend et Se lacère de te voir parmi tout ce mal. Comprends, Mon enfant, que c'est un sacrifice pour Moi de te voir parmi les impies. Je souffre que tu sois en exil. Ma fille, beaucoup essaieront de te faire du mal. Je pourrais supporter mainte-

123. Un cierge allumé.
124. J'ai senti Son Cœur Se serrer.

nant tes souffrances[125], mais Je ne pourrais pas, non, Je ne pourrais pas supporter qu'ils te fassent du mal.

— Que ferais-Tu, Seigneur?

— Je ne Me tiendrais pas inactif.

— Mais pourquoi m'as-Tu ainsi étreinte et séduite pour ensuite me jeter dehors? C'est presque injuste!

(Je criais presque)

— N'ai-Je pas dit que tu seras Mon sacrifice? Je Me sers de toi. Tu es Mon Filet. Oui, Je te lance sur le monde. Tu dois M'offrir des âmes pour leur salut. Je les rachèterai. Cela ne se passera pas sans que tu souffres. Le démon te hait et il n'hésitera pas à te brûler, mais il ne portera pas la main sur toi, Je ne le lui permettrai pas.

(Cela me rappelle un incident récent. Dans un bateau où je venais d'embarquer, je m'étais appuyée de tout mon poids avec ma main gauche sur le tuyau d'échappement, chaud à faire cuire un œuf. Je me suis presque évanouie de douleur. Comme je m'étais brûlée toute la paume, l'envie était forte de plonger ma main dans l'eau de mer pour soulager la brûlure, mais je me suis aussitôt souvenue que l'eau aggrave le mal. J'ai donc tenu ma main en l'air pendant dix minutes tout en trépignant de douleur, alors que ma paume était rouge et s'était mise à enfler.
Une demi-heure plus tard, je n'avais plus aucune douleur et ma main n'avait plus la moindre trace de brûlure ni d'enflure. Pour en être sûre, je me frottai les mains très fort l'une contre l'autre. Ma main était redevenue aussi parfaite que l'autre.)

125. D'être divisée; mon âme dans Son Cœur et mon corps dans le monde.

— Mon enfant, Je ne veux pas te voir blessée. Je t'aime et par Amour Je choisirai pour toi Mes purifications. Je ne permettrai aucune tache sur toi, comprends ce que Je veux dire[126].

— Seigneur, j'aimerai tout ce qui viendra de Toi, que ce soit des délices ou des souffrances.

— Bien-aimée, oui, fais un Ciel pour Moi dans ton cœur. Comme Je Me réjouis d'entendre cela de toi Mon enfant[127]! Oui, et toute souffrance choisie par ta volonté, en pensant qu'elle Me sera agréable, sera une horreur à Mes Yeux. Tu ne tromperas que toi-même. Ce sera pour le démon, pas pour Moi. Tout acte réparateur sera décidé par Moi.

— Je T'aime et je dépends entièrement de Toi.

— En M'aimant, tu Me glorifies, oui.

(J'ai entendu Satan qui disait: «Ces moments[128] sont pour moi un martyre». Il ne peut pas supporter que mon cœur se réjouisse de l'Amour de Dieu pour moi et de mon amour pour Dieu.)

— C'est comme s'il était marqué sur tout le corps avec une Croix chauffée au rouge.

23 juin 1987

— Jésus, Tu as été mon Maître depuis le début, mais n'aurais-je pas quelqu'un comme directeur spirituel — comme ils disent — pour me guider un peu? Jusqu'ici, je n'en ai pas eu et ceux que j'ai approchés n'ont pas montré d'intérêt ou sont trop occupés, ou alors horrifiés[129]. Personne ne m'a dit avec

126. Dieu choisira Lui-même mes souffrances.
127. Cela veut dire que la souffrance que Satan pourrait m'infliger ne se réalisera pas, mais toute souffrance venant de Dieu se réalisera, et ainsi purifiera mon âme.
128. Ces moments d'intimité que Dieu m'accorde.

douceur: «Mon enfant, fais ceci» ou «fais cela». Le seul qui m'ait donné un ordre précis m'a dit: «Arrête. Cela ne vient pas de Dieu, alors arrête d'écrire au moins durant quelques jours pour voir ce qui se passera. Prie les trois prières que je t'ai données en demandant à Dieu si cela vient de Lui». Je lui ai obéi, mais, mon Dieu, Ta Main a guidé ma main, intervenant pendant que j'écrivais mes notes privées. Tu as écrit: «Moi Dieu Je t'aime, n'oublie jamais cela». Tu as pris pleine possession de ma main. Quelques minutes plus tard, encore une fois, Tu as écrit: «N'oublie jamais que Moi Dieu, Je t'aime». C'était comme une visite surprise pendant mon séjour «en prison». C'était merveilleux!

— Mon enfant, laisse-Moi être ton Directeur Spirituel. Ne te suis-Je pas assez agréable? Je suis Tout ce qui te manque. Vassula, fais-Moi plaisir en rajoutant simplement au Chemin de Croix la lumière d'un cierge, et honore-Moi en t'agenouillant à chacune de Mes Stations. Je te donnerai en temps utile plus de Mes instructions.

— Jésus, je Te remercie de m'avoir fait connaître D.

— Mon enfant, parle-lui de Moi et dis-lui de Ma part:

«Veux-tu Me laisser t'utiliser?»

— Mais Seigneur, ne lui as-Tu pas déjà demandé cela précédemment? Que veux-Tu dire exactement?

— J'entends par là lui demander s'il est désireux de travailler pour Moi.

Ma Croix est lourde, veux-tu Me soulager un peu?

— Oui, Seigneur.

— Viens plus près de Moi.

---

129. Cela se passait au début quand je n'avais aucun appui et qu'on me disait que tout venait du démon.

Bangkok, 26 juin 1987

(A 7h30 du matin, j'ai vu un nuage très coloré, très attirant pour l'œil. Puis, cinq rayons en sont sortis, formant comme une étoile. J'ai crié: « Regarde!» Alors, derrière moi, une main m'a poussée en avant.
Puis il s'est produit encore un changement: sur un des rayons est apparu un cierge allumé. De nouveau, j'ai dit: «Regarde!» Alors, la main derrière moi s'est appesantie sur moi et m'a fait tomber à genoux. Je ne me préoccupais toujours pas de savoir qui me poussait, car je ne voulais pas manquer un seul moment de l'événement dans le Ciel.
Les cinq rayons ont alors commencé à tourner si vite qu'ils formaient une sorte d'anneau lumineux. Soudain, au centre de cet anneau, la Sainte Face de Jésus est apparue. J'ai crié: «Regarde!» et la main derrière moi m'a poussée encore une fois, et je suis tombée en avant sur mes mains. Soudain, j'ai entendu des voix en grand nombre adorant Dieu en L'invoquant continuellement: «JÉSUS».
Ensuite, l'image de Jésus a disparu et une autre scène m'est apparue. J'ai de nouveau crié: «Regarde!» Cette fois, la main m'a aplatie sur le sol. Seule ma tête pouvait se soulever pour voir ce dernier tableau: j'ai vu quelqu'un à genoux, entouré de cinq autres personnes. Devant cette scène, se trouvait un Calice d'argent brillant d'un grand éclat. Les cinq personnages, habillés de longues robes, étaient en train de bénir et de oindre celui qui était agenouillé, et j'ai entendu distinctement le mot «onction». Puis, tout a disparu.)

— Mon Dieu, je n'ai pas compris ce songe.

— La Sagesse t'instruira.

(Je savais que la main qui me poussait chaque fois avec force était celle de mon ange gardien Daniel.)

27 juin 1987

(Maintenant je commence à réaliser que je suis comme scindée. Mon corps est en mouvement, mais sans mon âme, me semble-t-il. Mon âme, mon Dieu, c'est Toi qui l'as prise. Je me sens comme une carcasse vide. Détachée complètement. Quelqu'un a-t-il fait l'expérience de ne penser qu'à Dieu durant tout le temps qu'il est éveillé? Quelqu'un a-t-il fait l'expérience d'être conscient de Dieu toute la journée, chaque jour, pendant plus d'une année? Et au moment où mes pensées se détournent, je sens la Main du Seigneur me prendre le menton et me tourner la tête vers Lui pour que je regarde en face Sa Face souriante. Je m'étonne moi-même d'être cependant encore capable de me livrer à mes occupations ménagères!)

— Vassula, J'ai simplement pris ton cœur et l'ai placé dans Mon Cœur.

(Dieu m'a dit cela avec une grande simplicité et une grande douceur... comme si mon cœur était pour Lui un jouet. C'est maintenant le Père qui prend la parole:)

— Je suis Yahvé et Je t'aime! Berce Mon Amour. Créature, reste dans la Grâce de ton Créateur.

— Comment, comment puis-je rester dans Ta Grâce?

— Tu dois être sainte.

— Comment puis-je être sainte?

— En M'aimant avec ferveur.

— Si telle est Ta Volonté, aide-moi donc à être sainte.

— Je t'aiderai, aie Mes Bénédictions. Je ne te demanderai jamais rien qui te ferait du mal, rappelle-toi toujours de cela. Viens, Je te dévoilerai Mes désirs les plus profonds et les plus intimes. Permets-Moi de les graver en toi, petite.

30 juin 1987

(J'ai accouru, car Jésus me pressait pour écrire.)

— Je t'ai appelée!

(J'ai vu Jésus intérieurement et je L'ai senti heureux.)

— Oui, Je le suis, Je Me sens heureux! Viens, travaillons. Je vais te répéter Mes désirs. Vassula, n'aie pas peur de montrer Mes œuvres.

— Seigneur, je me compare à cette bonne amie à nous, M., qui est si impulsive. Je suis maintenant aussi impatiente qu'elle. Je voudrais que les événements aillent vite, qu'ils aient lieu demain, aujourd'hui, maintenant, tout de suite si c'est possible, que tous Tes désirs soient maintenant ACCOMPLIS, que Tes Epines soient retirées et jetées au loin, que la lance soit retirée de Ton Cœur maintenant, et que s'accomplisse tout ce que Tu désires!

— Vassula, ne te précipite pas.

(Je sens Sa Main qui me caresse la tête.)

— Ecoute de nouveau Mes désirs. Je voudrais leur rappeler Mes Voies, Je veux qu'ils arrêtent de se lancer les uns aux autres des flèches venimeuses. Vassula, étais-Je un politicien?

(Jésus m'a surprise par Sa question. Il avait un ton de voix différent.)

— Eh bien, même moi, cette fois, je sais que Tu n'étais pas un politicien...

— Exactement, Je n'étais pas un politicien, Vassula. A ton avis, qui étais-Je?

— Seigneur, Tu veux dire quand Tu étais incarné sur terre?

— Oui.

— Le Fils Bien-Aimé de Dieu.

— Oui, tu vois, même toi tu savais que Je n'étais pas un politicien. Vassula, voyons...

(Jésus S'est mis à réfléchir dans l'attitude classique, un Bras sur Sa ceinture, l'autre Bras accoudé dessus, et l'Index posé sur Sa Joue.)

— As-tu jamais senti, tout au long de Ma gouverne, la moindre trace de méchanceté de Ma part?

— Non, pas une trace, Seigneur, jamais.

— Bien.

— Que veux-Tu dire, Seigneur?

(Jésus a ignoré ma question.)

— Comment t'es-tu sentie, Vassula?

— Je me suis sentie gâtée par Toi, aimée énormément, bercée, pardonnée.

— Continue...

— Je me suis sentie enivrée par Ton Amour, je me suis sentie en Paix, c'est merveilleux! Je ne me suis jamais sentie aussi heureuse qu'en ces moments où je me suis trouvée avec Toi et, par Ton Amour, Tu m'as de nouveau montré le chemin, m'enseignant l'AMOUR, la sainteté et l'humilité.

— Oui, tu vois, Vassula, il n'y a aucune trace de soulèvement politique, <u>aucune</u>.

(Jésus a fait un geste de la Main en accentuant le mot «aucune».)

— C'est ainsi que Je suis. Je suis Tout Amour, et c'est ainsi que Je voudrais que soient Mes vrais, mais vrais disciples. Ecoute-Moi: Je suis l'Eglise, n'oublie jamais cela. Aie Ma Paix, Vassula.

— Je T'aime à la folie, et Tu le sais maintenant, Jésus.

— Bien-aimée, Mon Cœur t'engloutira dans Sa Flamme d'Amour, permets-Moi de te garder dans Mon Cœur.

(J'ai pensé à la vision du 26 juin.)

— Les cinq rayons sortent de Mes cinq Plaies.

— Et le cierge sur un des rayons?

— J'aimerais introduire la lumière.

— Aux Stations de Ton Chemin de Croix?

— Oui.

— Ensuite je T'ai vu.

— Oui, Je portais Ma Couronne d'Epines, te souviens-tu?

— Oui, je me souviens. Mais je n'ai pas compris la dernière scène.

— C'était Mon Onction.

— Mais pourquoi ai-je été poussée dans une attitude de prosternation?

— Prosternée tu aurais dû être.

— Et le Calice, Seigneur?

— C'est pour que vous vous purifiiez et que vous honoriez Ma Sainte Eucharistie.

— Je Te remercie, Seigneur.

(J'ai compris que dans la scène que le Seigneur m'a montrée dans le ciel, c'était Lui qui était oint.)

— Vassula, la pointe de la lance a pénétré profondément dans Mon Corps, elle a pénétré dans Mon Cœur. Elle y est

toujours. Je veux que la lance soit retirée. Glorifie Mon Corps en établissant la Paix, l'Unité et l'Amour.

— Dieu Bien-Aimé, tout cela est trop vague pour moi, je ne comprends pas le sens de Tes Paroles.

— Enlève les Epines qui ont pénétré dans Ma Tête. Vassula, vas-tu faire cela pour Moi? Je serai toujours devant toi. Guéris Mon Corps, apaise-Le. Mes cinq Plaies sont grandes ouvertes, comprends-tu? Aime-Moi, orne-Moi, embellis-Moi, rappelle-leur les premiers Chrétiens qui M'aimaient plus que leur propre vie.

— Mon Seigneur, plus que faire des photocopies et distribuer Ton Message, je ne peux pas faire!

— Tu feras beaucoup plus que cela, n'oublie jamais Qui te guide.

— Oui, Seigneur, je dépends de Toi.

3 juillet 1987

— Jésus?

— Je suis. Bien-aimée, les inspirations viennent de Moi, comme viennent les gouttes de rosée sur les feuilles. J'ai fait avec toi un pacte de t'être fidèle. J'ai pris Mes mesures pour que toi aussi tu Me demeures fidèle, comprends-tu[130]? Vassula, pour Mon Amour, uniras-tu Mon Eglise?

(Jésus a dû sentir en moi mon soupir suite à Ses demandes.)

— Je suis devant toi, et c'est Moi qui t'instruirai. Suis-Moi simplement. Je veux que toutes Mes Eglises soient unies. Je veux que Mes âmes sacerdotales se souviennent de Mes

130. Jésus S'est assuré que je ne Le trahisse pas, sachant combien je suis faible.

œuvres d'autrefois et de la simplicité qu'avaient Mes disciples, de l'humilité et de la fidélité qu'avaient les premiers Chrétiens. Viens, Je te dévoilerai les plus profonds et les plus intimes désirs de Mon Cœur; permets-Moi de les graver sur toi, petite.

(Là, je me suis vraiment sentie désespérée. Je sens que Dieu désire tant de choses importantes qu'Il me dicte par écrit, et je suis là, assise, paralysée. Je sens que je ne fais pas ce qu'Il veut, puisque rien ne change. Mais comment cela changera-t-il, si, en fait, presque personne ne le sait? Je sens que je Lui déplais, en désobéissant en n'exécutant pas ce qu'Il désire le plus. J'ai montré ce message au Père James, mais lui aussi, que peut-il faire d'autre que lire et me donner des conseils. Plus de cent personnes ont des copies de ces messages, mais cela ne suffit pas!)

— Jésus?

— Je suis. Vis en Paix. Je restaurerai Mon Eglise. Permets-Moi seulement, Vassula, d'imprimer Mes Paroles sur toi. Je t'aime. Glorifie-Moi en M'aimant. Unir Mon Eglise est Mon œuvre. Toi, tu ne seras que Ma messagère, comprends-tu la différence? Même quand Je dis: «Ranime ou unis Mon Eglise, Vassula», cela ne s'adresse jamais directement à toi. Tu apprendras. N'as-tu pas appris une partie de Mes œuvres avec Moi?

— Oui, Seigneur.

— Attends et tu verras[131]. J'ai une question à te poser: Pourquoi n'es-tu pas venue à Moi maintenant, pour que Je te console? Oui, exactement, oui.

131. Il y eut une longue pause. Il tenait ma main sur le cahier, sans rien dire et me regardait.

(En un rien de temps, Jésus m'a donné une vision représentant tout un récit, comme une parabole. Il s'agit d'un enfant et de sa mère. Cette mère retrouve enfin son enfant qu'elle avait perdu depuis plusieurs années et sa joie est immense. Elle commence à réapprendre à l'enfant comment il doit venir vers elle chaque fois qu'il a besoin d'elle puisqu'elle l'aime et qu'il lui appartient. Mais l'enfant est encore affecté par des habitudes un peu sauvages et il a de grandes difficultés à se réadapter à quelqu'un qui lui dit être sa mère et qui l'aime. Il s'était habitué à sa solitude, à ses misères, à ses malheurs et à n'avoir personne vers qui se tourner. Et voilà qu'il continue à oublier que la mère est celle qui pourrait l'aider et le consoler. La vision est celle d'un tout petit, demeuré dans toute sa misère, qui erre, plaintif autour de la maison, continuant à ignorer sa mère. La mère, qui voit son enfant dans sa misère, est peinée, peinée de le voir misérable et ne voulant toujours pas venir se jeter dans ses bras et lui montrer qu'il a besoin de son affection. Le cœur de cette mère est complètement brisé de voir son enfant dans la misère tout en l'ignorant, elle, elle qui pourrait tant faire, s'il avait confiance en elle!
L'enfant, c'était moi, et la mère, c'était Jésus.
Tout cela parce que j'étais désespérée de me voir avec ce Message sur les bras, n'en faisant pas grand-chose, et ayant l'impression d'aboutir à rien. Là-dessus, en pleine après-midi, j'ai décidé d'aller me coucher et d'essayer de dormir pour oublier. Je pensais à Jésus, mais je me sentais trop triste pour Le regarder en face.)

— Bien-aimée, Je suis ton Consolateur! Appuie ta tête sur Moi, permets-Moi de te caresser et de calmer ta douleur, permets-Moi de chuchoter à ton oreille Mes Paroles. Dans Mon Cœur, J'ai une place pour toi. Ne perds pas de temps ailleurs, viens maintenant à ta place[132].

— J'en suis incapable...
— **Je te soulèverai et te placerai là.**

En Suisse, 7 juillet 1987

— **Vassula, tu feras face à des épreuves sévères, n'oublie pas Ma Présence. Je suis près de toi. Croire à Mes œuvres célestes est aussi une Grâce donnée par Moi. Mes œuvres apparaissent hétérodoxes à vos yeux, mais Je suis Dieu, et à qui pouvez-vous Me comparer? Et à quoi pouvez-vous comparer Mes œuvres?**
Vassula, quand Je vois combien de Mes âmes sacerdotales renient Mes Signes et Mes œuvres, comme elles traitent ceux à qui J'ai donné Mes Grâces pour rappeler au monde que Je suis parmi vous, Je souffre... Involontairement, ces âmes nuisent à Mon Corps. Pono[133]! Elles renient Mes œuvres, faisant ainsi des déserts au lieu de fertiliser la terre!
— Seigneur, si ces âmes renient Tes œuvres, il doit y avoir des raisons!
— **Spirituellement, elles sont mortes. Ces âmes sont elles-mêmes des déserts et quand elles aperçoivent une fleur dans ce grand désert qu'elles ont fait, elles se ruent sur elle, la piétinent et la détruisent.**
— Pourquoi?
— **Pourquoi? Cette fleur les choque dans leur désert. Elles veulent s'assurer que leur désert reste aride! Je ne trouve aucune sainteté en elles, aucune. Qu'ont-elles à M'offrir?**
— La protection, Seigneur! Protection qui consiste à ne pas déformer Ta Parole!

132. Il a dit tout cela très tendrement, comme Dieu seul peut parler.
133. «J'ai mal», en grec.

— Non, elles ne Me protègent pas, elles Me renient comme Dieu. Elles renient Mes Ressources Infinies. Elles renient Mon Omnipotence, elles se comparent à Moi. Sais-tu ce qu'elles font? Elles promeuvent le paganisme, elles multiplient ceux qui Me flagellent, elles augmentent la surdité spirituelle. Elles ne Me défendent pas, elles rient de Moi! Malgré leur reniement, J'ai voulu les aider, pour qu'à leur tour elles aident et nourrissent Mes agneaux.
Aime-Moi Vassula, honore-Moi en ne Me reniant jamais.

— Je ne Te renierai jamais, je ne nierai jamais que ce sont Tes œuvres, Seigneur, même si je devais mourir!

— Ma douce myrrhe, Mon reste, Ma bien-aimée, veille à Mes intérêts, sois Mon autel, reste petite pour que J'œuvre et agisse en toi. Viens, prions:

Père de Miséricorde,
unis Tes brebis, rassemble-les à nouveau,
fais-leur réaliser leur aridité, pardonne-leur,
moule-les en ce que Tu désires qu'elles soient,
rappelle-leur Tes Voies;
que toute Gloire soit en Ton Saint Nom,
pour toujours et à jamais.
Amen.

(Je me sens triste pour Dieu...)

— Bien-aimée, sois triste pour le monde et ce qu'il est devenu. Repose en Moi.

8 juillet 1987

— Seigneur, une fois, un prêtre m'a dit qu'après que Tu sois mort et enseveli, Ton Corps S'est désintégré dans l'air et que c'est pour cela qu'on ne T'a pas retrouvé. En d'autres termes, ce prêtre niait Ta Résurrection.

— **Vassula, ils déforment Ma Parole. Je suis ressuscité; Je ne Me suis pas désintégré. Mon Corps est ressuscité.**

— Seigneur, me parles-Tu en symboles ou me dis-Tu que Tu es réellement ressuscité en Ton Corps?

— **Mon enfant, Je t'ai parlé littéralement. Mon Corps est ressuscité. Dis-leur d'arrêter de déformer Ma Parole pour plaire à l'entendement humain. Je suis Omnipotent.**

(Plus tard)

— Seigneur, je crains d'être une cause de retard dans l'accomplissement de Tes Plans.

— **Comment pourrais-tu Me retarder si c'est Moi qui travaille?**

— Par des péchés qui peuvent faire obstacle.

— **Je te demanderai de te repentir souvent, Je te désignerai tes péchés, Je te veux pure.**

— Mon Dieu?

— **Je suis. Vassula, tant de Mes mystères vous sont cachés! Le peu que Je vous ai révélé est «vu» d'un regard humain, ne les comprenant donc pas, soit qu'ils soient mis de côté, soit qu'il en soit donné une explication fausse. Comment vous est-il possible de comparer Mes œuvres à des œuvres humaines? La science ne peut être comparée aux œuvres célestes. C'est comme si vous vouliez Me comparer aux hommes! Il est vrai que Mes œuvres vous apparaissent hétérodoxes, mais ce qui M'afflige le plus, c'est de voir Mes propres âmes sacerdotales douter de Mes œuvres, refuser d'y croire et M'éloigner ainsi, au lieu de Me promouvoir.**

Ma Création s'est transformée en un désert sec, infertile et assoiffé d'amour. De quoi Mes agneaux se nourriront-ils, puisqu'elles n'ont rien à leur offrir?

10 juillet 1987

— Ma Fleur, intègre-toi à Mon Corps. Vivre dans le désert est difficile, mais Je te guiderai toujours à Ma Fontaine où J'étancherai ta soif et te donnerai repos et abri. Ma fille, sois Mon sacrifice. Tout ne sera pas en vain. Tiens-toi à Moi. Tu n'es pas seule, nous sommes ensemble pour traverser ce désert.

Permets-Moi d'imprimer sur toi Mon Commandement spécial:

«Aimez votre prochain comme vous-mêmes».

— Mais Seigneur, ce n'est pas nouveau, Tu nous l'avais déjà dit.

— Est-ce que vous le suivez? Chaque âme ecclésiastique doit encore apprendre à obéir à Mon Commandement. Qu'elles puisent dans Mon Amour Infini pour apprendre à s'aimer les unes les autres.

Sens-Moi. Toutes les parties de Mon Corps sont lacérées, Vassula.

Je n'ai pas fini de te dicter Mes désirs, et J'ai gardé en réserve un plus grand désir! Tu commences à le sentir, Vassula, parce que Je t'éclaire pour que tu sentes ce que Je désire. J'aime infiniment Ma Création.

— Mon Dieu, si c'est «cela» ce que Tu désires, alors vraiment Ton Royaume sur terre sera comme Il est au Ciel!

— Peu à peu tu comprendras. Des visions, Je t'en donnerai et tu les mettras par écrit. Sois avec ton Dieu qui souffre aussi!

CAHIER 14

10 juillet 1987

— Création! Ma Création! Aujourd'hui vous Me reniez comme votre Dieu mais demain vous Me louerez, vous M'adorerez et vous Me désirerez! Viens, Vassula, n'oublie jamais Qui Je Suis, accroche-toi à Moi, appelle-Moi comme hier[134] et J'accourrai vers toi. Je t'aime. Honore-Moi en Me désirant et en M'aimant. Dans de telles situations, la plupart d'entre vous disent que c'est la chance, M'oubliant! «Chance» n'existe pas dans Mon vocabulaire! C'est Moi qui t'aide, Création.

11 juillet 1987

— Repens-toi!

— Je Te remercie mon Dieu de veiller sur moi.

(Je me suis repentie.)

---

134. Cela s'est passé la nuit dernière. Dans l'immeuble où nous habitons, le concierge ferme la porte d'entrée à 22 heures. Nous avions oublié la clef dans l'appartement. En voyant la porte fermée, nous savions que nous étions dans l'impossibilité de rentrer. Je me suis approchée de la porte en demandant plaintivement: «O mon Dieu, ne me dis pas que la porte est fermée! Fais qu'elle s'ouvre, s'il Te plaît!» A la minute même, un autre locataire de l'immeuble est arrivé et a ouvert la porte.

— Bien-aimée, tout est pardonné, car telle est Ma Miséricorde. Je t'enseignerai à regarder avant de faire ton prochain pas, sois vigilante, favorise-Moi par-dessus tout. Fleur, ne détourne pas ton visage de Ma Lumière, regarde-Moi, fais-Moi face, épanouis-toi!
— Je suis faible, je trouve parfois difficile de porter Ta Croix.
— Mon reste, unis-toi à Moi et soyons Un, ensemble. Ensemble, nous restaurerons Mon Eglise.

12 juillet 1987

— Vassula, Je Me réjouis quand tu réalises.

(Parfois, je réalise pleinement que je suis vraiment avec Dieu et que c'est vraiment Lui qui communique de cette manière avec moi. Alors mon cœur bondit de joie! Cela m'arrive par vagues. La plupart du temps je réalise, mais pas vraiment complètement.)

— Tu le sais, Seigneur?
— Je sais, Je le sais très bien. Vassula, te souviens-tu de Juan? Nous l'unirons à Moi.
— Mon Dieu!
— Je suis.
— Tu penses beaucoup à Juan!
— Il est Mon âme bien-aimée. Je l'aime, Je le veux près de Moi. Je désire le guider et en faire un grand serviteur. O Vassula! Que de grandes choses il peut accomplir pour Moi!
— Mais, Seigneur, c'est impossible! D'abord il ne croit pas en Toi, ensuite il a d'autres occupations dans sa vie!
— Enfant, réalises-tu Qui te conduit?
— Oui, mon Dieu...
— Je suis l'Alpha et l'Oméga, Créateur de tout. Réalises-tu qu'il Me cherche depuis des années?

— Ah! oui? Je pensais qu'il ne croyait pas.
— Il a toujours cru mais il a été égaré. Je l'aime et Je l'amènerai à Me trouver. Je suis Amour et à l'Amour il viendra. Je l'emplirai de Mon Amour, toutes Mes Bénédictions le restaureront. Bien-aimée, maintenant tu dois te reposer.
— Seigneur, veux-Tu toujours que je sois agenouillée pour écrire?
— Je le veux. Honore Ma Présence.
— Oui, Seigneur.

13 juillet 1987

— Vassula, pour être Ma messagère, tu dois M'aimer comme Je te l'ai enseigné. Vivante, enfin vivante! Je t'ai ressuscitée des morts!
— Et les autres?
— Créature, les autres sont encore à ressusciter. Ma rosée d'Amour se répandra sur eux, Ma Lumière les couvrira et ils revivront. Création, Je te ranimerai !
Je ne t'ai pas ranimée pour ta gloire, Je t'ai ranimée pour Ma Gloire.
— Oui, Seigneur.
— Petite, appelle-Moi «Abba», oui, sois proche de Moi, Je ne t'abandonnerai jamais.

18 juillet 1987

(Je ne me sens vraiment pas en forme pour écrire depuis mon arrivée en Suisse. Je ne suis pas bien du tout. En plus de la grippe, j'ai attrapé une infection dans la bouche et aux lèvres. Je parviens à peine à manger. J'ai en outre une douleur aiguë au côté qui m'empêche de dormir depuis cinq nuits et qui persiste encore.)

— Viens, laisse-Moi te dire que tout cela vient de Moi. Ce sont Mes purifications. Ma fille, Je t'aime. Apprends comment J'œuvre, Je te soutiendrai même si tu dois souffrir. Je veille sur toi et Je ne permettrai aucune tache sur ton âme. Comprends comment J'œuvre, mais sens-Moi, permets-Moi de t'entendre Me parler, souviens-toi de Moi. Je ne laisserai jamais quiconque passer avant Moi, Je suis le Premier. Polir ton âme la fera briller comme l'or, et maintenant Je vais te rappeler pourquoi Je t'ai choisie. Je t'ai choisie à cause de ton ineffable misère et faiblesse. Je suis un Dieu de Miséricorde. Maintenant tu peux travailler mais tu dois toujours M'avoir Présent à l'esprit. Je ne te perds jamais de vue, Moi. Regarde Mes Lèvres quand Je te parle, Je t'aime. Viens, lève-toi, regarde-Moi en face et permets-Moi maintenant de t'entendre.

(C'est vrai. Le déménagement m'avait beaucoup accaparée et depuis quelque temps, j'avais négligé Dieu.)

— Permets-Moi de t'utiliser juste encore un peu de temps.
— Oui, Seigneur.
— Reçois Mes Bénédictions.
— Je Te bénis, Seigneur.

Stockholm, 21 juillet 1987

(Aujourd'hui deux femmes, se présentant témoins de Jéhovah, sont venues frapper à ma porte. Nous avions un problème de langue. Mais elles semblaient très décidées et, d'une façon ou d'une autre, elles attaquaient la foi catholique! Elles ont dit qu'elles reviendraient avec des livres en anglais. Je vais les écouter pour savoir ce qu'elles veulent.
Elles sont arrivées alors que Jésus écrivait. Je leur ai brièvement montré cette révélation. Toutes les deux ont ri et j'ai compris le mot

«démon». Je les ai laissé faire. Dieu ne m'avait-Il pas dit, le 7 mai, que bientôt on se moquerait de moi et ne m'a-t-Il pas donné Sa Couronne d'Epines pour que je sente les moqueries? Je crains que cela ne soit que le commencement...)

— Vassula, Je suis près de toi, ne crains rien.

22 juillet 1987

— Vassula, vois-tu toutes ces âmes? Elles attendent en file.

(J'ai vu un groupe d'âmes derrière Jésus.)

— Jésus?
— Je suis. Oui, c'étaient des âmes!

(Aussitôt après avoir vu ces âmes, une autre image m'est apparue: une image qui remonte à plusieurs années, lorsque j'avais dix-sept ou dix-huit ans. Il m'arrivait alors souvent, quand je me trouvais dans notre salon, de voir des âmes assises sur le sol, s'imposant mutuellement le silence, restant simplement là tranquillement autour de moi, comme si elles étaient venues pour entendre un discours. A cette époque, je me demandais pourquoi je voyais ces «personnes mortes», comme j'avais l'habitude de les appeler, mais je ne faisais pas autrement attention à elles puisqu'elles ne m'avaient jamais dérangée et très rapidement j'étais distraite par d'autres choses autour de moi.)

— Oui, Vassula, elles attendaient!
— Elles attendaient quoi, Seigneur?
— Elles attendaient que tu grandisses.
— Savaient-elles?
— Oui, elles savaient. J'ai attendu que tu M'aimes et que tu répares. M'aimer avec ferveur répare, et ainsi ces âmes qui se

trouvent au Purgatoire[135] sont guéries[136], arrachées du feu purificateur et peuvent enfin venir à Moi. Vassula, sais-tu combien, pendant qu'elles sont au Purgatoire, elles souffrent par leur désir de Me voir mais d'en être incapables? Combien elles dépendaient de toi! Ah! Vassula, les aideras-tu?

— Oui, Seigneur, j'aimerais tellement les voir enfin avec Toi!

— Aie Ma Paix. Moi le Seigneur, Je te montrerai comment tu les aideras. Recherche-Moi toujours, immole-toi et ne te plains jamais. Je t'aiderai à accomplir Mes désirs. Bien-aimée, aime-Moi car ton amour les guérit.

— Jésus, me feras-Tu savoir quand elles seront avec Toi?

— Je le ferai.

— Jésus, et les témoins de Jéhovah?

— Laisse-les te donner tout ce qu'elles veulent, reçois-les avec Moi. Tu comprendras pourquoi Je les ai envoyées vers toi. Appuie-toi sur Moi, bien-aimée.

— Jésus, ne rencontrerai-je personne de Ton Monde à Toi?

— Laisse-Moi te dire tout de suite que Je te prendrai et te placerai parmi les Miens. Ma fille, si tu avais mérité une seule de Mes Grâces, Je t'aurais montré comment l'Amour conduit, sans avoir eu à faire face à des difficultés, et toutes «portes»[137] ouvertes.

— Ce qui signifie?

— Ce qui signifie que tu n'avais pas du tout mérité ces Grâces que Je t'ai données et c'est par Mon Infinie Bonté que Je

135. J'ai demandé au Seigneur d'écrire «Purgatoire» au lieu de «Hadès», car c'est le mot qui pour moi en grec signifie Purgatoire.

136. Les feux du Purgatoire s'éteignent.

137. Signifie que Satan et ses disciples sont autorisés à s'infiltrer et à écrire leurs injures, ou me faire écrire des erreurs. Dieu m'a appris à reconnaître les démons, car ils se trahissent. Satan ne peut jamais laisser une âme en paix en sa présence.

Me suis penché sur ta misère. A partir de maintenant, désire-Moi plus que jamais. Tu mériteras chaque Grâce en M'offrant des actes d'amour. Chaque acte d'amour restaurera tout ce que tu avais détruit.

— Qu'est-ce que j'avais détruit, mon Dieu?

— Toutes les bonnes choses données par Moi et qui ont été transformées en mal. Honore-Moi, Je t'aime.

— Seigneur, m'aideras-Tu à faire ces bonnes actions?

— Je t'aiderai. Rappelle-toi que tout ce que J'ai donné devra être donné aussi gratuitement. Je veux que Mon Autel soit pur.

(Plus tard, Dieu m'a montré que je n'ai mérité aucune de Ses Grâces. Alors, maintenant je reviens vers Lui plutôt timidement, Le suppliant.)

— Seigneur?

— Je suis.

— Permets-moi d'être dans Ta Lumière.

— Sois dans Ma Lumière et restes-y.

— Permets-moi[138] de m'appuyer sur Toi.

— Je te le permets toujours.

— Permets-moi de prendre Ta Main et d'être près de Toi.

— Viens dans les Bras de ton Père.

— Permets-moi de Te parler!

— Ne sois qu'un avec Moi, fais-Moi face, sois Mon reflet et laisse-Moi parler pour toi.

— Permets-moi d'être consolée par Toi.

---

138. «Permettre» dans le sens de demander, m'a été enseigné par Jésus, car, bien qu'Il soit Dieu et soit Souverain, Il demande toujours ainsi la permission à Ses créatures: «Me permets-tu de faire ceci ou cela?»

— Ma petite, Je serai ton Consolateur. Viens, sens-Moi, synchronise-toi avec Moi, ne fais qu'un avec Moi, anéantis-toi en Moi, laisse-Moi te posséder complètement et régner sur toi, laisse-Moi te plonger dans Mon Cœur. Approche, sois en Moi et Moi en toi. Comme Je t'aime, Ma fille!

(J'ai senti que Dieu était content.)

— Je T'aime, Seigneur.

(J'ai senti Son Amour m'envelopper entièrement.)

— Sois avec Moi, maintenant. Reste[139]. Ne Me refuse rien, Vassula. Je crie fort, Mon Cri résonne et fait trembler tous les Cieux. Mon Cri devrait avoir été entendu par Mes âmes qui M'aiment, elles ont dû M'entendre. Dis-leur qu'elles ne l'ont pas imaginé, que c'est bien Moi, Jésus, le Fils Bien-Aimé de Dieu. Je veux qu'elles s'unissent et qu'elles proposent l'Unité, la Paix et l'Amour, Je veux qu'elles soient comme une armée de rédemption, réparant tout ce qui a été détruit et déformé. Mon Appel provient des profondeurs mêmes de Mon Ame blessée. Bénis-Moi, Ma fille.

— Je Te bénis, mon Dieu. Que Tes désirs s'accomplissent.

— Reste-Moi fidèle, assimile-toi à Mon Corps, accroche-toi à Moi.

24 juillet 1987

(Me voilà à genoux, devant ma petite table et Jésus est en face de moi, assis sur le canapé. Je Le regarde et j'attends qu'Il me parle.)

139. Je me préparais à me lever et à partir.

— Ma bien-aimée, augmente ton amour pour Moi, ainsi tu guériras des âmes. Aime-Moi et libère-les. Maintenant tu as ramené à Moi cinq âmes. Satisfais-Moi en Me donnant des âmes. Je veux sauver toutes ces âmes misérables qui sont aux portes de Satan. Je vous aime tous tant!

(Plus tard)

— Agapa Mé[140].
— Jésus?
— Je suis. Dis à Sirkka Lisa de M'aimer plus. Pourquoi ne vient-elle pas à Moi? Je suis son Conseiller. Je suis Celui qui veille sur vous. Je suis votre Consolateur. Sait-elle quel Abîme d'Amour est Mon Cœur? Je l'aime, Vassula, Je l'attendrai, Je continuerai à l'appeler: «Réponds, âme! Réponds à Mon appel! Invoque-Moi dans tes prières, parle à ce Cœur qui t'aime! J'attendrai».

(Jésus m'a donné le message ci-dessus pour une de mes amies.)

25 juillet 1987

— Je suis ton Père Céleste qui t'aime. N'appelle «père» personne d'autre que Moi qui suis ton Créateur. Apprends de Moi. Vassula, n'ai-Je pas dit que Je suis toujours parmi vous? Je suis Amour. Ramène à l'Amour Mon troupeau pour que Je puisse le sauver. Réduis le paganisme, fais naître l'amour. Aide Mes enfants en leur donnant la même nourriture que Je t'ai donnée.
— J'accomplirai Tes désirs avec Ton aide. Sois la Lumière qui me guide.

140. Grec: «aime-Moi».

(La pensée que les Témoins de Jéhovah vont bientôt arriver me met mal à l'aise. Que vais-je leur dire?)

— **Ecris.**

(Jésus a fait un geste de la Main, désignant le cahier.)

— **Aime-les. Fais ce que Je te demande de faire, aime-les. Ils sont tous Mes enfants.**

— Mais j'ai peur qu'elles me donnent de mauvais conseils. Elles semblent vouloir dire que les Témoins de Jéhovah sont les seuls à avoir compris la Vérité, que seule leur foi permet d'entrer au Ciel, et que le reste du monde, les Catholiques, les Orthodoxes, les Protestants, les Musulmans, les Hébreux, sont cent pour cent dans l'erreur!

(Jésus paraissait inflexible.)

— **Bien-aimée, aime-les.**

— D'accord, mais que ferais-je si elles m'égarent?

— **Me tiendrais-Je inactif si Je les voyais t'égarer?**

— Non.

— **Ma fille, n'aie pas peur. Je te guiderai.**

— Je suis heureuse d'être avec Toi, mon Dieu...

— **Pourquoi**[141]**?**

— Parce que je T'aime, parce que Tu es mon Bonheur, ma Joie et mon Sourire. Tu es ma Vie heureuse. Voilà pourquoi.

— **Emplis-Moi de joie, Vassula, aime-Moi. Vassula, creuse au plus profond de Mon Cœur et laisse tout Mon Amour te consumer complètement en rien d'autre qu'une Flamme**

141. Jésus semblait impatient d'entendre les raisons. Il Se réjouissait de les entendre dire.

Vivante d'Amour de l'Amour! Ma bien-aimée, repose en Moi et laisse-Moi repose en toi, sois Mon Ciel.

ΙΧΘΥΣ

26 juillet 1987

— Mon Dieu?
— Je suis. Ma petite, qui d'autre t'aurait guidée dans ce chemin particulier, sinon Moi Dieu, qui l'ai choisi pour toi?
— Au début, j'hésitais beaucoup, craignant que cela vienne du diable.
— Le démon aurait fui quand tu M'adorais, il se serait démasqué en révélant les desseins insidieux qu'il a à l'esprit. Il ne peut pas supporter l'humilité, l'amour et la dévotion; souviens-toi toujours de cela. Agrippe-toi à Ma Main et élève-toi[142]. Ne te lasse pas, repens-toi souvent. Comment procéderas-tu maintenant?
— Tu me le demandes à moi, Seigneur?
— Oui, Je te le demande.
— Je ne le pourrai pas, à moins que Tu le fasses en m'aidant.
— Bien. Celui qui lutte contre Mes désirs regimbera contre un aiguillon.

27 juillet 1987

(Je viens vers le Seigneur avec le sentiment d'être abandonnée. J'ai l'impression que Dieu n'est plus aussi près de moi qu'auparavant.)

— Ne t'afflige pas, Ma Vassula, Je t'expliquerai tout cela. Je suis près de toi.

142. Progresser spirituellement.

28 juillet 1987

(J'ai à nouveau ce sentiment d'être abandonnée!)

— Jésus, j'ai tellement peur de tromper les gens, quand je leur raconte comment parfois je sens Ta Main qui me caresse la tête. Je me trompe peut-être? Ce serait affreux si je me trompais!
— Ne t'afflige pas. Crois en Mon Amour Rédempteur. Je t'ai caressée tant de fois, maintenant comme dans le passé. Non, Vassula, tu ne l'as pas imaginé, c'est Moi Jésus.

29 juillet 1987

(Encore ce même sentiment.)

— Jésus?
— Je suis. Je t'ai dit que Mes Liens sont des Liens Eternels. Qu'as-tu à avoir peur? Tu crois à tort, parce que tu n'es pas utilisée comme auparavant, que Je suis moins avec toi, ou que Je t'ai abandonnée, ou que Je suis fâché avec toi. Non, non, Vassula, ce n'est aucune de ces raisons. Mon Amour n'a pas changé, Je ne t'ai pas abandonnée, Je continuerai à t'inspirer.

30 juillet 1987

(Je suis toujours inquiète. Pourquoi se fait-il que je ne sente plus Dieu comme avant?)

— Jésus?
— Je suis. Viens, regarde-Moi. Oui, regarde.

(J'ai regardé Dieu dans les Yeux et j'ai été attendrie.)

— Ne t'ai-Je pas élevée et placée dans Mon Cœur, sans tenir compte de ce que tu es? Vassula, Ma Vassula, t'abandonnerai-Je jamais[143]? Réfléchis. Je suis Amour et, jusqu'à ce que Je vienne te délivrer, Je verserai en toi Mon Amour. Ela thipla Mou; imé o Christos[144].

(Jésus essayait de me rassurer, alors je me sentais un peu mieux.)

31 juillet 1987

— Vassula, viens. Je vais t'éclairer sur tes peurs sans fondement. C'est la perspicacité que Je t'enseigne. Ne prends pas cela comme un abandon de Ma part. Ecris. Je te donne Ma Grâce pour te faire atteindre un plus haut niveau de méditation et, en même temps, Je purifie ton âme pour lui faire atteindre ce but plus élevé. Sois assurée, Ma bien-aimée, que Je suis avec toi et que Je ne suis jamais loin. Je stimule ton amour pour Moi et te fortifie. Le résultat de tout cela sera une dévotion plus profonde et un amour plus plénier pour Moi.
Vassula, Je désire que tu atteignes ce plus haut niveau de méditation. Tu dois grandir. Bien-aimée, enlève de ton esprit toute ombre de doute, ombres qui t'angoissent. Je veux que tu progresses, Je veux que ton âme atteigne la perfection et la pureté, Je veux faire avancer ton âme dans cette lumière plus élevée et plus délicate. Ton âme ainsi purifiée sera capable de M'offrir des vertus enveloppées de perfection et de pureté.

De la méditation, tu arriveras à un niveau plus élevé de contemplation. Cette aridité et ce sentiment d'abandon qui

143. Jésus a dit cela avec une douceur dont Dieu seul est capable.
144. (Grec:) «Viens près de Moi; Je suis le Christ».

te font penser que «tout est perdu», vient de ce que Je retire de toi une partie de Ma Lumière. Mais n'aie pas peur. Sois heureuse de pouvoir sentir la différence. En retirant une partie de Ma Lumière, Je renforce en toi le désir de Me chercher, Je communiquerai ainsi à ton esprit une Lumière plus délicate. Toutefois, toute la Lumière n'est jamais totalement retirée, car Je te laisse toujours avec un peu de Lumière pour que tu puisses La voir et La suivre, et pour te soutenir pour ne pas trébucher. C'est Moi qui te donne cette vigueur pour continuer à Me chercher avec plus de ferveur que jamais. Cherche en Moi Mes désirs, Vassula. Je ne t'abandonnerai jamais, parce que Je suis ton Père Céleste qui veut te faire grandir et fleurir. Telles sont Mes Voies. N'aie pas peur, mais sois vigilante, ne t'endors jamais, cherche sans cesse. Tu apprendras de Moi, Je suis ton Maître. Aime-Moi Vassula, souris-Moi quand tu Me vois et prends Ma Main quand Je te La tends. Aie Ma Paix et aie confiance en Moi. Viens, Je t'aime.

— O Père, je Te remercie de me rassurer et de m'expliquer tout cela; je Te remercie de tous Tes Enseignements; je T'aime!

De retour en Suisse, 4 août 1987

(J'ai presque peur de ce que je crois qui m'arrive. Est-ce cela la perspicacité dont Dieu m'a parlé la semaine passée?)

— Mon Dieu?

— Je suis, bien-aimée.

— Est-ce que je Te comprends bien, mon Seigneur?

— Oui! L'Amour fera de toi un miroir qui reflétera les agonies de tous ceux qui souffrent. Tu sentiras leur agonie et leurs souffrances comme si elles étaient tiennes. Quand tu entendras ou verras n'importe quelle souffrance, ou si

quelqu'un se trouve dans une grande affliction, Moi le Seigneur, Je t'offrirai cette Grâce de sentir ces souffrances autant que celui qui les porte. Tu pourras ainsi pénétrer pleinement dans leurs plaies pour avoir une claire conception de leurs sentiments. Vassula, bien-aimée, par cette perspicacité que Je te donne, tu pourras aider énormément ceux qui souffrent. Souffre quand ils souffrent et, si tu les renies, Je te le rappellerai sans cesse. Tu partageras leurs souffrances.
— O mon Dieu, mon organisme pourra-t-il supporter tout cela? Ce n'est pas pour mon esprit que j'ai peur, mais ma chair est faible...
— Souviens-toi, Je donnerai assez de Force à ton âme ainsi qu'à ta chair, jusqu'à la fin. Crois-Moi, c'est une Grâce, petite. Aime Mes enfants autant que Je les aime. Sois Mon reflet. Synchronise-toi avec Moi et avec eux. Je t'aime et, par un Amour Sublime, Je te donne cette Grâce. Ne te lasse pas, viens, Je te communiquerai Mon Amour en te donnant Mes Clous. Sens toutes les souffrances. Ma fille, feras-tu tout cela pour Moi?
— Oui, mon Dieu... si telle est Ta Volonté.
— Viens, l'Amour te guidera.

(Je m'étais doutée de cela et voici pourquoi:)

Il y a trois jours, on a montré à la télévision deux enfants qui sont morts prisonniers sous terre. J'ai pensé à eux, ainsi qu'à leurs parents, avec beaucoup de peine. J'ai prié pour ces parents. Le lendemain, aux nouvelles télévisées, on a montré la dévastation et les dégâts qu'un ouragan a provoqués en passant sur le Canada. Les gens étaient terrifiés. Le soir j'ai prié pour ces gens-là et j'avais de la peine, mais pas autant que si j'avais été dans leur peau. Soudain, Dieu a projeté sur moi Son rayon pénétrant. Je l'ai senti qui me transperçait la poitrine, me traversait et sortait par le dos.

Ce rayon me brûlait et me causait une telle angoisse que j'éprouvais une soif intense; je me sentais en flammes. Ensuite, je me suis endormie. Dans mon sommeil, Dieu m'a donné une image vive de ce que je devrais ressentir devant ces catastrophes. J'ai vu mon propre fils sous terre qui mourait. Je me suis réveillée à cause de l'angoisse que j'ai ressentie et, dans cette angoisse, Dieu m'a demandé de prier pour ces parents qui ont perdu leur fils. J'ai prié avec ferveur, comme si ces enfants étaient les miens. Il a permis ensuite que je me rendorme pour me montrer que j'étais dans l'ouragan. J'ai passé des moments terrifiants, craignant la mort. Dieu m'a réveillée à nouveau en me disant de prier pour ceux qui ont vécu cela. J'ai prié avec ferveur pendant que j'avais encore à l'esprit cette image terrifiante.

5 août 1987

— Jésus?

— Egho imé[145]**.**

— Je Te remercie de m'avoir donné cette Grâce. Bien que je sache qu'elle est destinée à nourrir d'autres aussi, elle est à moi.

— Nous serons ensemble durant des heures interminables, toi et Moi. Vassula, n'ai-Je pas dit que les sages ne comprendront pas ce qui vient de l'Esprit? La philosophie ne saurait être comparée à la spiritualité. Jamais! C'est une des principales raisons pour lesquelles tous ceux qui sont au pouvoir et se disent sages se moqueront de toi, te mépriseront, te décourageront, t'examineront de près, alors sois préparée, bien-aimée, aux loups qui te traqueront. N'aie pas peur, Je serai près de toi.

145. (Grec:) «Je suis».

(J'ai soupiré...)

— Vassula, tout n'est qu'ombre passagère, ne te décourage pas, Je serai près de toi.

(Je me souvins alors combien je me sens inapte à être en «exil» et combien je déteste cela.)

— Ce que dans ma vie passée je trouvais amusant est maintenant devenu souffrance. Je ne peux plus prendre plaisir à ces choses, je ne les supporte plus... je ne m'y sens plus dans mon élément.
— Je sais. Appuie-toi sur Moi.

(Je me sentais désespérée.)

— Vassula, Vassula, non, tu ne peux plus comme auparavant prendre plaisir à ces sollicitations du monde, car c'est Ma Volonté. Je ne veux plus que tu supportes ces choses.
— Jésus?
— Je suis. Regarde dans Mes Mains, regarde Vassula, elles saignent. Vassula, ranime Mon Eglise. Ecoute-Moi, as-tu vu tout ce Sang qui coule le long de Mes Bras? Je souffre.

(La vision était si vive que j'ai cru que Son Sang allait couler sur le cahier.)

— Seigneur, pourquoi me causes-Tu tant de peine en me montrant tout cela?
— C'est pour te permettre, bien-aimée, de comprendre combien Je souffre en voyant tant d'âmes sous l'emprise de Satan. Laisse-Moi t'utiliser jusqu'à la fin.
— Je T'aime.
— Sois avec Moi; «nous». Je te le rappellerai toujours: nous[146]. Aime-Moi.

7 août 1987

— Jésus?
— **Je suis.**

(A nouveau, Jésus me donnait des visions de Sa Flagellation. Le côté droit de Son Visage était tuméfié. De nouveau, je me sentais effondrée.)

— **Vassula, Je vous aime tous tellement!**
— Vite! Vite!

(Par là, je voulais dire à Dieu: «Hâte-Toi d'accomplir Ta Volonté pour que Tu ne souffres plus!» Je ne pouvais pas supporter de Le voir souffrir.)

— **Par Ma Puissance, Je relèverai même les morts. Vassula, Je veux clarifier Mon message de la semaine dernière. Sais-tu que Je retire juste un peu de Ma Lumière? Le sens-tu?**
— Oui.
— **Bien, en retirant juste un tout petit peu de Ma Lumière, Je nourris ton intellect en ce sens que Je t'amène à Me chercher davantage, en t'élevant à la contemplation et, en l'animant, Je le fais fleurir et Je le rends aussi fécond.**
— Comment me nourrissais-Tu avant de m'amener à cela?
— **Je t'ai donné des ressources qui se trouvent hors de ton intellect. Maintenant, Je veux que tu pénètres un plus haut niveau de méditation. Vassula, tu dois progresser. Je suis seulement en train d'enrichir ta nourriture par ce petit changement. Je veux que cela soit clair pour toi. Je t'ai dit que J'allais te détacher de chaque sens, n'est-ce pas?**
— Oui, Tu l'as dit Seigneur.

146. En disant «nous», Jésus secouait Son Index, comme un maître.

— Maintenant que tu es détachée, J'animerai tes facultés.
— La perspicacité dont Tu m'avais parlé?
— Oui, ta perspicacité. T'avoir donné cette Grâce spirituelle en aidera d'autres.
— Comment, d'autres, Seigneur?
— Tu seras capable de comprendre Mes enfants et tu seras ainsi capable de les aider. Ne vois pas ce petit retrait de Ma Lumière comme un abandon, non, Vassula. Je suis seulement en train de faire progresser ton âme vers la sainteté.
— Seigneur, j'ai eu peur de devenir comme un bateau sans rames et de dériver en arrière, perdant tout ce que Tu m'avais enseigné! J'ai été prise de panique!
— Vassula, Je dois te purifier, apprends qu'en purifiant une âme, l'âme passera par des peurs et des angoisses terribles. Mais Je te dis ceci: languir pour Moi te dispose à t'élever dans cette Grâce.
— Qui est?
— Qui est la contemplation. Je veux que ton amour atteigne la perfection, en te donnant entièrement à Moi.
— Jésus, mon âme se languit de Toi.
— Ma petite, est-ce que Je ne te désire pas ardemment aussi? Nous[147]. Viens, allons.

(Maintenant je comprends que Jésus m'enseigne en même temps deux choses: la contemplation et la perspicacité. Il me prépare doucement à ce changement. Quand Il m'a retiré un peu de Sa Lumière, j'ai en effet été prise de panique. Mon âme s'est aussitôt sentie désemparée. Coupable et pleine de péchés comme je suis, je cherchais quels étaient les péchés qui avaient pu Le fâcher au point qu'Il me retire peu à peu Sa Lumière. L'avais-je offensé? Ou était-ce

147. Il me rappelle de Lui parler en utilisant ce mot.

Satan qui me faisait cela? Je pensais que dans les deux cas, je devais m'accrocher d'autant plus étroitement à mon Sauveur: prier plus que d'habitude, méditer plus, utiliser au maximum toutes les autres Grâces qui m'étaient données, sentir Sa Présence, Lui parler plus que jamais, ne jamais oublier Sa Présence, travailler comme jamais je ne l'avais fait. Si c'était Satan, il aurait fui en enrageant, je l'aurais donc laissé enrager et il m'aurait laissée tranquille. D'un autre côté, si cela venait de Dieu, comme une épreuve, j'aurais bien voulu la subir avec succès comme une bonne élève. Je Le veux souriant.
Quelques jours s'étaient écoulés sans changement. Mes forces flanchaient. Je commençais alors à paniquer, j'essayais de servir Dieu avec plus d'amour et de dévotion, alors, je ne comprenais pas pourquoi tout cela ne m'aidait pas, ou du moins c'était l'impression que j'avais. Ensuite, mon Sauveur et Maître m'a expliqué ce qui m'arrivait. Alors que je croyais qu'Il m'avait abandonnée, Il me purifiait, m'élevant à un niveau supérieur de méditation, en développant mon intellect et en lui communiquant une lumière subtile[148]*, me nourrissant de perspicacité.)*

10 août 1987

(La nuit dernière j'ai été réveillée par le Seigneur. Il m'a à nouveau demandé de m'abandonner à Lui. Mes Paroles ont été les suivantes:)

«Je Te remercie Père de m'avoir regardée, moi qui ne suis rien d'autre que la personnification des péchés de ce monde. Je Te

148. C'est évident: même quand j'explique mes propres sentiments, c'est Dieu qui me les dicte. Le mot «subtil» m'a été dit très fortement quand j'hésitais sur la façon de décrire cette lumière. Je regardais dans le dictionnaire pour trouver sa signification, je ne savais pas...

remercie pour Ta Miséricorde quand je Te reniais. Je Te remercie pour l'Amour que Tu as pour moi. Malgré ma culpabilité, Tu m'as élevée dans Ton Cœur. Permets-moi de demeurer près de Toi, près de Tes Pieds. En me permettant cela, c'est déjà plus que je ne mérite. Me permettre de Te parler, c'est déjà plus que je ne mérite. Je ne mérite rien. Père, je m'abandonne complètement, je sais que je ne suis rien, mais ce rien T'appartient. Si Tu veux me jeter dans un coin, fais-le. Si Tu veux me piétiner, fais-le. Si Tu veux que je ne fasse que souffrir, alors soit. Si Tu me veux dans Ton Cœur, alors c'est plus que je n'ai jamais mérité. Quoi que Tu veuilles, Seigneur, je ne veux que Te remercier et T'aimer. Utilise-moi, si Tu le désires, jusqu'à mes dernières forces pour aider les autres. Rends-moi digne afin que Tu puisses m'utiliser complètement. Je suis Tienne et uniquement Tienne. Je suis misérable, mais je T'aime».

— Jésus?

— Je suis. Vassula, c'est en août que J'ai commencé à t'enseigner. Vassula, c'est en quelque sorte un anniversaire entre nous. Réjouis-toi! Bien-aimée, c'est notre fête, laisse-Moi poser sur toi une couronne d'amour. Viens, célèbre avec Moi. Maintenant, Je te laisse aller[149], mais viens à Moi célébrer Mon août.

(Quand Jésus m'a dit cela, je me suis empressée d'aller rechercher la date dans mes vieux cahiers. J'ai tressailli de bonheur en lisant ce que Dan, mon ange gardien, m'avait dit: «Moi Dan, je te bénis au Nom de Dieu notre Père, de Son Fils Bien-Aimé Jésus-Christ et du Saint-Esprit. Bénis soient les purs de cœur car ils verront Dieu». Ensuite Dan m'avait conduite à Dieu en concluant ainsi:

149. Je devais courir à un rendez-vous.

«Gloire à Dieu. J'ai accompli tout ce que Dieu voulait que je fasse». C'était le 10 août 1986. Depuis lors, c'est Yahvé qui m'enseigne. J'ai alors également compris ce que Jésus entendait dans Son message du 7 mai.
Je fêtais avec Dieu! Je planais de bonheur en me dépêchant d'aller raconter cela à ma cousine! Elle en a aussi été heureuse, mais elle m'a avertie que d'autres pourraient ne pas comprendre et croire que je suis amoureuse de Dieu, Lui faisant ainsi offense par des sentiments indignes. Ce qu'elle m'a dit m'a beaucoup attristée et fait peur. Et si c'était vrai?)

— Jésus?

— **Ma fille.**

— J'ai peur de cela.

— **Je sais. Vassula, prends Ma Mère. Je voudrais que tu comprennes combien tes pensées sont fausses. Je t'ai enseigné à M'aimer, Moi ton Dieu, comme Je veux que chacun M'aime. Je célèbre la fin d'une année. Bien-aimée, veux-tu être Ma fille de Paix et d'Amour? J'ai vu beaucoup de vies prises par la haine, J'ai rempli Mon Royaume d'une Paix Eternelle. Ne verrais-Je pas Ma Création peiner pour avoir la Paix? Ma petite, Je t'ai approchée malgré ta misère, tes reniements et tes échecs. Je suis un Dieu d'Amour. Je regarde Mes enfants avec des yeux aimants. Que chacun apprenne à Me reconnaître jusqu'à ce que Je vienne pour les délivrer. Que chaque âme M'approche sans crainte. Qu'ils sachent que Je les recevrai à Bras ouverts car Je suis un Père aimant. Qu'ils sachent comme Je peux changer les pierres en Mes dévoués serviteurs. Qu'ils sachent comme Je libère leur âme et leur donne la vraie liberté. Vassula, Je ne t'abandonnerai pas, mais à cause de ta peur, Je laisse Ma Mère t'enseigner combien tu as tort. Je serai toujours près de toi; nous?**

— Oui, Seigneur.

(J'ai compris que pour quelque temps, c'est la Sainte Vierge qui allait m'enseigner et me prouver que mes craintes sont fausses. Entre le 10 et 14 août, j'ai senti la Sainte Vierge près de moi, me parlant, et j'ai commencé à réaliser que mes sentiments pour Elle sont aussi forts que pour Jésus.)

14 août 1987

— Mon Dieu?

— Je suis. Prends Mes Paroles d'aujourd'hui: «Quiconque Me cherche Me trouvera». Bien-aimée, aime-Moi toujours avec ferveur et glorifie-Moi. Répète à Örjän Mes Paroles:

«Crois... crois... crois... Viens, bien-aimé. Je t'ai effectivement appelé, frère! Comme Je t'aime! Moi ton Sauveur, Je t'offre Mon Amour. Je suis Paix. Viens, viens à Moi et pénètre profondément dans Mes Plaies, sens Mon Cœur, sens-Moi... Vis dans Mes Plaies, frère».

Fleur, bien-aimée, reste[150]! Voici Ma Mère.

(Notre Sainte Mère:)

— Ah! Vassula, laisse-Moi te dire ce qui arrivera. Tu glorifieras Mon Fils. Ma fille, nourris-toi de Lui.

— O Sainte Mère, Tu m'as toujours encouragée! Depuis le début Tu as été mon soutien.

(J'éprouve pour elle un grand amour. Elle est si maternelle!)

150. Je m'apprêtais à partir.

— Porte toujours Ma médaille[151], car Je l'ai bénie sur toi. Aie Notre Paix.

(A cet instant, je me suis prosternée avec une grande vénération pour Elle.)

16 août 1987

— Mon Dieu, je T'aime!

— Vassula, tu es convenable à Mes Yeux. Ecoute et écris. Abel d'aujourd'hui vivra. Ne dépends que de ton Dieu. Abel vivra! Abel vivra cette fois. Ma bien-aimée, le monde, dans sa faiblesse, est rempli de Caïns. Devrai-Je toujours supporter de voir Mes Abels condamnés et tués par les Caïns? Combien doivent encore périr sous Mes Yeux? Non, Vassula, J'ai des Plaies qui à nouveau se sont ouvertes. Cette génération est une race de Caïns. Ma bien-aimée, chaque fois qu'un Abel s'est élevé, un Caïn, sans la moindre hésitation, a répété son crime. Tu vois, Ma petite?

(Dieu paraissait triste en me disant cela, et cela m'a également attristée.)

— Pourquoi cela, mon Dieu?

— Parce que les Abels sont Ma Semence, ils viennent de Moi.

— Et les Caïns?

— Les Caïns? Ils appartiennent au monde. Ils viennent des hommes. Cette fois, Je M'interposerai entre Caïn et Mon Abel. J'extirperai tout ce qui vient de Caïn. J'arracherai son

151. La médaille miraculeuse de Sainte Catherine Labouré (rue du Bac, Paris, 1830). Celle que je porte m'a été remise par le Père James.

arme de la main de Caïn, le laissant nu. C'est sans arme qu'il devra faire face à Abel. Vassula, Je te clarifierai tout cela. Regarde-Moi en face, observe Mes Lèvres et tu comprendras. Veux-tu toujours travailler pour Moi?

— Oui, mon Dieu, si Tu me le permets. Jésus?

— Je suis Jésus-Christ, Fils Bien-Aimé de Dieu et Sauveur.

ΙΧΘΥΣ

— Nous?

— Oui, Seigneur.

(Je suis heureuse et Jésus sourit!)

— Viens alors, nous travaillerons ensemble.

20 août 1987

— Mon Dieu?

— Je suis.

— Je crois que je comprends Ton dernier message.

— Tu n'en as compris qu'une partie, Mon enfant.

— A part ce que j'ai compris, Caïn représente-t-il aussi la technologie qui vient des hommes, les objets non spirituels?

— Oui, Caïn représente toute chose appartenant au monde. Ecris. Caïn représente tout ce que Mes Yeux détestent. Il représente, en cette ère, l'iniquité, le matérialisme, les révolutions, la haine, le paganisme, les oppresseurs de ceux que J'ai bénis, l'immoralité. Caïn n'a jamais compris Abel que J'ai façonné à Ma Ressemblance. Abel vient de Moi, il est Ma Semence.

— Cela veut dire qu'il est de l'Esprit et qu'il T'aime?

— Précisément, et à cause de cette différence, il a été détesté par Caïn. J'ai dit que les sages ne comprendront pas ce qui vient de l'Esprit.
— Seigneur, quelque chose m'inquiète.

(J'ai préféré ne pas l'écrire.)

— Je sais. Tout ce que Je veux c'est secouer sa sagesse. Qu'est-ce qui est plus important pour toi, le laisser sous de lourdes meules ou te laisser inquiète? Même si Je te fais souffrir, que choisirais-tu pour lui?
— Je choisirais sans la moindre hésitation de souffrir pour lui.
— Je t'ai secouée de ton sommeil, ne ferais-Je pas la même chose à d'autres aussi?
— Oui, mon Dieu.
— Alors, laisse-Moi libre d'agir à travers toi. Sanctifiée par Ma Main, Mon Esprit est sur toi. Fiancée, bien-aimée de Mon Ame, Je t'ai donné gratuitement, donne aussi gratuitement. Viens, anéantis-toi en Moi et deviens une avec Moi! Je t'aime Ma Vassula.
— Jésus, je ne trouve pas de paroles, car tout ce que je pourrais dire ne suffirait pas. Je ferai tout ce que Tu voudras.
— Viens alors, Je restaurerai Ma Création. Nous?
— Oui!

23 août 1987

(Hier, il m'est arrivé quelque chose de très spécial! J'avais une dure journée. C'était mon jour de lessive et dans mon appartement, tous mes appareils ménagers fonctionnaient à la fois. Comme il faisait beau, mon mari et mon fils étaient partis à la piscine, et avaient promis de rentrer à 15 h pour déjeuner.
J'étais seule à la maison. A 13 h 45, j'ai allumé la plaque électri-

que pour faire fondre du beurre et, d'un seul coup, tous les appareils ont cessé de fonctionner. Les fusibles avaient sauté, y compris le fusible principal. Je n'en avais point de réserve, notre voiture était en panne, les magasins étaient fermés et je ne savais pas où m'en procurer. Je me suis sentie frustrée... Mon mari et mon fils allaient rentrer et ils se trouveraient sans repas. Alors, dans ma frustration, j'étais tellement découragée que je suis allée m'allonger sur mon lit. Cinq minutes plus tard, j'ai entendu un bruit venant de la cuisine. Je me suis levée pour aller voir ce qui se passait, et, à ma grande surprise, j'ai vu que le beurre, qui était resté dans la poêle sur la plaque électrique, était en train de fondre: la plaque électrique s'était mise à chauffer!
Je n'y comprenais absolument rien puisque l'électricité ne fonctionnait nulle part dans l'appartement. Comment donc se faisait-il que la cuisinière fonctionne? Tout en me posant bien des questions, j'en ai tout de même profité pour préparer le repas, puisque tel était mon souci. A son retour, mon mari n'y a rien compris non plus: bien que nous ayons retiré tous les fusibles, le compteur d'électricité continuait à tourner. Toutefois, à quinze heures précises, le compteur s'est à nouveau arrêté et ma cuisinière ne fonctionnait de nouveau plus; mais mon repas était prêt.
Plus tard, mon mari a changé les fusibles et l'électricité s'est remise à fonctionner normalement.)

— Août est notre fête! Nous ne voulons pas que le jour de notre fête soit gâché.

— Tu veux dire que...

(Jésus ne m'a pas laissé achever.)

— Je ne veux pas te voir triste le jour de notre fête. Vassula, tu es Ma fleur. Tu sais ce que «fleur» représente? La fleur

symbolise la fragilité. C'est pourquoi Je prends grand soin de toi, de crainte que ta fragilité ne te nuise.

— Merci mon Dieu, je sais que Tu es très près de moi et je T'aime.

(Je suis embarrassée car je ne mérite rien. Hier soir, tandis que je me trouvais dans la chambre de mon fils, j'ai senti l'odeur d'encens. J'en ai été heureuse!)

— Mon Dieu?

— Je suis. Je t'aime, ne doute pas! Tu n'es pas seule. Moi Jésus, Je suis avec toi, fleur, Je t'ai toujours aimée à la folie. Propage ton parfum comme Je te l'ai enseigné, embellis Mon Jardin, fais Mes délices. Viens. Tu vois, Vassula, tu commences à Me comprendre. Maintenant, à juste titre, Je t'ai soustraite à tous, bien-aimée. Tu ne t'es pas bien rendu compte de ce que J'étais en train de te faire. N'as-tu pas senti Mon Bras sur tes épaules, t'éloignant de chacun en murmurant à ton oreille les désirs de Mon Cœur? Maintenant que tu as levé la tête, tu réalises soudain que tu n'as plus personne autour de toi que Moi. Comme Je t'aime! Je suis si heureux! Adapte-toi à être seule avec Moi, oui, nous deux seuls, Moi et toi, toi et Moi. Ah! Vassula! Tiens-toi maintenant face à <u>Moi</u>, face à Moi ton Dieu, Vassula. Dès maintenant ce sera <u>Moi</u> et <u>Moi</u> seul. Je suis ton Dieu, Je suis ton Saint Compagnon, Je suis ton Sauveur, Je suis ton Fiancé, Je pourvoirai à tous tes besoins, bien-aimée. As-tu besoin d'aide? J'accourrai vers toi; de courage? Je te donnerai Ma Force; de consolation? tombe dans Mes Bras. Demeure dans Mon Cœur, loue-Moi Vassula! Loue-Moi Ma fille! Viens Me glorifier! Glorifie-Moi. Tombe prosternée à Mes Pieds, adore-Moi! Sois Mienne. Ah! Vassula, aime-Moi comme Je t'aime! Bénis-Moi comme Je te bénis, couvre-Moi de ton parfum comme Je te

couvre du Mien, Je Me tiens devant toi, Moi ton Sauveur! Adore-Moi. Sens Mon Cœur en ce moment et à cette heure. La nuit est proche, ne veux-tu pas remplir ta lampe de Moi? N'attends jamais que le jour soit passé. Laisse-Moi remplir ta lampe, viens puiser de Moi. Permets-Moi d'être seul avec toi, vis pour Moi, Je Me délecte dans notre solitude! Je t'aime jusqu'à la jalousie! Mon Amour est tel que Je t'ai soustraite de tous. Ne veux-tu pas essayer de Me comprendre? J'ai soupiré pour être seul avec toi, l'Amour est enflammé et, quand l'Amour est enflammé, Je Me permets de faire ce qu'il Me plaît. Maintenant, tu es Mienne et Je désire que tu Me couvres de couronnes d'amour, ravis-Moi par tes mots d'enfant, laisse-Moi libre de t'aimer comme il Me plaît maintenant. Ne M'as-tu pas donné toi-même la liberté de t'utiliser comme Je le désire?

— Oui, Seigneur.

— J'utiliserai donc cette liberté. Mon Doigt touchera simplement ton cœur et, quand Il le fera, tu ne Me refuseras rien. C'est notre Août après tout, Je te rappellerai toujours que nous le célébrons.

24 août 1987

— Vassula, repens-toi.

(Je me suis repentie.)

— Je te pardonne tes péchés. Maintenant Je veux que tu Me loues!

(J'hésitais, cherchant les mots.)

— Vassula, dis: «Gloire à Dieu Tout-Puissant». Sais-tu Qui Je Suis?

— Tu es l'Alpha et l'Oméga, Créateur de tout.
— **Tu as bien répondu, Mon enfant. Maintenant Je te dis ceci:**

«Bénis soient ceux qui liront Mon message et,
sans M'avoir vu l'écrire,
croiront que c'est Moi qui l'ai écrit.
Bénis soient ceux qui entendent Mon message
et le suivent.
Bénis soient ceux qui s'unissent
et propagent la Paix et l'Amour»

Diffuse Mon Message, diffuse Ma Paix et qu'elle règne dans tous les cœurs, ne doute jamais de Mon Amour.
— Comment veux-Tu que je diffuse Ton Message, comment puis-je faire quoi que ce soit? Je suis sans ressources.
— **Attends, Vassula, et tu verras. Je t'aiderai. Viens. Nous?**
— Oui, mon Dieu. Nous.

CAHIER 15

25 août 1987

— Rappelle-toi, Mon enfant, l'Amour que J'ai pour toi! Vassula, petite, J'ai béni la petite Croix que tu portes autour du cou. Crois! Crois en Mes œuvres Divines, Vassula.

— Mon Dieu! Je Te remercie. Plus Tu me donnes, moins j'ai l'impression de mériter.

— Je t'aime. Viens, reste près de Moi. J'aime t'entendre dire, en enseignant à Ismini, les choses dont Je t'ai parlé, au sujet de Ma Présence et d'autres choses aussi. Vis pour Moi, glorifie-Moi.

— Quelquefois Seigneur je sens moins Ta Présence, et je pense: «Maintenant Dieu n'est plus aussi près de moi». Pourquoi cela, Seigneur?

— C'est à tort que tu crois que Je ne suis pas assez près de toi, puisqu'en ce moment Je suis aussi près de toi qu'on peut l'être. Tu n'es pas seule; tu ne l'es JAMAIS!

(Soudain j'ai clairement discerné Jésus. Par certains de Ses gestes, Il m'a prouvé Sa Présence si vivante! Cela a duré quelques minutes, c'était merveilleux!)

— Tout est spirituel.

(Par là, j'ai compris que tout <u>est</u> surnaturel. Dans le monde physique, il est impossible de comprendre ces situations. Ce n'est pas

quelque chose de physique, ce n'est donc pas possible de l'expliquer physiquement. Elles sont placées dans la sphère surnaturelle et non dans notre réalité physique.)

— **Beaucoup d'entre vous ont tendance à oublier que Je suis Esprit et que vous aussi êtes esprit[152].**

26 août 1987

— **Vassula, veux-tu toujours être Ma messagère?**

— Oui Seigneur, si Tu me veux toujours malgré mon incapacité et mes échecs.

— **Mon enfant, Je t'aiderai à accomplir ta tâche, ensuite Je te délivrerai. La Sagesse t'instruira. Veux-tu renoncer à tes loisirs et te sacrifier davantage pour Moi?**

— Oui, je le veux bien.

— **Prends Mon Bras, Je te soutiendrai. Vassula, ton ère a perdu toutes valeurs spirituelles. Néanmoins, Je serai toujours près de vous pour vous aider. Je suis Jésus-Christ, le Fils Bien-Aimé de Dieu. Je te prépare. Permets-Moi de te guider aveuglément, crois en Moi aveuglément jusqu'à la fin[153].**

28 août 1987

— **Vassula, viens, traduis Mes œuvres en français. Je t'aiderai. Que Mon Pain soit donné gratuitement.**

— Je le ferai Seigneur; je sais que Tu m'aideras.

152. Cela, bien sûr, ne veut pas dire que nous n'avons pas de corps et que Jésus n'a pas un Corps glorieux.

153. Cela signifie: «N'exige pas de preuve sur cela, mais crois seulement». Croire aveuglément Le glorifie.

29 août 1987

— Vassula, J'ai déversé sur toi discernements et enseignements. Tu as été enseignée par Moi. Je t'ai donné Mon Pain de Mes réserves, Je t'ai donné des fruits de Mon Jardin, J'ai déversé en toi Mes œuvres pour éclairer ce monde en lui révélant Ma Face. Viens, n'oublie pas pourquoi Je t'ai choisie. Contente-toi de ce que Je te donne, Ma fille. Je t'ai donné en abondance de l'Arbre de Vie pour aussi nourrir d'autres. Appuie-toi sur Moi, dépends de Moi, Me donnerais-tu tout ce que tu as?

— Tout ce que j'ai est à Toi, je ne veux rien garder pour moi seule.

— En effet, tout ce que tu as est à Moi, mais Je t'ai donné la liberté de choisir.

— De choisir quoi, Seigneur?

— De choisir entre le mal et le bien. J'ai donné à chacun cette liberté de choix.

— Puisque c'est la seule chose que j'ai, je choisis de rester avec Toi.

— Laisse-Moi donc te lier plus étroitement à Moi, laisse-Moi te guider où l'on Me cherche le plus.

— Je T'aime, Père. Que Ta Volonté soit faite.

— Aime-Moi Mon enfant, écoute-Moi. Je ne te libérerai pas de tes chaînes pour que tu viennes à Moi avant que J'aie achevé Mon œuvre. Je Me permettrai de t'utiliser pour mettre par écrit Mes désirs. L'Amour t'aime. Dessine Mon Signe:

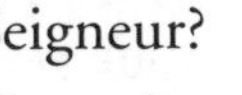 ΙΧΘΥΣ

Jésus-Christ, Fils Bien-Aimé de Dieu et Sauveur.

30 août 1987

(Le soir)

— Jésus?
— **Je suis, Me permets-tu de Me reposer en toi?**
— Oui, Seigneur.
— **Ma fleur, cherche-Moi, désire-Moi avec ferveur, bénis-Moi.**
— Je Te bénis, Seigneur.
— **Reçois aussi Mes Bénédictions. Tu n'es pas seule!**

(Je Le sentais comme si je pouvais Le toucher.)

31 août 1987

— **Vassula, dans le silence de la nuit, Je viendrai. L'heure est proche, seule tu n'es pas. Le monde semble oublier Ma Présence. Je suis Dieu, mais combien pensent à Moi? Un très petit nombre.**

(J'ai vu une nuit silencieuse, pleine d'étoiles et, derrière ces étoiles, les Yeux de Dieu sur nous.)

— **Reste éveillée, car dans ce silence de la nuit Je descendrai. J'ai préparé Mes Plans avant de te créer, petite, Je vais t'élever à Moi et te montrer quelque chose. Repose-toi maintenant, bien-aimée.**

1er septembre 1987

— **La fidélité est ce que J'aime. Vassula, Je vais te donner une vision en t'élevant vers Moi, Je vais te montrer comment le Ciel apparaîtra.**

(Le Ciel m'a été montré, il ressemblait à n'importe quelle nuit avec ses étoiles, puis il a changé. Cela ressemblait à des taches de peinture, comme la palette d'un peintre, mais une couleur dominait, dépassant toutes les autres en intensité, c'était rouge, épais, et cela s'épaississait, comme de la levure, se déversant d'en-haut sur nous.)

— **Vassula, Je vais ouvrir les Cieux, te faisant voir ce que l'œil n'a jamais vu. Tu as bien discerné. Reste éveillée. Je veillerai sur toi. Entends-Moi, écris: J'ai, depuis le commencement des temps, aimé Ma Création, mais J'ai aussi créé Ma Création pour M'aimer et Me reconnaître comme son Dieu. J'ai, depuis le commencement des temps, sanctifié tout ce que Mes Mains ont créé. Je suis un Dieu d'Amour, Je suis l'Esprit de l'Amour Sublime. Créature, depuis le commencement des temps, J'ai montré Mon Amour à l'humanité, mais J'ai également montré Ma Justice. Chaque fois que Ma Création s'est rebellée contre Moi et Ma Loi, Mon Cœur S'est durci. Mon Cœur S'est affligé de ses iniquités. Je suis venu pour leur rappeler que Je suis l'Esprit d'Amour et qu'eux aussi sont esprit. Je suis venu pour leur rappeler qu'ils ne sont sur terre qu'une ombre passagère, faite de poussière, et que Mes premières gouttes de pluie sur eux les emporteront sans laisser de trace. J'ai insufflé en eux Mon Souffle, leur donnant la vie. Le monde n'a pas cessé de M'offenser et, Moi, pour Ma part, Je n'ai pas cessé de leur rappeler Mon Existence, et combien Je les aime. Mon Calice de Justice est plein, Création! Ma Justice pèse lourdement sur vous! Unissez-vous et retournez à Moi, honorez-Moi, Création! Et quand vous le ferez, alors, Moi aussi Je lèverai Ma Justice.**
Mes cris résonnent et secouent les Cieux tout entiers, laissant tous Mes anges tremblants de ce qui doit arriver. Je suis un Dieu de Justice et Mes Yeux Se sont fatigués d'observer la

bigoterie, l'athéisme, l'immoralité. Ma Création est devenue, dans sa décadence, une réplique de ce qu'était Sodome. Je vous foudroierai par Ma Justice comme J'ai foudroyé les Sodomites.
Repens-toi, Création, avant que Je vienne. Maintes fois, Je vous ai avertis, mais vous n'avez pas suivi Mes instructions. J'ai suscité des saints, pour vous avertir, mais, Ma fille, ils ont fermé leur cœur. Ma Création préfère vivre dans la luxure et M'ignorer. Je leur ai donné des signes pour les réveiller.
— Mon Dieu, Tes enfants dorment seulement; s'il Te plaît, viens les réveiller; ils dorment seulement.
— **Ils dorment heure après heure, année après année.**
— Mais Seigneur, qui est à blâmer s'ils n'ont pas été instruits? Ils sont presque innocents s'ils ne savent rien de Toi.
— **J'ai élevé des serviteurs et des maîtres sur terre pour les enseigner.**
— Mais Seigneur, Tes maîtres et Tes serviteurs travaillent, mais que peuvent-ils faire de plus quand les foules sont réfractaires, ils sont sans ressources!
— **Sans ressources? Ils devraient se repentir, ils devraient venir à Moi se repentir. A travers les temps, Je leur ai donné des signes, mais ils les ont rejetés comme ne venant pas de Moi. Je leur ai donné des avertissements, à travers des âmes faibles et misérables, mais ils ont douté de Ma Parole. Ils ont rejeté toutes Mes Grâces, M'affligeant. O hommes au cœur de pierre! Hommes de peu de foi! Auraient-ils eu plus de cœur, auraient-ils eu, en cet instant même, plus de cœur, Je les aurais aidés. Je les ai secoués de leur sommeil, mais combien de fois ont-ils fermé les yeux retombant dans le sommeil?**
— Mais pourquoi ne font-ils pas connaître au monde Tes signes quand Tu les donnes?

— Certains le font, mais la majorité de Mes âmes sacerdotales, par le doute et la crainte, ont fermé leur cœur. Beaucoup d'entre elles ont peur. Vassula, te souviens-tu des Pharisiens?

— Oui, Seigneur.

— Laisse-Moi te dire, qu'un grand nombre d'âmes sacerdotales sont, par le doute et la crainte, des répliques des Pharisiens, aveuglés par la vanité et l'hypocrisie. Te rappelles-tu combien de fois Je leur ai donné des signes? Je leur ai donné des signes des centaines de fois et qu'ont-ils fait?

Les temps n'ont pas changé. Beaucoup de Mes âmes sacerdotales sont exactement les mêmes, des répliques des Pharisiens! Je leur ai donné des signes mais ils veulent des signes qui puissent être expliqués par des preuves, ils veulent des preuves.

— Leur donneras-Tu des preuves de Tes signes antérieurs et de cette révélation, une preuve quelconque?

— Tout ce que Je leur donnerai, c'est toi-même, Mon enfant.

— Mais Seigneur, ce n'est pas convaincant. Je ne suis pas convaincante, je ne suis rien pour convaincre! Ils me riront au nez.

— Je t'ai bénie.

— Mais Seigneur, moi je sais que c'est Toi et quelques autres aussi, mais beaucoup ne seront pas d'accord, car il n'y a pas de preuve matérielle que cela vient de Toi. Je ne suis rien et Tu le sais.

— Ma fille, laisse-Moi être tout. Reste rien et laisse-Moi être tout. Moins tu es, plus Je suis. Maintenant J'ai étendu Ma Justice sur l'humanité. Sur eux vient ce qu'ils ont moissonné.

— N'y aurait-il pas une solution? Je veux dire que d'une manière ou d'une autre, tout devienne comme Tu le veux, levant ainsi Ta Justice?

— Vassula, quand Je serai reçu[154] et non renié comme maintenant par Mes âmes sacerdotales, Je lèverai Ma Justice. Je les ai averties mais elles gardent cachés Mes avertissements.

— S'il Te plaît, dis-moi: pour quelle raison font-elles cela?

— Elles semblent oublier Ma Toute-Puissance et Mes Richesses, elles tendent à tout ramener à une seule chose[155]: elles ne croiront que si elles voient, M'affligeant en ne tenant aucun compte de Mes Bénédictions.
Créature! Créature! Ranime Mon Eglise. Vassula, honore-Moi. L'heure est proche, bien-aimée, l'heure est à portée de main. L'Amour reviendra comme Amour.

— Je Te remercie, Seigneur, je Te bénis.

(Ces trois derniers jours, entre le 1er et le 4 septembre, j'ai senti en mon âme une angoisse inexplicable.)

4 septembre 1987

(Dans mon cahier privé, Jésus m'a donné un message qui m'a alarmée. Je me suis levée, abandonnant le message. Plus tard, je suis revenue écrire. Jésus a répété le message. J'ai commencé à avoir peur. Comme cela m'est déjà arrivé, mes pensées se sont embrouillées. Je m'interrogeais et je demandais à Dieu: «Pourquoi moi?»
Pourquoi vraiment ces écrits ont-ils commencé? Pourquoi est ce que je me sens ainsi liée à Dieu? Comment étais-je il y a un an et demi et comment suis-je à présent? Je vis dans la Vérité et je me sens responsable de tout ce qui arrive. Je sens que je devrais être agréable à Dieu. Ensuite, de nouveau des doutes, des doutes qui

---

154. Reconnaître Ses œuvres Divines de notre époque.
155. Une preuve.

m'ont fait éprouver Jésus. Je suis venue à Lui en doutant. Il le savait. Il m'a demandé: «Alors?» Il m'a dit d'essayer à nouveau de contrôler ma main. J'avais à l'esprit d'écrire mes propres affaires en contrôlant moi-même ma main. J'ai lutté pour écrire par moi-même, mais ne le pouvais pas. Alors Il a écrit: «Ecris» et Il a forcé ma main à écrire quatre fois «Amour», tandis que je luttais pour arrêter ma main.)

— Je suis Amour. Je veux te rappeler que sur tes épaules, J'ai placé Ma Croix de Paix et d'Amour. Debout! Debout! Relève-toi! Relève-toi! Ma fille, comprends-tu pourquoi Je t'ai élevée? Je t'ai élevée pour unir Mon Eglise. Autel, n'ai-Je pas dit que vous entendrez la Vérité de la bouche de l'enfant et non du sage? J'ai dit que les sages auront beau entendre, ils ne comprendront pas, qu'ils auront beau regarder, ils ne percevront rien, car leur cœur s'est endurci, ils ont bouché leurs oreilles et fermé leurs yeux.
Vassula, Je t'ai ressuscitée des morts en t'instruisant par la Sagesse, n'aie pas peur et avance.

(Jésus m'a donné une vision de moi-même, face à Lui. Je me sentais hésitante. Il a pris mes mains dans Ses Mains et, tandis qu'Il marchait à reculons, Il me tirait pour me faire avancer.)

— O Ma fille, comme Je t'aime! Fleur, tout ce que tu ressens vient de Moi, avance.

(J'ai eu l'impression d'être comme un enfant qui faisait ses premiers pas. J'ai tressailli de joie!)

— Vassula, en ta timidité tu Me passionnes.

Ma fille, écris le mot «Garabandal». Vassula, quand Je t'ai secouée de ton sommeil, ce n'était pas simplement pour te réveiller, c'était aussi pour pouvoir t'utiliser, bien-aimée. Te purifier, ce n'était pas seulement pour te laver, c'était pour que tu sentes Ma Présence et que tu sois en Ma Présence. Me servir de toi n'était pas seulement t'utiliser pour écrire Mes messages et Mes désirs, c'était afin de mettre par écrit Mes Bénédictions pour Mes petits enfants de Garabandal. Je viens pour que Mon message soit glorifié. Autel, garde cette flamme ardente. Par Ma Puissance Je restaurerai Mon Eglise. Aime-Moi, n'hésite pas, appuie-toi sur Moi pour te reposer. Je t'aiderai à avancer. L'heure est proche. Prie avec Moi:

Père, dans Tes Bras, délivre-moi;
laisse-moi me reposer près de Toi;
sanctifie-moi, Père,
quand Tu me reçois;
pardonne-moi mes péchés,
comme j'ai pardonné aux autres.
Gloire à Dieu mon Père; je Te bénis.
Amen.

5 septembre 1987

— Vassula, n'aie pas peur. Ecris le mot «Garabandal». Garabandal est la suite d'autres signes. Les apparitions de Garabandal sont authentiques. Croyez, vous tous qui n'avez pas vu, croyez, croyez.

Ma fille, Je t'ai utilisée pour pouvoir Me manifester à travers toi. Ma Mère est apparue à Mes âmes choisies. De leur bouche, la Vérité a été dite, mais beaucoup de Mes âmes sacer-

dotales ont déclaré douteuses ces apparitions et certaines les ont reniées complètement. Je Me suis manifesté à travers toi pour lever ce doute sur Garabandal. Les apparitions de Garabandal sont authentiques et Mes enfants ont vraiment vu Ma Mère et entendu Ses messages. Vassula, il t'arrivera une plus grande épreuve qui alourdira Ma Croix sur tes épaules et augmentera Ma Coupe de Justice. J'ai prévenu le monde.

— Mon Dieu, il n'y en a probablement que très peu qui connaissent cet événement.

— **C'est vrai, beaucoup ne savent pas, à cause des doutes et des peurs qu'éprouvent Mes âmes sacerdotales. En doutant, elles renient Mes œuvres célestes. Elles ont oublié que Je suis Tout-Puissant. Le cœur endurci, elles ont perdu leur spiritualité; aveuglées, elles cherchent sans lumière et sans Sagesse. Toutes Mes œuvres ont toujours été données à de simples enfants et jamais aux savants. Mes œuvres apparaissent hétérodoxes à leurs yeux, mais c'est parce qu'elles se comparent à Moi. Depuis le commencement des temps, Je ne vous ai jamais abandonnés.**

(Jésus m'a fait comprendre que les signes nous sont donnés pour nous rappeler Sa Présence parmi nous, pour nous encourager.)

— **Vassula, te souviens-tu des Pharisiens?**

— Oui, Seigneur.

— **A un moment donné, ils M'ont accusé de prêcher contre la Loi de Moïse. Quelle différence y a-t-il aujourd'hui? J'ai été accusé de promiscuité et d'aller contre leur loi. Les accusations et les doutes concernant Garabandal n'en sont pas loin. Laisse-Moi te dire que ceux qui se dressent contre les apparitions et les messages de Garabandal sont ceux qui Me blessent. Ils sont les épines de Mon Corps. Je t'ai dit il y a quelque temps[156] que Je te conduirai par une Force Divine au**

plus profond de Mon Corps Saignant. J'ai dit que Je te désignerai de Mon Doigt ceux qui Me blessent. Je suis Jésus-Christ, Fils Bien-Aimé de Dieu. Vassula, n'aie pas peur car Je suis devant toi.

6 septembre 1987

— Jésus?
— **Je suis. T'abandonnerai-Je jamais? Fleur, entoure-Moi de guirlandes d'amour, rassemble Mes enfants autour de Moi, que Je les bénisse, Moi qui les ai attendus. J'ai attendu cette heure. Je suis venu les accueillir et les bénir. Rassemble Mes bien-aimés de Garabandal, étreins-les pour Moi, caresse-les pour Moi, rappelle-leur Ma Promesse. Aime-les, unis-les. Viens plus près de Moi, laisse-Moi t'instruire par la Sagesse.**

7 septembre 1987

— **La Paix soit avec toi.**
— Avec Toi aussi, Seigneur[157].
— **Absorbe-Moi, fleur, que Ma Lumière brille sur toi et que diminuent tes soucis. Mon Souffle les dispersera et leur structure s'effondrera, les balayant au loin, te laissant souriante. Ma rosée de droiture t'embellira. Ma fleur, reçois Mon message d'aujourd'hui. N'aie pas peur, car J'ai préparé Mes Plans bien avant que tu naisses.**
— Cela signifie-t-il que quoi qu'il arrive à moi, à Tes messages et à tout le monde, c'est par Ta Volonté?

---

156. Le 11 juin, Dieu m'a dit qu'Il ne les épargnerait pas. A ce moment-là, je ne savais pas à qui Il Se référait.
157. Par ignorance, c'est ainsi que je répondis à Sa salutation.

— **Oui, bien-aimée, tout ce qui arrivera, viendra de Moi.**

— J'ai peur d'échouer, Seigneur.

— **Comment peux-tu faire échouer Mes Plans? Réfléchis: tu n'es rien; comment donc un rien peut-il être quelque chose et ce quelque chose, pour peu qu'il soit, fasse échouer Mes Plans? Mais tu n'es rien, alors ne t'inquiète pas. Laisse tout entre Mes Mains. Vassula, Je suis ton Maître, n'aie pas peur quand tu es avec Moi.**

— J'aimerai dire quelque chose, s'il Te plaît.

— **Sens-toi libre.**

— Sais-Tu qu'il y a des moments où je pense que je suis complètement folle? Démente?

— **Je sais.**

— Alors, imagine seulement ceux à qui je montrerai cela un jour! Ils seront choqués! Ils diront qu'ils peuvent trouver une explication naturelle. Ils ne croiront tout simplement pas.

— **Croire est aussi une Grâce. Avoir la foi est aussi une Grâce. Voir, entendre et comprendre Mes œuvres célestes est aussi une Grâce, toutes données par Moi.**

— Oui, Seigneur.

— **Vassula, J'ai travaillé avec toi. Honore-Moi, Ma fille.**

— Avec Ton aide je n'échouerai pas, Seigneur.

— **Alors écoute ces Paroles qui viennent de Ma Mère:**

«Vassula, pethi mou[158], n'aie pas peur, Je suis avec toi. Mon Fils Jésus t'a limitée exprès dans les preuves et les signes que tu Lui demandais de te donner, mais Il a Ses raisons. Il t'a donné néanmoins la Grâce de croire, Il t'a instruite par la Sagesse. Vassula, tu as en effet cru aveuglément».

— Vraiment?

158. (Grec:) «Mon enfant».

— Oui. Autrement tu n'aurais pas cette ferveur pour venir à Nous et écrire, en te laissant utiliser selon Sa Volonté. L'avoir fait, bien-aimée, prouve que tu crois aveuglément et Dieu Se délecte en cela. Ta foi est grande. Par cela Jésus veut enseigner d'autres aussi à avoir la foi et à croire aveuglément en Ses œuvres célestes. Soyez innocents, soyez comme des enfants en qui Dieu Se délecte.

— Et s'ils ne croient pas, Sainte Mère?

(Le ton de Marie a soudain changé et s'est fait très grave.)

— Tes souffrances seront grandes, tu seras comme un miroir reflétant l'Image de Jésus. Sur toi, Mon enfant, se refléteront Ses Souffrances.

— Tu veux dire que Jésus souffrira s'ils se montrent incrédules et méprisants?

— Précisément, Jésus souffrira. Sur toi se verront Ses Souffrances.

— Mais puisqu'Il a préparé Ses Plans à l'avance, pourquoi n'aurait-Il pas pu faire en sorte qu'il n'y ait aucune contradiction?

— Enfant, c'est la façon de laquelle les hommes ont tendance à penser. N'oublie pas Ses Enseignements. Jésus veut que Ses œuvres soient reconnues par la Grâce.

— Jésus m'a dit qu'Il ne resterait pas sans intervenir s'Il voyait quelqu'un cherchant à me faire du mal.

— En effet Il l'a dit, et Je te dis ceci, Ma fille, <u>Moi non plus</u>, Je ne resterais pas sans intervenir! Je t'aime et Je ne les laisserai pas te faire du mal.

(Là, j'étais très émue.)

— Je suis lâche, j'ai peur, mais je m'accrocherai à Toi et à Jésus.

— Ma fille, Je vais encore te dire quelque chose. Dieu a étendu Sa Justice sur les hommes. Maintenant, Sa Coupe est pleine. Ecoute-Moi attentivement, ces Paroles en disent bien plus long. Glorifie Dieu, Vassula. Je suis ta Sainte Mère. Ma fille, compte sur Moi. Ne te lasse pas de peiner. Souviens-toi, Jésus a été abandonné de tous sur le chemin de la Croix. Il a porté Sa Croix tout seul.

— Oui, Mère, je ne Lui demanderai rien de plus que ce qu'Il me donne.

— Vassula, laisse-Moi répondre à la question que tu retiens en toi. S'ils ne croient toujours pas, le courroux de Dieu grandira, augmentant Sa Coupe de Justice. Ce sera comme la vision que Dieu t'a donnée. Prie et répare car la fin des Temps est proche.

— Oui, Mère. Que Dieu Te bénisse.

— C'est Moi Jésus. Petite, reste petite. Parlons ensemble, partageons ce jour. Permets-Moi d'être ton Saint Compagnon.

— Seigneur, permets-moi de Te parler. Je me rappellerai Ta Présence.

— Viens, nous.

(Plus tard:)

— La Paix soit avec toi, Ma fille. Souviens-toi de ces Paroles que Je vais te dire une fois encore, souviens-toi de ces Paroles maintenant plus particulièrement: «Moi, le Seigneur, Je Me tiens à la porte et Je frappe. Si l'un d'entre vous entend Mon appel et ouvre la porte, J'entrerai pour partager son repas côte à côte avec lui. Ceux qui se montreront victorieux, Je leur permettrai de partager Mon Trône, comme J'ai été Moi-Même victorieux et ai pris Ma place avec Mon Père sur Son

Trône. Si quelqu'un a des oreilles pour entendre, qu'il entende ce que l'Esprit dit aux Eglises».
Ma fille, dis-leur, dis-leur, rappelle-leur Mes Paroles car ils les ont oubliées.
— Jésus, aide-moi.
— Je t'aiderai toujours Vassula.

(J'ai soupiré.)

— Merci, Seigneur.

8 septembre 1987

— Vassula, fais-Moi plaisir en Me recevant. Je veux que tu Me suives. Je t'amènerai à Me rencontrer à Mon Tabernacle. Reçois-Moi et Je te bénirai. Je t'aime.

(A nouveau, Jésus m'appelle à Le recevoir dans la Sainte Communion.)

— Je T'aime, Seigneur, je viendrai.

9 septembre 1987

— Vassula, Je veux que les Paroles que Je te donnerai soient connues. Je désire que ces Paroles soient diffusées partout: «Moi le Seigneur, Je bénis Mes enfants de Garabandal».
— Je le ferai, Seigneur, avec Ton aide.

(Alors, tout l'enfer s'est déchaîné. Satan enrageait ainsi que ses démons. Ils ont même des noms. Je connais ceux qui m'attaquent.)

— Vassula, viens, Je vais te faire comprendre combien ils te détestent. N'aie pas peur.

(Jésus m'a emmenée sous terre. Nous nous sommes arrêtés. J'ai reconnu l'enfer, car mes pieds pataugeaient dans une boue noire, épaisse et vaseuse. L'enfer est comme une grotte souterraine. Jésus m'a dit d'écouter.
Satan criait: «Aha! C'est encore elle, encore cette harpie! Bo, fais attention, maintenant. Blesse-la, estropie-la pour toujours, blesse-la pour que l'on gagne, maltraite-la. Elle ressent la haine que j'ai pour elle et pour le reste de Sa Création. Sabi, va aussi la blesser. Je vous hais tous!» Satan était de nouveau comme fou. Jésus m'a ramenée dehors et m'a dit, comme pour réveiller quelqu'un:
Maintenant que tu as entendu sa haine, tu dois comprendre avec quelle détermination il te poursuit pour t'empêcher d'écrire. Moi Jésus, Je t'aime, et sous Mes Ailes Je te garde, sans jamais te perdre de vue un seul instant.)

(Plus tard)

— Vassula, ne lis pas ces livres, ils n'ont ni Sagesse ni Vérité. La Sagesse se trouve dans la Sainte Bible. Je suis content que tu M'aies écouté.

(Je n'avais pas fait grand-chose ce jour-là, sinon médité presque toute la journée. Je me suis aperçue que le temps avait passé et je suis allée préparer notre repas. Alors que j'avais à peine commencé à travailler, Jésus, qui me regardait, m'a interrompue en me disant: «Vassula, as-tu un moment pour Moi?» J'ai répondu «Oui, j'ai des millions de moments pour Toi, pas seulement un». J'ai alors laissé mon travail et suis allée écrire. Il m'a dit que le livre que j'étais en train de lire n'était pas bon et que je devais arrêter de le lire. Ce livre, qui parlait de légendes, de religions et d'ésotérisme[159], était entièrement écrit pas des auteurs sans formation théologique.
Plus tard dans la soirée, je regardais la photo du Saint Suaire.)

— Toutes ces parties de Ma Sainte Face ont été blessées.
— Tout ce que je vois, Seigneur?
— Oui, tout. Ils M'ont arraché une partie de Ma Barbe, ils M'ont blessé l'œil droit.
— Jésus, je ne sais que dire.

(J'étais bouleversée.)

— Dis-Moi: «je T'aime!»
— JE T'AIME!
— Vassula, ne te décourage pas, JAMAIS. Je suis avec toi. Ensemble nous portons Ma Croix.

10 septembre 1987

— Je t'aime. Vassula, crois en Moi aveuglément, jusqu'à ce que Je vienne te délivrer,
— Jésus, je sais qu'il y a des moments où Tu dois être vraiment mécontent de moi, quand je tombe dans le doute. A ces moments, je suis le résultat d'une multiplication. Si Tu multipliais par dix le scepticisme de Saint Thomas, le résultat, ce serait moi.
— Fleur, tu es fragile, et c'est par ta fragilité que Je suis attiré. Ne sais-Je pas tout cela, bien-aimée? Je suis ta Force.

(Jésus a chuchoté quelque chose à mon oreille. Je dois le garder secret.)

— Vassula, Garabandal est la suite des Miracles. Entre ces Miracles J'ai donné beaucoup d'autres signes.
— Peux-Tu écrire quels miracles?

---

159. Jésus nous conseille de ne jamais lire de livres ésotériques. Les jeunes de nos jours s'intéressent tellement à l'ésotérisme!

— Ecris: «Lourdes», ensuite «Fatima». Je veux que tu écrives maintenant «Garabandal de San Sebastian». Glorifie-Moi! Rappelle-toi que Je suis la Lumière de ce monde.

(Soudain, Jésus m'a rappelé le songe que j'ai fait la nuit passée et auquel je ne pensais plus. C'était la vision que j'ai eue dernièrement, le 1er septembre mais dans mon songe c'était pire. Je me rappelle quand j'ai vu cette chose rouge qui tombait du Ciel sur nous comme une vague géante. J'ai essayé de courir et de me cacher tout en sachant que c'était impossible.)

— Ecoute, Je t'ai fait voir cette vision dans ton sommeil, pour te faire sentir l'événement. Non, il n'y a pas moyen d'y échapper!
— Mais pourquoi faire cela si Tu nous aimes? Pourquoi?
— Je suis connu comme un Dieu d'Amour aussi bien que comme un Dieu de Justice.
— Que pouvons-nous faire pour arrêter cela?
— D'énormes réparations vous sont maintenant demandées à tous. Unissez-vous et soyez un, aimez-vous les uns les autres, croyez en Moi, croyez en Mes œuvres célestes, car Je suis toujours parmi vous.

11 septembre 1987

— Vassula, laisse-Moi te dire, la Sagesse ne t'a pas instruite seulement pour que tu trouves la Paix; la Sagesse ne t'a pas couverte de myrrhe seulement pour te parfumer de Son Amour Sublime; la Sagesse ne t'a pas conduite sur des chemins tortueux pour t'apporter la crainte et t'éprouver, pour t'abandonner maintenant. Non, Vassula, Je t'ai conduite pour que tu sois là où J'ai désiré que tu sois. Je finirai ce que J'ai commencé et béni. Viens, repose-toi sur Mon Epaule.

(Plus tard)

— Ma petite, Je trouve rarement de la fidélité chez les hommes. Je veux te prévenir contre la faiblesse des hommes qu'est l'infidélité. Je t'aime, et Je te soutiendrai sachant combien tu es fragile. Permets-Moi, Ma fleur, de t'embrasser.

(Je me suis inclinée devant Dieu et Il a baisé mon front, à moi, Son enfant.)

— Je t'aime, Je t'ai sanctifiée, Je t'ai libérée. Viens, Moi et toi, toi et Moi, nous. Honore-Moi en M'aimant ardemment.

— Je T'aime, Père Saint. Puis-je baiser Tes Mains?

— Aime-Moi toujours, Ma fille.

(J'ai baisé Ses Poignets.)

12 septembre 1987

— La Fidélité trouve toujours un moyen pour être avec Moi. Aime-Moi et sois fidèle, enfant, Mes œuvres sont inaperçues aux yeux des sages. Je les leur ai cachées. Je donne Ma Sagesse cachée aux humbles et aux simples enfants. Ma fille, Je suis Esprit, et Je t'ai approchée en t'enseignant d'Esprit à esprit. Mes Enseignements t'ont été donnés spirituellement et non de la manière dont la philosophie est enseignée. Vassula, rends-toi compte de ce qui va arriver, car une personne non-spirituelle n'acceptera pas ces œuvres comme venant de l'Esprit de Dieu, elle s'en défiera, car Elles sont au-delà de sa compréhension, car Elles ne peuvent être comprises que par les moyens de l'Esprit. Moi, le Seigneur, Je sais ce que les sages pensent et Je te le dis en vérité, ils ne Me convainquent pas.

(Le même soir, pour une raison inconnue, mon âme a souffert. Je désirais ardemment Dieu. Je me suis repentie. Je Lui ai demandé s'Il voulait m'écouter et s'Il avait un moment pour écouter mon repentir. Je devais rencontrer Dieu face à Face avec un nouveau chargement de péchés.)

13 septembre 1987

(Le 8 septembre, Jésus m'a appelée à la Sainte Communion. J'y suis allée aujourd'hui et L'ai reçue.)

— Père du Ciel ne laisse pas les hommes être la cause de ma destruction. Ne les laisse pas m'enlever ce que Tu m'as déjà donné. Ma crainte est leur insensibilité, quand ils ferment leur cœur et leurs oreilles à Tes œuvres Célestes. Je suis très faible et vulnérable. Ils pourraient d'un mot me briser aussi facilement qu'on brise un roseau.

— O Vassula, Vassula, prends Ma Main! S'ils te persécutent, c'est Moi qu'ils persécutent, s'ils se moquent de toi, c'est de Moi qu'ils se moquent. L'Amour souffre.

— Père, protège-moi de ces personnes.

— L'Amour t'aidera. Pare-Moi de pureté, sois Mon autel. Porte Ma Croix avec Moi. Autel, ne t'afflige pas.

— Je Te bénis, Père, je Te désire ardemment.

(Plus tard: pour la seconde fois depuis le début de cette révélation, ce dimanche 13 septembre, j'ai ressenti en mon âme une angoisse totale, une tristesse inexplicable et une amertume auxquelles j'ai cru que je ne survivrais pas. Mon âme souffrait et cela me faisait également mal physiquement. Des douleurs partaient de ma poitrine et tout le long de mes bras. Jésus m'a appelée.)

— Vassula, synchronise-toi avec Moi en ressentant Ma souffrance. Ils Me recrucifient.

— Pourquoi, pourquoi Te font-ils cela?

— Bien-aimée, ils ne savent pas ce qu'ils font.

— Qui Te fait cela?

— Beaucoup d'âmes. Je les aime et cependant elles Me méprisent. Vassula, partage Ma douleur, sois un avec Moi.

— Nous, Seigneur?

— Oui, Ma fille, ensemble nous souffrons à cause de l'infidélité des hommes. Prends Ma Main. Ensemble.

— Ensemble, Seigneur.

15 septembre 1987

— Jésus, je ne supporte pas de les voir constamment Te blesser. Hâte-Toi de retirer ces épines!

— O Ma fille, Je te les désignerai l'une après l'autre, Je te dirai où elles sont placées et avec Ma Force, tu les retireras une à une, et à la place de ces épines qui Me blessent, Je te laisserai M'offrir seulement des fleurs de Mon Jardin de délices, car elles ont grandi sous Ma Lumière, exhalant sur terre leur doux parfum qui embellit Mon Jardin. Dans Mon Cœur et dans Ses profondeurs les plus intimes, J'ai toujours le fer de la lance[160]. Vassula, cela aussi sera retiré par Ma Puissance, Je l'extrairai. Cette fois, Je ne les épargnerai pas.
Unis Mes agneaux[161], et dis-leur que «Moi le Seigneur, Je les bénis».

160. Cela est symbolique.
161. Les voyants de Garabandal.

17 septembre 1987

— Vassula, Je t'envoie auprès de lui[162] afin qu'il entende Mon Message. Lui demanderas-tu de te recevoir? Lui demanderas-tu de te guider dans ta recherche de Mes enfants de Garabandal?

(L'espace d'un instant, j'ai vu soudain, dans une vision que m'a donnée le Seigneur, les démons qui rôdent sur la terre mis en déroute. C'était comme si le sol desséché sur lequel ils se tenaient était secoué et se fendait, se soulevant comme sous l'effet d'un coup de poing, les renversant et les culbutant inexorablement, impuissants.)

— Je viens unir Mes enfants et Je les bénis.

20 septembre 1987

— Ma fille, maintenant, tu dois avoir compris comment J'œuvre. Crois, Ma Vassula, car en toi J'insufflerai bien plus de révélations. Abandonne-toi entièrement à Moi et laisse Mon Doigt imprimer Ma Parole sur toi. Viens, petite, Me caresser.

— Oui, Seigneur.

(Jésus veut dire par là caresser Son grand portrait que j'ai du Saint Suaire. Quand je médite et que je Lui parle, j'ai l'habitude de souvent poser ma main sur Son portrait et de caresser Ses Plaies comme si je voulais effacer les traces de Sang pour L'apaiser. Je fais cela sans réfléchir, en raison de ma méditation qui m'absorbe entièrement.)

---

162. Un prêtre orthodoxe.

CAHIER 16

20 septembre 1987

— Vassula, les apparitions de Moi-Même et de Ma Mère à Garabandal devraient être authentifiées. Ecoute-Moi, Vassula. Chaque fois que Ma Mère est apparue à Mes âmes choisies, les illuminant de Sa Grâce, Je Me tenais près d'Elle, mais nul œil ne pouvait Me voir. Parfois Je suis apparu Enfant, pour bénir ceux qui Me glorifiaient. Ma fille, Je désire que ces lieux d'apparitions soient plus honorés. Je désire que le Saint-Siège M'honore en bénissant ces lieux Sacrés. Vassula, Je n'entends pas seulement Lourdes et Fatima, J'entends aussi Garabandal. Je viens glorifier les apparitions de Garabandal. Je désire voir Mon Saint-Siège venir bénir ce lieu, rectifiant tout ce qui a été déformé et incorrectement proclamé par Mes âmes sacerdotales qui Me blessent. Qu'ils lèvent les doutes et effacent les abus commis par ceux qui se sont dressés contre les apparitions. Mon Saint-Siège fera-t-il cela pour Moi?

— Seigneur, mon Dieu, comment sauront-ils tout cela?

— Laisse-Moi ce travail, Vassula. Je trouverai bien un moyen pour qu'ils le sachent. Ma fille, Je désire que chaque fois que Je leur donne un signe de Ma Présence, si petit soit-il, Mon Saint-Siège glorifie Mon signe en le bénissant. Je veux que le monde ait connaissance de Ma Présence, de Mes Richesses, de Ma Miséricorde et de Mes œuvres célestes. Je désire que

Mon Saint-Siège propage à grande échelle les signes que Je donne, nourrissant le monde. Je veux Ma terre fertile. Ne laissez pas arracher les quelques fleurs qui restent. Ce désert, Je le veux irrigué. Qui arrosera Mon Jardin? Pourquoi négligent-ils Mes fleurs?

— Bien-Aimé Jésus, si je ne me trompe pas, il leur a fallu sept ans[163] pour confirmer le miracle de Fatima. Mon Dieu, je prévois des refus, des blâmes et des difficultés avant qu'ils n'acceptent.

— **Fleur, ne t'afflige pas, laisse-Moi t'aider.**

Vassula, J'atteins toujours Mes buts.

21 septembre 1987

— Mon Dieu, comme je voudrais que tout le monde T'aime, Te reconnaisse et se tourne vers Toi!

— **O Ma fille, comme Je le voudrais aussi!**

(Dieu semblait désirer ardemment que cela arrive!)

— Comme je voudrais que le monde réalise que Tu es <u>toujours si présent</u> parmi nous. <u>Comme</u> Tu nous aimes! Comme je voudrais qu'ils comprennent que nous ne faisons que passer sur terre et que Tu nous attends. Comme je voudrais qu'ils s'aiment les uns les autres, qu'ils <u>renoncent</u> à leur <u>haine</u> et à leur <u>égoïsme</u>, qu'ils vivent les uns pour les autres, qu'ils portent le souci les uns des autres, qu'ils T'adorent Toi notre Père, et qu'ils <u>s'unissent</u>! Comme je voudrais qu'ils croient en Tes signes et ne les cachent pas en croyant Te rendre service.

163. En fait, il a fallu treize ans; la déclaration d'approbation des visions et du culte de Fatima a été faite le 13 octobre 1930 (ndt).

Comme je voudrais qu'ils comprennent combien ils sont dans l'erreur, et qu'ils voient enfin Tes Richesses!
— Vassula, tes désirs te sont donnés par Moi, ils s'infiltrent en toi. Je garderai Ma Flamme ardente en toi, autel, pour toujours.
Diffuse Mes Paroles:
«Moi le Seigneur, Je bénis Mes enfants de Garabandal».
— Seigneur, je diffuse selon ma capacité. J'ai besoin de canaux pour pouvoir diffuser plus largement.
— Vassula, Je t'ai donné des témoins.
— Tu veux dire mes amis et David?
— D'autres aussi.
— Tu veux dire des personnes de l'Eglise, des prêtres?
— Oui, Vassula, ils sont tes témoins.
— Oui, Seigneur.
— Laisse-Moi graver Mes Paroles sur toi.
— Jésus, je viens de me souvenir, il y a cet homme qui ne croit pas du tout que cette révélation vient de Toi.
— Je sais.
— Mais pourquoi, Seigneur?
— Pour la simple raison qu'il est savant.
— O mon Dieu, j'ai tant de désirs!
— Demande-Moi seulement.
— Je n'ai qu'à demander?
— Oui, Ma bien-aimée, demande.
— N'importe quoi?
— N'importe quoi.
— Je voudrais un changement, mon Dieu, pour le mieux. Je voudrais que le cœur des hommes s'enflamme d'amour pour Toi et que des milliards de gens T'adorent, tous à genoux. Je voudrais qu'ils sentent ce que je ressens; combien Tu nous aimes et combien Tu es près de nous et combien nous pouvons

être intimes avec Toi, un Père, un Ami, un Dieu, tout en Un Seul. Ne peux-Tu pas faire briller Ta Lumière sur eux et les réveiller comme Tu l'as fait pour moi? Je veux qu'ils partagent ce même bonheur et cette même intimité que j'ai avec Toi. Je T'en prie, Père, ils sont aussi Tes enfants. Amen.

— **Vassula, tout cela sera fait. J'en guiderai beaucoup vers Moi. Malgré leur méchanceté, Je les aiderai. Ne te lasse pas de peiner avec ton Dieu. Nous?**

— Oui, Seigneur.

22 septembre 1987

— **Un peu de conscience Me plaît! Ma fille, Je suis content!**

(Jésus m'a dit cela, parce qu'en Sa Présence, je me concentrais pour discerner Son apparence. Aujourd'hui, Ses Cheveux paraissent tirés en arrière.)

— **Quand Je te vois essayer de prendre conscience de Ma Présence, cela Me glorifie. Prions. Ma fille, commence ainsi:**

O Créateur Bien-Aimé, Esprit Saint,
je Te bénis pour les œuvres
que Tu as répandues sur moi;
je Te bénis pour la Lumière
que Tu as déversée sur moi;
gloire à Dieu Tout-Puissant.
Amen.

(Jésus savait que j'avais des difficultés à trouver les mots pour Le louer, alors Il m'a inspiré cette prière.)

23 septembre 1987

— Fiancée, n'écoute pas ceux qui sont dans un profond sommeil, car ils ne savent rien, ne sentent rien, ne voient rien, n'entendent rien. Comment le pourraient-ils puisqu'ils dorment et sont donc complètement inconscients!

(Jésus m'a fait comprendre qu'il y a deux mondes: l'un matériel, physique, et l'autre, invisible et spirituel.)

— Vassula, écoute Ma Mère:

— Je suis Sainte Marie. Je suis aussi ta Mère. Sanctifie Garabandal, Vassula. Bénis Mes enfants bien-aimés de Garabandal. Je ne les ai pas oubliées. Feras-tu cela pour Moi?

— Oui, je le ferai, Sainte Marie.

— Je t'aiderai. Reste près de Nous. Sois consciente de Notre présence, comme maintenant.

— Avec Votre Grâce, je ferai ce que Tu me demandes.

— Viens. C'est Moi, Jésus-Christ, le Fils Bien-Aimé de Dieu. Je pourrais, si Je le voulais, te donner plus de preuves, mais Je te limite pour les raisons que J'ai. Te guider aveuglément Me plaît, cela Me glorifie! Ensuite, Je veux que cela serve de leçon à ceux qui sont aveuglés par leur sagesse. Je vous veux innocents et simples. Te guider de cette façon particulière a été pour que Mes âmes religieuses comprennent que Moi, le Seigneur, Je donne en abondance. Ma fille, dis-leur qu'il n'est pas difficile de croire à Mes œuvres surnaturelles. Eh bien! Ne suis-Je pas Dieu et Esprit? Soyez comme des enfants et croyez. Qui parmi les enfants, si vous leur montriez Mes œuvres, douterait que c'est Moi qui écris et qui guide de cette façon? Soyez innocents!

24 septembre 1987

(J'ai senti Sainte Marie près de moi.)

— Vassula, oui, c'est Moi ta Mère. Je suis apparue à Mes enfants de Garabandal. Je leur ai permis de Me voir et de M'entendre. Je leur suis apparue et elles le savent. Je veux que tu les bénisses.

— Sainte Marie, aide-moi à accomplir Tes volontés.

— Je te guiderai, Vassula.

— Merci.

(J'étais stupéfaite.)

(Plus tard, j'ai senti un parfum d'encens autour de moi.)

— C'est Moi Jésus. Je t'ai bénie et Je t'ai parfumée de Mon encens. Ecclesia renaîtra! Nous sommes un. Quand J'aurai uni Mon Eglise, Je n'attendrai pas plus longtemps. Sens-tu combien Mon Ame soupire pour toi? Je viendrai te chercher, Ma bien-aimée. Je t'aime.

(J'ai été heureuse que Jésus m'ait dit cela, car je sens que je n'appartiens plus à cette terre, qui est en effet un exil.)

— Bien-aimée, t'avoir dans cet exil Me fait également souffrir, mais tout ne sera pas en vain. J'aime Ma Création et tu dois ramener à Moi Ma Création. Je souffre de te voir là sur la terre. Vis pour Moi, Ma fille. Tu dois te rappeler comment Je Me suis immolé. Feras-tu de même pour Moi, ton Père?

— Rends-moi digne de Toi et pour n'importe quel sacrifice, Seigneur.

— Bien-aimée, Moi le Seigneur, Je te bénis. Viens. Tout ne sera pas en vain.

25 septembre 1987

(Ce matin, j'ai à nouveau senti l'odeur d'encens. Je savais que Jésus Se tenait debout à cet endroit précis.)

— Mon reste, tout ce que Je demande de toi c'est de l'amour. Aime-Moi et diffuse Mes Paroles qui sont:
«Moi le Seigneur, Je bénis Mes enfants de Garabandal, Je les aime».
Bien-aimée, rassemble-les, unis-les. Accepte tout ce qui doit arriver, que ce soit joie ou souffrance. Je suis devant toi.
— Oui, Seigneur. Que Ta Volonté soit faite et que Tes désirs soient accomplis.
— Viens, sens-Moi; partageons tout.

26 septembre 1987

— Vassula, allons délivrer une âme qui M'est très chère et qui est très proche des flammes de Satan. Elle ne se rend pas compte du piège insidieux qu'il a posé pour elle.
— Qui est cette âme, Seigneur?
— C'est une de Mes épouses.
— Une religieuse?
— Oui, une religieuse. Elle M'a négligé, prise par sa vanité. Bien-aimée, ramène-la à Moi par ton amour, Je l'aime. Aime-Moi et elle sera délivrée.
Vassula, ces œuvres sont mystérieuses pour toi et pour beaucoup, mais crois-Moi, Je suis Jésus et Je suis la Sagesse. Maintenant tu vas Me bénir. Sens-Moi; cela Me glorifie. Tout sera accompli selon Mon Plan.
— Jésus! C'est si merveilleux d'être ainsi avec Toi!
— Vassula...
— C'est beau, c'est merveilleux!

— Vassula, t'abandonnerai-Je jamais[164]? Aime-Moi, répare pour ceux dont le cœur est devenu de glace envers Moi. Autel, vis pour Moi, ravive ta flamme à la Mienne. Autel! N'oublie jamais combien Je t'aime. Reste embrasée, enflamme les cœurs, étanche Ma soif.

— Jésus Bien-Aimé, garde-moi près de Toi, car sans Toi, je suis perdue.

— Tu resteras près de Moi. As-tu oublié nos liens? Tu es liée à Moi par des liens éternels.

— Merci, Seigneur, de prendre soin de moi, le zéro des zéros, celle qui T'avait renié.

— J'ai été renié même par Pierre, mais sur lui J'ai posé Mes premières fondations de Mon Eglise. L'as-tu oublié? Je suis le Seigneur qui t'aime ineffablement et sur toi, âme, J'ai gravé Mes Paroles. Je suis ta Force. Garde-Moi dans ton cœur maintenant et à jamais.

— Oui, Seigneur. Je Te resterai fidèle.

— Viens, partageons ce jour. Sois Ma compagne.

27 septembre 1987

(Hier soir, c'était de nouveau comme si tout l'enfer était déchaîné. Le démon enrageait. Il a tourmenté mon âme à tel point que j'ai demandé au Seigneur de continuer sans moi. Je Lui ai dit que je L'aimerai toujours, mais que je n'ai plus la force de continuer. J'ai immédiatement regretté mes paroles et je Lui ai alors demandé de me laisser, à cause de mon indignité.

Pendant que je me reposais, je me suis vue sur un chemin rocailleux. J'étais tombée. En levant un peu les yeux, j'ai vu devant

164. Quand Jésus me dit cela, je pourrais mourir tant c'est beau. Dieu seul peut avoir ce ton.

moi les Pieds de Jésus. Il était Pieds nus. Il S'est baissé et m'a relevée.
Ensuite, devant moi, j'ai vu un grand escalier d'une centaine de marches, et tout au sommet, j'ai vu les Saints qui me faisaient signe de monter. En regardant autour de moi, j'ai vu un visage familier, un prêtre plein d'humour, qui me parlait en italien. J'ai reconnu le Padre Pio! Près de lui se trouvait Saint François d'Assise. Saint François s'est approché de moi. Tous m'encourageaient à continuer.)

— Jésus?
— **Je suis. Vassula, n'aie pas peur.**
— Jésus, pardonne-moi d'être faible.
— **Ta faiblesse sera annihilée dans Ma Force.**

— **Io sono con te[165]. — Padre Pio —.**
— Mon Dieu, tout cela est-il bien réel?
— **Oui, il est avec Moi, béatifié par Moi.**
Je suis avec toi, ainsi que Ma Mère et tous les Saints.

(Plus tard, je me suis rendue à une réunion du Renouveau charismatique évangéliste. Du fait de mon ignorance, je ne pouvais pas suivre, aussi j'aspirais au silence. Je me suis sentie coupable, très coupable de mon ignorance.)

— **Vassula, ne te fais pas de souci. Chaque homme a sa façon de Me glorifier et de Me louer. A toi, J'ai donné cette façon[166]. Moi et toi, toi et Moi. Tu dois M'adorer en silence. Rappelle-toi, Je t'ai déjà donné cette instruction, il y a quelques mois[167]. Je reste à ton côté.**

---

165. Je suis avec toi. Signé: Padre Pio.
166. Par l'écriture.
167. Le 31 mai 1987.

(Je L'ai senti si proche que je pouvais Le toucher de manière sensible. J'étais à nouveau heureuse et en paix.)

— Ma petite, ne suis-Je pas ton Epoux? Eh bien! alors, ne te consolerai-Je pas quand tu as besoin d'être consolée? Viens à Moi et Je porterai tes fardeaux; viens à Moi et Je te consolerai! Fie-toi à Moi, Ma fille. Je suis ton Directeur Spirituel, Je suis ton Epoux, Je suis Celui qui t'aime le plus, Je suis ton Créateur et ton Dieu. Viens te jeter dans Mes Bras et sentir Ma chaleur.

(Jésus a laissé mon âme dans une harmonie et une paix totales.)

28 septembre 1987

(Jésus m'appelait. Je désirais ardemment Le rencontrer, et Il le désirait aussi. Je ne sais pas pourquoi, mais il me semblait qu'il s'était passé des années depuis la dernière fois que nous étions ensemble.)

— Oh! viens, bien-aimée! Comme J'ai attendu impatiemment ce moment de te rencontrer de cette manière! Ensemble, Vassula, ensemble, toi et Moi nous sanctifierons Garabandal, car Saint est ce lieu, puisque Ma Mère et Moi y sommes apparus.

— Que Ta Volonté soit faite, Seigneur.

— Vassula, la timidité n'est pas un péché. C'est Moi qui te le dis.

(J'ai été heureuse d'entendre cela. Je me demandais si être timide était un péché. Soudain, mon âme languit de Lui.)

— Regarde-Moi. Ma petite, languir de Moi Me glorifie.

Languis de Moi. J'ai payé pour toi, au prix de Mon Sang. Vassula, pourquoi cherches-tu un Directeur Spirituel?

— Je ne sais pas.

— Avec Moi, tu apprendras, car Je suis Sagesse et Vérité. Viens à Moi et Je t'instruirai. Vassula, Je t'aime. Dis à ce pasteur que Je vais restaurer Mon Eglise. Je vais ranimer Mon Eglise. Je t'ai choisie pour travailler avec Moi. Vassula, rencontre-le et parle-lui. Caresse-Moi en lui disant comment Je t'ai enseigné à Me caresser[168], Me glorifiant. Aime-Moi, Vassula, car l'amour préserve de la Divine Justice, alors qu'Elle est sur le point de s'abattre sur les pécheurs.

(Plus tard)

— Vassula, es-tu heureuse que Je t'aie libérée?

— Oui, mon Dieu, je suis très heureuse d'être avec Toi. Je me sens attachée à Toi et cela me rend heureuse.

— Me crois-tu; crois-tu maintenant que J'ai des liens d'amour avec toi?

— Je le crois maintenant, Seigneur.

— Petite, bénis-Moi.

— Je Te bénis, Jésus, je T'aime et Te remercie.

— Vassula, sais-tu que J'ai donné des signes et que Je continuerai à en donner pour vous faire connaître Mon Nom, afin que l'Amour que J'ai pour vous tous soit en vous, et afin que Je puisse être en vous. Mais beaucoup de Mes âmes sacerdotales M'ont désavoué en présence des hommes.

— Comment, Seigneur?

— En désavouant Mes signes, ils M'ont désavoué, Moi leur Dieu. N'ai-Je pas dit que l'homme qui Me désavoue en présence des hommes sera désavoué en présence de Mes anges?

168. Sur l'image du Saint Suaire.

N'ai-Je pas dit que Je continuerai à vous faire connaître Mon Nom? Pourquoi alors doutent-ils que Je suis parmi vous, et que c'est par Ma Miséricorde que Je vous donne des signes et des miracles, lesquels sont à peine honorés?
Car laisse-Moi te le dire, Ma fille: ils ont pris la clef de la connaissance! Eux-mêmes n'y sont pas entrés, et ils n'y ont pas laissé entrer les autres qui le voulaient!
— Mon Dieu! Tu parais tellement en colère, Seigneur!
— Vassula, le temps est venu de Me glorifier. Sois vigilante et reste près de Moi. Je t'aime, petite, sois un avec Moi.
— Oui, Seigneur.
— Nous?
— Oui, nous.
— Viens.

29 septembre 1987

— Mon Dieu, Tu me parais attristé par certaines de Tes âmes sacerdotales.
— Vassula, elles sont responsables de tant d'âmes. Non seulement elles tombent, mais elles entraînent avec elles tant d'autres âmes.
— Mais Seigneur, il doit aussi y en avoir beaucoup de bonnes, qui T'aiment et qui travaillent comme Tu le désires. J'en connais quelques-unes.
— Ah! Vassula, il y en a beaucoup qui suivent Mes instructions, s'immolant, vivant humblement, s'aimant les unes les autres et nourrissant Mes agneaux. Elles sont le sel de la terre, les bien-aimées de Mon Ame. Elles sont Mes Abels, elles sont le baume de Mes Plaies, apaisant Ma souffrance.
A Ma grande douleur, il y a aussi parmi elles les Caïns, les flèches de Mon Corps, perfides, aveuglés par la vanité,

méchants et affligés de penchants méprisables. Ils sont les épines de Ma Tête; nombreux sont leurs péchés, l'hypocrisie est leur maître, et c'est envers ceux-là que Ma Divine Justice s'enflamme. Prends Ma Main, Ma fille, reste près de Moi et Je te désignerai ces épines. Je te conduirai par une Force divine dans les profondeurs mêmes de Mon Corps. Je te ferai reconnaître la pointe de la lance. Je n'épargnerai pas les Caïns, Vassula, car qu'ont-ils à M'offrir? Leurs mains sont vides et ils n'ont rien à offrir à Mes agneaux. Ils aiment à se montrer en public, ils aiment à être salués obséquieusement, ils sont comme du sel qui a perdu son goût, Je te dis en vérité, Ma fille, ils sont les Pharisiens d'aujourd'hui!

— O mon Dieu, c'est terrible!

— Vassula, pour cette raison, tout ce qui a été caché sera mis en lumière, et tout ce qui a été voilé sera dévoilé, car telle est Ma Volonté. Viens maintenant, n'oublie pas Ma Présence.

— Non, Seigneur; je Te considère comme mon Père Saint, mon Saint Compagnon, mon Frère Saint, et je considère Sainte Marie comme ma Sainte Maman; Vous êtes ma Sainte Famille. Comment puis-je T'oublier?

— Ma bien-aimée, Je suis aussi ton Epoux. C'est de cette façon que Je désire que tu Nous aimes. Aime-Nous intimement, sans jamais oublier néanmoins que Nous sommes Saints, Nous honorant. Nous sommes ta Sainte Famille; Je suis ton Dieu. Sois vigilante.

— Oui, Seigneur.

— Allons.

— Oui.

1er octobre 1987

(J'ai été occupée toute la matinée avec une personne venue chez moi pour essayer de me vendre des produits cosmétiques. Tout cela me semblait futile et pure perte de temps, mais elle m'avait été envoyée par une amie.)

— Ma petite, Je t'aime à la folie, Je suis ton Bien-Aimé.

Pourquoi, Vassula? Ne te retire pas de Moi! Ton intuition est correcte[169]. Mon Amour est à nouveau enflammé et, lorsqu'il l'est, Je Me permets d'exiger de l'amour. Je désire que tu vives uniquement pour Moi. Je veux que tu fixes tes yeux sur Moi. Regarde-Moi, aime-Moi, parfume-Moi, pare-Moi, bénis-Moi, désire-Moi, respire pour Moi, ne souris que pour Moi, dis-Moi combien tu M'aimes, Moi ton Dieu, Je cherche à attirer à Moi les autres. Satisfais Ma soif insatiable, J'AI SOIF, Vassula! J'ai soif d'amour, J'ai soif d'âmes. Pourquoi M'amènes-tu des rivaux? N'amène plus de rivaux, ne le fais pas! Fais Mon éloge. Je t'ai donné en abondance. Ne veux-tu pas Me récompenser pour tout ce que Je te donne? J'ai marché avec toi dans Mon Jardin de délices, nous avons partagé sa beauté. J'ai partagé Mes joies et Mes Souffrances avec toi. J'ai posé Ma Croix sur toi, nous La partageons ensemble. Partageant Ses angoisses, Ses douleurs et Ses souffrances, nous partageons Son Amour. Ne t'ai-Je pas élevée jusqu'à Mon Sein, te nourrissant et te guérissant? Je t'ai prise comme Mon épouse, partageant Ma Croix comme notre lit nuptial.

Veux-tu Me regarder?

(J'ai regardé le Visage de Jésus.)

169. J'ai senti le Cœur de Jésus enflammé, débordant d'Amour.

— Pourrai-Je jamais t'abandonner, Ma fleur? Je suis Celui qui t'aime le plus. Demeure près de Moi.
Tiens[170], écoute. Maintenant, Je vais resserrer nos liens encore plus. Je te veux plus près. Je te veux unie avec Moi. Qui a été le premier à te tenir dans ses bras?
— Comment cela, Seigneur?
— C'est Moi qui le premier t'ai consacrée et qui le premier ai posé les Yeux sur toi. Vassula, Je t'ai créée pour Moi. Laisse-Moi te rappeler qui tu es; tu n'es rien d'autre que poussière et cendres et c'est par Mon immense pitié que Je t'ai ressuscitée d'entre les morts. Souviens-toi toujours de cela.

(Le pasteur est venu chez moi et je lui ai montré la révélation. D'emblée, il n'y a pas cru. Ensuite, il a nié que la Sainte Vierge est notre Sainte Mère, et il m'a dit qu'il n'a jamais entendu parler d'apparitions, et qu'il ne croit en aucune des manifestations surnaturelles actuelles. Il est contre les images saintes. Il a certainement pensé que je n'étais pas normale.)

— Vassula, Je suis Riche, mais très peu connaissent Mes Richesses! Quand J'étais en chair, n'ai-Je pas été méprisé? N'ai-Je pas été regardé avec dédain? N'ai-Je pas été traité de blasphémateur? N'ai-Je pas été rejeté, tel la pierre rejetée par les bâtisseurs et qui est devenue la pierre angulaire? Honore-Moi en acceptant le mépris, la mortification. Humilie-toi, sois comme Moi. Te souviens-tu? Ne t'ai-Je pas dit que tu dois Me servir parmi la misère? Ne t'ai-Je pas dit que tu n'auras pas de repos? Accepte ce que Je t'offre. N'aie pas peur de te mortifier. Je vais laisser sur ton cœur deux gouttes de

170. Comme s'il Lui était soudain venu une idée, Jésus S'est interrompu pour me montrer mes chevilles attachées aux Siennes.

Sang de Mon Cœur saignant[171], qui le recouvriront entièrement. Sanctifiée par Ma Main, vis sous Ma Lumière. Apprends à être rejetée.

(J'ai senti la Sainte Vierge près de moi.)

— Sainte Marie?

— **Je suis Sainte Marie. Allume un cierge pour Moi, Vassula, pour réparer sa faute. Demande à Jésus de lui pardonner. Feras-tu cela pour Moi?**

— Je le ferai, Sainte Marie.

— **Répare, Ma bien-aimée. Ne doute pas des œuvres de Jésus. Honore-Nous.**

— Je le ferai, Sainte Marie.

2 octobre 1987

— **C'est Moi Jésus. Que l'on sache que toute image de Moi et de Ma Mère doit être honorée, car elle Nous représente, comme Ma Croix Me représente.**

Que l'on sache que Mon Saint Suaire est absolument authentique: C'est Celui-là même qui M'a recouvert.

Bénie par Moi, Vassula, entre dans Mon Cœur, laisse-Moi t'y cacher afin que tu t'y reposes. Viens, viens chez ton Père.

(Je me suis sentie comme si Dieu m'enveloppait; j'étais enveloppée par Lui et me sentais heureuse. Je suis sortie faire des photocopies de mes cahiers. Pendant que je me trouvais dans le magasin, je me suis surprise à essayer de consoler la Sainte Vierge. Plus je pensais à cette rencontre avec le pasteur, plus cela me rendait malheureuse.

171. En me disant cela, Jésus paraissait très triste. Ma peine n'était rien, comparée à la Sienne. Oubliant ma peine, je voulais consoler la Sienne.

J'essayais de retenir mes larmes. J'ai mis mes lunettes de soleil pour le cas où j'éclaterais en larmes. Comment cela est-il possible? Je ne savais pas qu'il existe des Chrétiens qui ne vénèrent pas notre Mère! Le pasteur paraissait inflexible dans ses convictions... et il parlait d'unité! Comment est-ce possible qu'il montre une telle raideur. Mon Dieu! Et Tu veux l'unité...
A moins de les plier de Ta propre Main, je ne vois pas d'issue. Je vais réparer pour ce pasteur, comme la Sainte Vierge me l'a demandé.
Quand j'ai vu un homme âgé travaillant dans le parking souterrain, j'ai eu tellement pitié de lui que j'en avais de nouveau les larmes aux yeux. J'avais tant de pitié pour lui. Pourquoi devait-il, à son âge, rester ainsi sous terre à ne respirer que des gaz de voitures? O mon Dieu, pourquoi m'as-Tu faite si sensible! Je ne peux plus supporter de voir ainsi souffrir.
J'ai réalisé que j'avais oublié de déjeuner. De toutes manières, je ne pouvais rien avaler. Pour ne pas tomber d'inanition, je suis allée boire un café. Il avait un goût amer. Je ne peux pas me remémorer ce café sans penser à la Sainte Vierge et à Jésus qui étaient tellement blessés.
Dieu nous a maintes fois avertis que si nous ne changeons pas, le châtiment arrivera: celui-là même que j'ai vu dans ma vision. A nouveau, la Sodome d'aujourd'hui s'écroulera.
Je vais aller réparer pour ce pasteur comme la Sainte Vierge me l'a demandé.
Plus tard dans l'après-midi, ma cousine Ismini m'a téléphoné pour me proposer d'aller à Turin avec elle et son mari. J'ai pensé que je pourrais enfin aller voir le Saint Suaire. Jésus a tout arrangé: je peux y aller. Ma cousine nous a dit que chaque fois qu'elle allait à Turin, elle logeait dans le même hôtel. Jésus m'a encore facilité les choses: j'ai découvert que cet hôtel est tout près de la cathédrale, où est conservé le Saint Suaire.)

Turin, 3 et 4 octobre 1987

(Le samedi après-midi, je suis allée voir le Saint Suaire à la cathédrale. Il est déposé dans un reliquaire, dans une chapelle, sous le dôme de la cathédrale. Je me sentais dans le plus saint des lieux. C'était impressionnant. Sous ce dôme régnaient la Paix et la Sainteté. Je les ai senties en moi; c'était merveilleux.

Puis, je suis rentrée à l'hôtel. Le soir, quand ma cousine est rentrée à son tour après ses achats, j'ai couru vers elle pour lui dire d'où je venais et lui raconter, mais elle ne voulait pas m'écouter car elle avait aussi quelque chose d'extraordinaire à me dire. Elle m'a dit qu'elle avait découvert tout près de l'hôtel, la plus belle statue de la Sainte Vierge qu'elle avait jamais vue. Que cette statue était à quelques pas de notre hôtel, dans la petite rue vers le bâtiment de couleur brique. Elle m'a dit: «Vassula, depuis des années que je viens ici, dire que j'ai passé des centaines de fois dans cette rue sans remarquer cette magnifique statue! La Sainte Vierge était sous nos yeux, et nous ne La voyions pas!» Ismini a commencé à me décrire cette statue, et comment elle l'a remarquée. Ma cousine ne cessait de me répéter combien cette statue était grande. Elle me disait qu'Elle mesurait plus de trois mètres, qu'Elle avait un visage extraordinairement jeune et beau, plein d'Amour. Elle avait les Mains et les Bras ouverts comme si Elle voulait prendre tout le monde dans Ses bras. Sa robe était toute plissée, et Sa cape était bleue. Il y avait autour d'Elle deux longues tentures de satin rouge écarlate, lumineuses, comme éclairées par des projecteurs. Le mari de ma cousine a dû l'avertir de regarder où elle marchait, car elle avançait en regardant en l'air et a manqué de se faire renverser par une voiture. J'ai dit à ma cousine qu'à cet endroit, je n'avais remarqué qu'une simple affiche salie par le trafic, et de courts rideaux rouges et jaunes, d'environ soixante-dix centimètres, sales également, mais rien d'autre; en tout cas pas de statue éblouissante. Elle m'a dit que j'avais dû mal regarder.

Le lendemain, elle a voulu m'emmener voir cette belle statue. Je lui ai dit qu'elle devait d'abord venir avec moi voir le Saint Suaire. Nous sommes donc allées à la cathédrale et, comme c'était dimanche, nous avons assisté à la Messe. Ensuite, nous sommes allées voir la fameuse statue, mais nous n'avons rien trouvé d'autre que l'affiche sale et les rideaux défraîchis jaunes et rouges que j'avais vus: pas l'ombre d'une statue. Ma cousine a eu un choc. Elle n'y comprenait plus rien! Mais, par une Grâce de Dieu, j'ai compris: Ce bâtiment rouge était en fait une église, bien que n'en ayant pas vraiment l'apparence. Juste au-dessous de l'endroit où ma cousine avait vu la statue, se trouvait une petite porte. Nous l'avons poussée et nous nous sommes effectivement retrouvées dans une splendide église où, justement, on célébrait la Messe. Nous avons alors découvert que ce jour-là, on célébrait la fête de Notre-Dame du Rosaire[172], or cette église est justement dédiée à Saint Dominique, dont l'ordre s'est fait le promoteur de la dévotion du Rosaire. C'était donc pour nous amener dans cette église que Marie était apparue sous la forme de cette grande et belle statue, et c'était donc dans cette église que la Sainte Vierge voulait que je vienne réparer la faute du pasteur, en allumant un cierge et en demandant à Jésus de lui pardonner.)

— Jésus, tout cela est-il bien correct?

— Oui, Vassula, c'est exactement comme tu l'as raconté.

Je t'élèverai à Moi aussitôt que tu auras accompli ta mission. Mon Ame languit pour toi. Vassula, écoute Ma Mère.

---

172. La fête de Notre-Dame du Rosaire, fixée au 7 octobre, avait été, cette année-là, anticipée au dimanche (ndt).

(La Sainte Vierge)

— **Vassula, dis à Ismini combien Je l'aime. Mon enfant, Je lui ai donné cette image de Moi pour attirer son attention et vous conduire dans Mon église. Mes bien-aimées, comme Je vous aime! Honorez-Nous, Mes bien-aimées. Réparez pour vos frères. Rappelez-vous combien Nous sommes près de vous tous. Vassula, ne te décourage jamais, car Je suis près de toi. Appuie-toi toujours sur Jésus. Ma fille, pense à la Passion de Jésus. Vis pour Lui et glorifie-Le.**

— Je ne pourrai faire tout cela qu'avec Ton aide et l'aide de Jésus. Je veux Vous honorer.

— **Je vous aime tous! Bénis Ismini. Je les ai bénis, elle et son mari, dans Mon église.**

— Je Te bénis, Sainte Marie.

— **Je te bénis aussi.**

5 octobre 1987

— Pardonne-moi, Seigneur, pour ma totale indignité, mes défaillances et mes manquements à tout ce qui est bien, car cela T'offense.

— **Je te pardonne pleinement.**

— Je T'aime, Seigneur très cher.

— **Chaque fois que tu Me dis «je T'aime», Je ferme les Yeux sur ta misère. Je la laisse passer et J'empêche Ma Justice divine de te frapper, Vassula, car en effet tu es misérable au-delà des mots. Tu apaises Ma colère en Me disant que tu M'aimes.**

(Jésus m'a paru sévère et j'eus un sentiment de crainte.)

— J'ai peur de Toi.